四川大学"985工程"经费资助出版

程序法论评

总主编 万毅

检察官肖像

JIANCHA GUAN XIAOXIANG

万毅 ◎ 著

上海三联书店

声吼"吗？如果面对违法行为却无动于衷，或仅仅因为人力不足就裹足不前，那检察官制度又有何存在的价值？面对这一尖锐的问题，创设检察官制度的法、德等欧陆法治国家犹豫了、困惑了、退缩了，他们停止了探索、改革检察制度的步伐，其检察官角色亦就此定格在刑事司法机关这一身份上，成为了"一个尚未完成的机关"。"我猜中了开头，却猜不到这结局"，欧陆国家的检察官角色从一开始预设的法律守护人，到最后定格的刑事司法机关，这种《大话西游》式的戏剧性结局使检察官的角色产生了极大的反差，给人以"盛名之下、其实难副"之感。确实，仅凭刑事司法机关的身份，却要实现守护法治国的重大使命，这无异于纸上谈兵，也使得检察官作为法治国之子空有一腔报国情怀，结果却是"有心杀贼、无力回天"，充满悲壮意味，只剩下"欲渡黄河冰塞川，将登太行雪满山"式的扼腕叹息。

于是，另一种改革、尝试应运而生。受前苏联检察制度的影响，我国检察机关的角色一直偏重于法律监督机关的定位。其实，我们所谓的法律监督，与法、德等欧陆法治国家对检察官作为法律守护人的角色定位并无二致，但与法、德等欧陆法治国家不同的是，我国宪法和诉讼法限缩了检察机关的诉讼职能，同时扩大了检察机关的法律监督职能，这主要表现在我国检察机关并非侦查程序的掌控者，亦不行使对刑罚执行机关的指挥权，而是通过行使侦查监督权、审判监督权和刑罚执行监督权来履行对刑事诉讼程序的法律监督职能。除此之外，我国法律还赋予了检察机关对民事和行政诉讼的法律监督职能，实务中更是将检察机关法律监督的对象和范围延伸到法院的民事执行行为和行政机关的执法行为。对于我国检察机关的上述职能调整，理论界和实务界持有不同看法。但笔者对此一直持同情式理解的态度，盖因笔者深知，强化和扩张检察机关的法律监督职能，正是检察官角色内在使命的呼唤与要求，因为，作为"法治国的守护人"和"法治国最忠实的仆人"，检察官以维护法制的统一和正确实施为己任，故"但凡违法行为之所在，则为检察权之所及"，受自身使命和责任感的驱使，检察机关必定会倾尽全力扩大法律监督的对象和范围，力图不留法律监督的盲点。

但是，不得不指出，检察机关职能的上述调整，也引发了新的问题：一方面，过度限缩检察机关的诉讼职能，可能会削弱检察官"国家权力之双重控制"功能，并危及检察官的法律守护人地位。例如，我国检察官不再作为侦查程序的掌控者而仅仅作为侦查程序的外在监督者，侦查监督权的刚性不足，恐无力实现对警察违法侦查的控制，一如当前我国司法实务中所遭遇的侦查监督不力现象。另一方面，扩张检察机关的法律监督职能、延伸检察机关法律监督的对象和范围，可能进一步加剧检察机关内部的人力紧张程度，导致检察机关的诸多法律监督职能事实上根本无力行使，造成权力虚置。

这种状况使检察官处在一个进退维谷的尴尬位置：创设检察官制度的目的，在于守护法治国，然而，"理想很丰满、现实很骨感"，作为法律守护人，检察官却宿命般地发现无论自己如何努力，其对法治国的守护似乎始终只是一个遥不可及的梦想，而这正是检察官角色的悲剧所在。但是，从审美的角度看，检察官角色的这种悲剧宿命，又何尝不是另外一种"美"：虽然明知是一个不可能的任务，但检察官仍执着地试图以一己之力挑战所有违法行为，为此甚至不惜以身护法、以身殉法。孔子曰："不知不可为而为之，愚人也；知其不可为而不为，贤人也；知其不可为而为之，圣人也。"可以说，明知不可为而为之，"宁为玉碎、不为瓦全"，这正是检察官作为法治国的仆人对主人（法治国）尽忠的方式，也可谓检察官身为法律守护人的精神风骨之写照，更使检察官这一角色折射出一种孤傲、清高的内在美。

明知不可为而为之，表明了检察官所肩负之使命、责任的重大与艰辛；明知不可为而为之，彰显了检察官百折不回、克服万难的坚韧之心；明知不可为而为之，更是凝练了检察官誓死效忠宪法、捍卫法治的决然勇气与殉道精神。检察官这一角色诞生至今命运多舛、饱含艰辛，他曾在诞生之初即被人蔑称为"来历不明的特洛伊木马"；他亦曾因为兼具行政与司法双重属性，而被人戏谑为"半人半马兽"；他并不完美，以致于时至今日仍被人惜叹为"一个尚未完成的机关"。但即便如此，人们却从未否认检察官作为法治之子对法治国的赤子之心，以及他明知不可为而为之、纵然身死亦绝不妥协的家国情怀。

"但使龙城飞将在，不教胡马度阴山"，今日之检察官仍据守着法治国守护人的身份，冲锋在保障人权、打击犯罪、监督违法的最前线，用一种义无反顾的精神和情怀，演绎着一曲悲壮的孤勇之歌！

万　毅

于四川大学法学院

二〇一六年冬

目录 CONTENTS

检察官肖像

———— 下篇

检察实务

"模范检察官"与检察官职业伦理

近来,通过媒体的报道,我们得以了解全国模范检察官、安徽省蚌埠市检察院民行检察处原副处长吴群的感人事迹。"模范检察官",乃全体检察官之楷模,更是检察官职业伦理的象征和典范。笔者通过研究吴群等模范检察官的事迹和言行,对检察官的职业伦理进行理论探讨,以期对弘扬检察官职业道德有所裨益。

检察官职业伦理包括外部伦理和内部伦理。检察官的外部伦理,是指检察官基于职务行使及其特殊身份而在对外联系中需要遵循的行为准则。检察官的内部伦理,是指检察官在检察机关内部工作中应当遵循的行为准则。

检察官基于职务行使而产生的伦理

忠诚。检察官的职业伦理,本质上是一种责任伦理。检察官承担着实现公平正义、尊重和保障人权、维护国家法制统一的法律监督职责。重任在肩,检察官首先应当具有责任伦理、职业荣誉感和使命感,在主观上确立"检察为民"的信念,在行为上忠于党、忠于国家、忠于人民、忠于法律,在工作中忠诚于检察事业。正如全国模范检察官、最高人民检察院反贪总局原副厅级检察员刘宝瑞生前所说:"能战斗在全国最高检察机关反贪战线上,我感到非常荣幸,对组织充满感激,我没有理由不干好自己的工作。"

专业。检察官的职业伦理,也是一种专业伦理。身为专业的法律工作者,检察官应当具备处理检察事务的专业知识与技能。为此,检察官应当注重学习、精研法律,精通检察业务,同时不断充实新知、与时俱进,以掌握社会动向及犯罪形势,更好地履行保障人权、打击犯罪的职责,这是检察官专业伦理的基本要求。全国模范检察官吴群生前曾经说过:"不学习,就不能适应工作的需要。万一搞错一个案件,既会伤了别人,也会伤了自己,还会影响法律的尊严。"

公正。司法官乃公正官、公平官,身为司法官的检察官,应当依据法律,本着良知,公正地履行职务。检察官的公正伦理有三层涵义:一是中立的伦理。即检察官应恪守利益规避原则,自觉遵守法定回避制度,对法定回避事由以外可能引起公众对公正办案产生合理怀疑的,应当主动请求回避。二是独立的伦理。即检察官应依法履行检察职责,不受行政机关和个人的干涉,敢于监督,善于监督,不为金钱所诱惑,不为人情所动摇,不为权势所屈服。三是客观的伦理。检察官应当超越为求胜诉而不择手段的当事人立场,致力于发现真实,尊重和维护犯罪嫌疑人、被告人的合法权利,对犯罪嫌疑人、被告人有利、不利的证据均应详加调查,而不得谋求单方面给被告人定罪。正如全国模范检察官、辽宁省鞍山市铁东区检察院副检察长田征明所言:"要说闹心事只有一件,我怕好人被无端冤枉,我怕有罪的人逃脱罪责。"

文明。检察官作为代表国家行使检察权的司法人员,在履职过程中应自觉维护和保持司法的尊严,尊重人权,文明办案。

为此,检察官应当尊重律师的职业尊严,支持律师履行法定职责,依法保障和维护律师参与诉讼活动的权利。检察官出席法庭审理活动,应当尊重庭审法官,遵守法庭规则,维护法庭审判的严肃性和权威性。检察官应当尊重诉讼当事人、参与人及其他有关人员的人格,保障和维护其合法权益。即使当事人有威胁、辱骂、挑唆、刺激等不冷静言行,检察官也应该自戒自律、保持克制。全国模范检察官、重庆市检察院职务犯罪侦查局侦查处原副处长龚勇的同事们说,从没见过龚勇办案时粗声大气,而是一字千钧,以情理服人,并对犯罪嫌疑人给予必要关怀,常能赢得"对手"真心敬重。

保密。检察官的职业伦理,还强调个案伦理,严守纪律、保守秘密,是其底线。为此,检察官在办案中应谨守纪律,不得违反规定过问、干预其他检察官、其他检察院或者其他司法机关正在办理的案件,不得私自探询其他检察官、其他检察院或者其他司法机关正在办理的案件情况和有关信息,不得泄露案件的办理情况及案件承办人的有关信息,不得违反规定会见案件当事人、诉讼代理人、辩护人及其他与案件有利害关系的人员,不得披露或者使用未公开的检察工作信息,以及在履职过程中获得的商业秘密、个人隐私等非公开的信息。全国模范检察官、湖南省永州市零陵区检察院民行检察科检察官蒋冬林堂亲的岳父因打架打伤了人,被关进看守所。堂亲找到蒋冬林要求关照,要求蒋冬林直接送东西给他岳父,给相关人员打招呼,并打听案情。蒋冬林说:"我送东西可以,但不能直接送给你岳父,我只送到接待室,按看守所规定的程序办。我也不见你岳父,请你理解。"

检察官基于特殊身份而产生的伦理

兼职限制。为避免不当利益牵连,原则上,检察官不得于业外兼任他职,尤其是不得兼任律师、法律顾问等职务,不得私下为所办案件的当事人介绍辩护人或者诉讼代理人,也不得于职务外提供法律鉴定意见或有偿提供法律咨询,更不得从事、参与经商办企业、违法违规营利活动,以及其他可能有损检察官廉洁形象的商业、经营活动,不得参加营利性或者可能借检察官影响力营利的社团组织。当然,公益性兼职除外,如在官方学校兼任教职或兼职从事研究性工作。

言论谨慎。检察官虽然享有言论自由,可以针对各种社会问题在公开场合或对媒体发表看法,但是,检察官的言论应避免使自己的行为或身份成为公众讨论的话题。为此,检察官应约束言行、低调内敛,在公共场合及新闻媒体上,不得发表有损法律严肃性、权威性,有损检察机关形象的言论。未经批准,不得对正在办理的案件发表个人意见或者进行评论。

清廉自持。检察官手握法律监督大权,容易成为权势"拉拢"、"腐蚀"的对象。面对各种利诱,检察官应能做到清廉自持。为此,检察官在办理案件过程中,不得收受案件当事人及其亲友、案件利害关系人或者单位及其所委托的人以任何名义馈赠的礼品礼金、有价证券、购物凭证以及干股等;不得参加其安排的宴请、娱乐休闲、旅游度假等可能影响公正办案的活动;不得接受其提供的各种费用报销,出借的钱款、交通通信工具、贵重物品及其他利益。检察官还应避免与律师、所办理案件当事人或其他利害关系人有借贷、合伙或其他金钱往来关系。

洁身自好。检察官在私生活中应当行为检点,不得出入不适当的场所,不得参加不正当的饮宴应酬活动,不得穿着检察正装、佩戴检察标识到营业性娱乐场所进行娱乐、休闲活动或者在公共场所饮酒,不得参与赌博、色情、封建迷信活动。同时,检察官交友应当慎重,不得与不当人士往来应酬。

全国模范检察官、海南省澄迈县检察院原检察长刘新力去世后,在他身边工作的该院办公室副主任谭伟斌含泪告诉前来采访的记者:"刘检察长刚到院里就给自己定下了'不打牌不打麻将、不上歌舞厅、不接受非工作关系的宴请'的三不原则,他在日常生活和工作中努力践行这'三不原则',还要求我们监督他。"

检察官的内部伦理

服从的伦理。依据检察一体原则,上级检察首长对于下级检察官在检察事务的处理上拥有指挥命令权,对于上级检察首长的指令,下级检察官有服从的义务,这就是"服从的伦理"。当然,"服从"并不意味着"盲从",对于办案中的正常意见分歧,下级检察官要勇于提出与上级检察首长不同的观点;对于上级检察首长的不合法指令,下级检察官要勇于抵制,敢于说"不"。蒋冬林就是一个"死脑筋",案件讨论,主要领导一锤定音,他提出相左意见,据理力争,最终他的意见被采纳。

合作的伦理。检察官应当热爱集体,团结协作,相互支持、相互配合,力戒独断专行,共同营造健康、有序、和谐的工作环境,这就是"合作的伦理"。全国模范检察官、四川省攀枝花市检察院反贪局副局长赖卫国说:"一个人的力量是有限的,集体的力量是无穷的。离开了检察院,离开了反贪局这一集体的支持,我将一事无成。成绩与荣誉归功于集体、归功于大家,我只是做了自己应该做的。"

检察日报/2011 年/10 月/25 日/第 007 版

刑诉法修改对检察制度若干理念的重塑

修改后的刑事诉讼法,检察权方面的调整尤其引人注目。立法的修正、制度的变革,给检察工作带来了新的机遇,也带来了新的挑战。如何正确理解和解读修改后刑诉法背景下检察机关在角色、职能方面的消长、变化,并因应这种变革在司法实务中做好有针对性的调整、部署,是当前检察工作的重点所在。

从"监督官"走向"保民官":"人权保障"条款入法与检察官角色转型

本次刑诉法修改首次在总则第一章中明确将"尊重和保障人权"增设为刑事诉讼法的基本任务之一,由此迈出了我国刑事诉讼制度发展史上具有里程碑意义的一步,同时,这一修改也将直接引发检察机关传统法律地位和角色的转变。

我国传统的法律监督理论习惯于直接依据宪法的规定,从功能上将检察机关的法律地位和角色,定位为专门的法律监督机关,但这一定位只能概述检察机关与其他国家公权力机关之间的关系(监督与被监督的法律关系),却无法正确阐释检察机关与被告人之间的法律关系。

检察机关与被告人之间究竟应当是一种什么样的法律关系

呢？本次刑诉法修改"人权保障"条款的入法给出了明确的答案：检察机关与被告人之间是权利保障关系，即，在被告人面前，检察官并非高高在上的"监督官"，而是"俯首甘为孺子牛"、负有保障被告人权利的责任和使命的"保民官"。尤其需要指出的是，强调检察官的"保民官"身份，与其说是我国检察制度的独创性发展，毋宁说是对欧陆法系检察官角色的理性回归。众所周知，现代检察官制度，乃"法国大革命之子"及"启蒙的遗产"，欧陆法在创设检察官这一角色和制度时就赋予其一项重要的功能：守护法律，使客观的法意志贯通整个刑事诉讼程序。而所谓客观的法意志，除了追诉犯罪以外，更重要的是保障民权。

　　强调检察官的"保民官"角色和身份，首先必须厘清检察机关"监督官"与"保民官"这双重身份以及"法律监督"与"人权保障"这两重功能之间的逻辑关系。从法理上讲，"法律监督"与"人权保障"本身应当是两位一体的关系：一方面，客观上两者经常是等效的，检察机关监督、纠正了公权力机关的违法滥权行为，同时也就保全、救济了因公权力滥用而受损的个人权利；另一方面，"人权保障"是实施"法律监督"的目的，"法律监督"是实现"人权保障"的手段。法律监督，并非检察机关行使职权、履行职能的终极目的，说到底，履行法律监督职能的目的还是为了保障人权，因此，检察机关必须走出传统的、单一的"监督官"的角色，自觉将保障人权作为自身行使职权、履行职能的目标和目的，勇敢地承担起"保民官"的新角色和新使命。

"司法官"属性增强与检察权司法化

　　自从检察官这一法律角色登上历史舞台以来，关于其确切的法律属性和定位，就一直是个争议不断的话题，在我国亦不例外。近年来，随着学者们对检察制度追根溯源的梳理和研究，就检察权的本身定性而言基本达成了一个共识，即认为检察权具有双重属性：一方面，检察机关在组织上采行的是行政式的"上命下从"的科层式结构；但另一方面，检察权的运行又遵循着类似于司法权行使的原则和规律。其中，后者是检察权的主要特点，因此，检察权更接近于司法权。在本次刑诉法修改之前，我国检察权的司法化特征就已经较为明显，与许多采用行政隶属（即检察机关隶属于司法部）、检法合署（检察机关附设于法院）的国家不同的是，我国的检察机关在机构、人员和职权等方面完全独立于司法行政机关和审判机关，可以说在形式上已经具备了独立自主的司法机关的地位。另外，更为重要的是，我国宪法专门规定"依照法律规定独立行使检察权"，并专门制定了人民检察院组织法和检察官法对检察机关的独立性予以明确和保障，这就从宪法和组织法的层面上肯定了检察机关的司法机关地位。

然而，现实中我国检察机关的行政属性却历来过强，检察机关的"去行政化"问题是历年司法体制改革的重要目标和内容之一。本次刑诉法修改，在推动检察权司法化方面迈出了重要的步伐，检察机关的司法属性得到明显增强。例如，长期以来，检察机关的审查逮捕程序具有行政性、封闭性和单方性特征。修改后刑诉法第86条规定："人民检察院审查批准逮捕，可以讯问犯罪嫌疑人；有下列情形之一的，应当讯问犯罪嫌疑人：（一）对是否符合逮捕条件有疑问的；（二）犯罪嫌疑人要求向检察人员当面陈述的；（三）侦查活动可能有重大违法行为的。人民检察院审查批准逮捕，可以询问证人等诉讼参与人，听取辩护律师的意见；辩护律师提出要求的，应当听取辩护律师的意见。"据此，检察机关不再被设置为一个单方审查主体，一定程度上，其必须在讯问犯罪嫌疑人、询问证人等诉讼参与人、听取辩护律师的意见的基础上方能作出批准逮捕与否的决定,这在事实上强化了审查批捕程序的言词审理性和司法亲历性,使得检察官更像是一个"审前程序中的法官"。

又如,修改后刑诉法第115条规定:"当事人和辩护人、诉讼代理人、利害关系人对于司法机关及其工作人员有下列行为之一的,有权向该机关申诉或者控告:(一)采取强制措施法定期限届满,不予以释放、解除或者变更的……受理申诉或者控告的机关应当及时处理。对处理不服的,可以向同级人民检察院申诉;人民检察院直接受理的案件,可以向上一级人民检察院申诉。人民检察院对申诉应当及时进行审查,情况属实的,通知有关机关予以纠正。"对违法侦查的申诉进行审查和纠正,与其说是侦查监督权,毋宁说是一种司法救济权,在域外法治国家,这一权力多由法官直接行使,修改后刑诉法将这一权力授予检察机关,客观上亦是对检察机关司法属性的一种强化。

顺应检察机关司法属性逐渐增强这一大趋势,检察机关在职业伦理、工作方式上均应当作出一定的调整和转变:

一是重塑检察官的职业伦理。检察机关成为"司法官署",或称为"自主的司法机关",被赋予"法律守护人"的重大使命,这要求其追诉活动以实现客观法意志并追求真实与正义为目的,谨守"客观公正"的司法官义务。为此,检察官应当"淡化"追诉色彩,致力于全面查清案件事实真相,不得单面谋求证明被告人有罪。

二是工作理念和机制上的调整。一方面,随着检察机关司法属性的增强,实务中应当树立检察官系"庭前法官"以及检察官开"侦查庭"等先进理念,在工作中严格贯彻和体现客观公正义务。尤其是在非法证据排除规则确立的背景下,检察机关一定要摆脱"大控方"的观念,改变在侦查环节"重配合、轻监督"的

做法。另一方面,基于刑诉法修改后检察机关司法权属性的凸显和增强,在检察机关内设机构方面,亦应当考虑以司法机关的机构模式来取代现行行政化的机构模式。

"公益代表人"身份凸显与检察权的拓展

检察机关历来被视为"民众之代表人"而非"政府代理人",检察官的权力来自于民众,是代理人民行使追诉之机关,因此,凡是"公益"之所在,则为检察权之所及,在这个意义上,又称检察机关为"公益代表人"。

例如,修改后刑诉法第285条第2款规定:"公安机关发现精神病人符合强制医疗条件的,应当写出强制医疗意见书,移送人民检察院。对于公安机关移送的或者在审查起诉过程中发现的精神病人符合强制医疗条件的,人民检察院应当向人民法院提出强制医疗的申请。"强制医疗程序实际上并不是一个典型的诉讼程序,强制医疗决定也不是一项刑罚措施,而更类似于保安处分,因此,负责提起该程序的检察官,既非原告,亦非公诉人,而更接近于保安处分官的角色,而之所以应当由检察官来承担这一角色和使命,正是因为检察官本身的公益代表人身份。

检察日报/2012年/10月/22日/第003版

重新厘定公诉人角色定位

2012 年 3 月通过的刑事诉讼法修正案,对我国现行公诉制度作了较大的改革和调整,也对公诉实务工作如何应对修法提出了全新的挑战。面对这一挑战,理论界和实务界已经进行了初步的研讨。然而,由于对我国刑事诉讼制度下公诉人角色的特征与定位,缺乏清晰的认识和准确的把握,之前的研讨观点纷呈却未能切中肯綮,因此实有必要另起炉灶、改弦更张,在正确定位我国公诉人角色特征的前提下,规划公诉工作应对刑诉法修改的基本思路。

我国公诉人的角色特征

公诉人角色的基本内容,是代表国家对被告人提起控诉,并请求法官作出裁判。对此,现代各国已成共识、并无异议。然而,由于各国刑事诉讼制度在程序设计上的差异,不同诉讼体制下的公诉人角色仍然呈现出各自特色:英美当事人主义诉讼模式下的公诉人角色更接近于律师("政府律师"或"公诉律师"),而大陆职权主义诉讼模式则坚持对公诉人角色的司法官定位。

我国的刑事诉讼制度类属于大陆职权主义诉讼模式,因而我国的公诉人角色亦具有典型的司法官属性和色彩：

我国公诉人角色具有明确的司法官地位。司法官是"公平之官"，自当恪守独立、客观、公正的立场和义务。但在英美法系国家，虽然法律也要求"检察官必须始终从公正的角度出发做事，而不仅仅是为了定罪"，但法律上检察官并无义务为了被告利益而请求法院为无罪宣告或提起上诉，因此其角色并非典型的司法官，而更接近于"政府律师"或曰"公诉律师"。而在我国，客观公正义务是检察官的法定义务，刑事诉讼法不仅明确规定公诉人在审查起诉时必须全面收集、审查证据，对能够证实犯罪嫌疑人、被告人有罪或者无罪、犯罪情节轻重的各种证据均应一体注意，而且要求公诉人得为了被告利益而抗诉。由此可见，我国的公诉人角色具有明确的司法官地位。

我国公诉人角色享有充分的司法官职权。司法权或者说司法官角色的最大特点，就在于其居中裁判性，即居于客观中立地位、依据事实和法律独立作出裁量、判断。在刑事诉讼程序中，强制侦查措施的审批权、起诉裁量权、审判权等，都具有一定的居中裁判性，因而皆可归入司法权的范畴，相应地，行使上述权力的诉讼角色，不论其系法官抑或检察官，都是典型的司法官。

在大陆法系国家和地区，检察官往往身兼数职：侦查、起诉和执行，但公诉检察官仅享有实行公诉权，即出庭支持公诉权，而不享有起诉裁量权。例如，在我国台湾地区，根据检察官业务类型的不同而将其大别为侦查组检察官、公诉组检察官和执行组检察官。其中，侦查组检察官行使侦查权，负责侦查程序的启动、执行和终结，而公诉组检察官则行使实行公诉权、负责全程莅庭执行公诉。由于台湾地区"刑事诉讼法"规定，检察官而非警察才是侦查权主体，因此，侦查程序是由侦查组检察官以作出起诉或不起诉处分的方式终结,然后再移送公诉组检察官实行公诉(出庭支持公诉)。在这一诉讼体制下,具体行使起诉裁量权的是侦查检察官,而非公诉检察官,公诉检察官仅仅是在侦查检察官作出起诉决定后,负责出庭支持起诉。显然,该诉讼体制下的公诉人,虽然具有司法官身份,但却不享有充分的司法官职权(至少在庭前程序是如此),因此,其所谓"法官之前的法官"、"庭前程序的法官",实际上指的是侦查检察官而非公诉检察官。或许正因为如此,在台湾司法实务中,较之于"大权在握"的侦查检察官,公诉检察官的地位其实颇为尴尬,在相当长的时间内公诉检察官的职位并不太受青睐,至少在台湾检察官群体内部,心理上更认同侦查检察官的职位和角色,人人皆以成为侦查检察官为荣。日本、韩国等国刑事诉讼制度中的公诉人角色与台湾大抵类似。

但是,在我国刑事诉讼制度中,公诉权的结构和配置有所不同。根据我国刑事诉讼法的规定,审查起诉是一个独立的诉讼阶段,公诉检察官不仅享有出庭支持起诉的权力,而且直接行使起诉裁量权。这种集起诉裁量权与出庭支持公诉权于一身、在庭前程序中享有更为充分的司法官职权的公诉人,显然更符合完整和典型意义上的司法官角色,称之为"法官之前的法官"或者说"审前程序中的法官",毫不为过。或许正因为如此,在我国司法现实中,公诉人历来由检察官队伍中的"精兵强将"充任,而由这些精英检察官组成的公诉部门,也是检察机关内部的强势部门,与自侦部门、侦监部门成鼎足之势。

新刑诉法背景下公诉人的角色定位

2012年刑事诉讼法修改,虽然通过恢复起诉全案移送制度,明确控方举证责任,要求简易程序公诉人出庭,设立公诉案件刑事和解程序等特别诉讼程序,对我国公诉制度进行了较大的调整,但并未从根本上触及和动摇我国公诉权的基本构造以及公诉人的司法官角色和地位,相反,在新刑事诉讼法中,因为强化了公诉人在庭前程序中的司法官职权,公诉人的司法官角色和地位还在一定程度上有所增强,具体而言:

"尊重和保障人权"条款的入法,进一步凸显公诉人角色的司法官属性和色彩。"尊重和保障人权"条款入法,对检察机关的各项工作包括公诉工作,树立了新的目标、提出了新的要求。在新刑诉法下,作为司法官的公诉人,应当清醒地认识到自己不仅是代表国家起诉的"追诉官",更是承担着尊重和保障被告人人权使命的"保民官"。为此,公诉人在职务履行过程中必须恪守客观公正的司法官立场和义务,超脱当事人立场、摆脱控方立场,淡化自身的追诉和胜诉色彩。

非法证据排除规则的确立,将迫使检察机关抛弃"大控方"观念,转而加强侦查监督,而这既有利于保障人权,也有助于形塑公诉人客观公正的司法官形象。作为国家法律监督机关的检察机关,本就承担着侦查监督的职责,公诉(审查起诉)正是其实现侦查监督的重要环节和手段。但司法实践中一直存在着"大控方"的思想和观念,检、警之间配合多于制约,所谓侦查监督,难以真正发挥实效。本次刑事诉讼法修改,立法上首次确立了非法证据排除规则,要求检察机关对证据收集的合法性承担证明责任,并明确要求检察机关在审查起诉时发现有应当排除的证据的,应当依法予以排除,不得作为起诉决定的依据。这将迫使检察机关彻底抛弃"大控方"的观念,并与侦查机关进行"切割",因为,检察机关为避免在后续的庭审环节陷入被动,只能在公诉环节加大侦查监督的力度,尽量在庭前排除非法取得的证据,而这既有利于保障人权,也有助于淡化公诉人的追诉色彩,形塑其客观公正的司法官形象。

未成年人刑事案件附条件不起诉制度、公诉案件刑事和解程序等特别诉讼程序的设立,扩大了公诉部门的起诉裁量权,公诉人庭前角色的居中裁量性加重,无疑将进一步凸显公诉人角色的司法官属性和色彩。

新刑诉法实施后公诉工作的应对策略

既然我国公诉人角色的基本定位是司法官,且新刑诉法维持并强化了这一角色定位,那么,对于公诉实务部门来说,新刑诉法实施后的一个中心任务,就是从观念、制度、行为以及文化等方面尊重、维护、落实公诉人的这一角色定位:

观念上:加深对司法官身份的认同感。由于传统诉讼理论的影响,我国公诉人往往比较认同打击犯罪的控诉身份和对审判实施监督的法律监督身份,而对司法官身份则较为陌生并隐隐排斥,认为司法官仅指法官而与检察官以及公诉人身份泾渭分明的观点不在少数。但实际上,从历史上看,现代刑事诉讼制度,历来奉行"双法官"模式,即检察官与法官,皆为司法官,各自居于司法天平的两端,互相牵制又合力维护司法的公正。因此,检察官从来不是单方面谋求给被告定罪的行政"治罪官",而是与法官一样,恪守客观公正的司法官立场,致力于查明真实、保障人权的"保民官"。因此,公诉人迫切需要转变观念,加深对司法官身份的认同感。

公诉人的司法官身份,与其法律监督人身份并不相排斥,相反,两者是高度兼容的。公诉人对法官审判活动的监督,本质上就是一种司法监督,是公诉人基于司法官立场而对同样身为司法官的法官所实施的监督。亦唯有如此认识,才能真正解决审判监督的合法性和合理性问题,因为,公诉人与法官皆为司法官,那么,公诉人监督法官,就是司法官监督司法官,就不存在干预法官审判独立的问题,这就好比法院系统内部上下级法院之间的审判监督关系并不会破坏司法独立一样。

制度上:强化庭前程序构造的司法化。既然我国的公诉人角色具有典型的司法官属性和特征,并被誉为"法官之前的法官"、"审前程序中的法官",那么,公诉人所主持的庭前审查起诉程序,在设计和构造上,就应当尽量实现司法化。具体而言,公诉人既然是司法官,那么,公诉人在庭前程序中也应当象法官一样"开庭"。例如,新刑诉法第 55 条规定,人民检察院接到报案、控告、举报或者发现侦查人员以非法方法收集证据的,应当进行调查核实。然而,问题在于,检察机关该当如何行使该调查核实权? 该调查核实又应当遵循何种程序进行? 实务部门对此认识并不一致。笔者认为,既然立法明文规定该调查核实程序由公诉人主持,而公诉人角色本身又具有司法官属性,那么,该调查核实程序,自然可以类推适用庭审阶段非法证据的调查程序,即由公诉人以"开庭"的方式,通知侦查人员和当事人及其辩护人、诉讼代理人到场,依据新刑诉法第 171 条要求公安机关其对证据收集的合法性作出说明,并征求当事人及其辩护人、诉讼代理人的意见,在"兼听"的基础上作出是否排除证据的决定。

行为上:恪守客观公正的司法官义务。公诉人的角色既然是司法官,自当在行为上恪守"客观公正"的司法官义务:公诉人应当全面收集、审查证据,不仅要收集和出示有罪的证据,也要收集和出示对被告人有利的证据;公诉人不得单方面谋求给被告人定罪,必要时得请求法院作出无罪判决,并得为被告人利益而抗诉。但在我国司法实践中,有的公诉人过于看重控方角色,追求胜诉的色彩非常浓厚,甚至为求胜诉而不惜违背客观公正的司法官义务。例如,实践中有律师提出来,有的公诉人只注意收集证明犯罪嫌疑人有罪、罪重的证据,而忽视收集犯罪嫌疑人无罪、罪轻的证据;有的公诉人为了追求胜诉,甚至刻意隐瞒对辩方有利的证据;辩护律师对于一些影响案件定性和量刑的证据线索申请检察院调查取证的,往往也很难得到公诉人的采纳。尤其是在我国司法实务中,常见公诉人以法院量刑畸重为由提起抗诉,但却鲜见公诉人请求法院作出无罪判决的案例。实践中,如果庭审中因为证据和事实变化,导致指控罪名不能成立的,公诉人更多是以撤回起诉的方式终结诉讼,而甚少提请法院宣告无罪,甚至在一些证据和事实已经清楚地表明被告人无罪的再审案件中,检察官仍然坚持作撤诉处理。凡此种种,均在一定程度上弱化了公诉人客观公正的司法官形象。

文化上:重塑公诉人角色的"战士"伦理。所谓公诉人的角色伦理,是指检察官作为公诉人在履职期间应当谨守的伦理准则。公诉人的角色伦理,并非全然由法律所明定,而是一种伦理准则,本质上仍属于检察官职业伦理的范畴,系检察官职业伦理在公诉职能和环节上的具体化,因此,公诉人的角色伦理与检察官的职业伦理在内容和要求上具有相当的共通性,如都要求忠诚、公正、清廉、文明等;但同时,公诉人的角色伦理,又是基于"公诉人"这一特定(诉讼)法律角色而派生的,与公诉职能和制度的具体内容(特定权利、义务)具有内生关系,因此,公诉人的角色伦理又必定呈现出自身的独特性和某些特殊要求。

公诉人的角色伦理,在性质上应属司法官伦理,以客观公正义务为基础,区别于当事人伦理和律师职业伦理;公诉人的角色伦理,在特征上又属于一种"战士"伦理,区别于法官的"裁判者伦理"。检察官与法官同为司法官,均应谨守司法官伦理,但诉讼角色和职能的不同,其职业伦理也存在一定的差异:法官坚守的是"中立伦理"或曰"裁判者伦理",而检察官谨守的则是"战士"伦理。所谓"战士"伦理,是指公诉人起诉指控犯罪,是"正义之师",为此,公诉人应当像"战士"一样带着荣誉感和使命感去战斗,秉持诉讼手段的正当性和公正性。

公诉人的战士伦理,首先要求公诉人在履职过程中应当保持一名"战士"的尊严和礼仪,尊重对手、文明办案。公诉人应当尊重辩护律师的职业尊严,支持律师履行法定职责,依法保障和维护律师参与诉讼活动的权利;公诉人应当尊重诉讼当事人、参与人及其他有关人员的人格,保障和维护其合法权益,即使当事人有威胁、辱骂、挑唆、刺激等不冷静言行,公诉人也应该自戒自律、保持克制;公诉人在法庭中应当谨守一定的"礼仪",切勿"失礼",更忌"失态"。司法实践中曾经出现的公诉人基于义愤而情绪失控,当庭喊出"杀!杀!杀无赦!",以及公诉人当庭失声痛哭的事例。个人认为,这些都是公诉人"失态"的表现,虽不违法,但却违背了公诉人的角色伦理。

公诉人的战士伦理,要求公诉人"光明磊落"、"堂堂正正"地去赢得战斗的胜利。为此,公诉人角色的战士伦理,应当高于侦查检察官的侦查伦理,检察官在侦查阶段尚可实施"威胁、引诱、欺骗"等侦查谋略,但公诉人在公诉活动中却绝对不得采用任何"威胁、引诱、欺骗"性的诉讼手段,盖因公诉人已经具有明确的司法官身份,自当恪守司法官伦理。公诉人在工作中虽然也可以采用"分案起诉"、"选择起诉"等公诉策略,但公诉策略在运用中必须注意分寸和"度"的把握,不能逾越必要的限度,尤其是不能不择手段、不问是非、不惜代价地追求胜诉。形象地说,公诉伦理,要求公诉人作为战士,带着荣誉感和使命感去战斗,而不能像"刺客"一样龟缩于阴暗一角只求致命一击,更不得像"刺客"为达目的而不择手段。

注:本文发表于检察日报 2013 年 3 月 25 日第 003 版,刊发时略有删节,现恢复原文。

之内容,皆不能向社会公开。且政策与法律不同,法律在制定时即已经对各方利益进行过权衡,司法机关在针对具体个案适用法律时,无需再斟酌、考量利益权衡问题,但政策在执行过程中仍需注意对各方利益进行权衡,尤其是要注意保护被追诉方的合法权益。最高检《意见》中专门规定:"涉及国家秘密、商业秘密、个人隐私、未成年人犯罪和未成年被害人的案件信息,以及其他依照法律法规和最高人民检察院有关规定不应当公开的信息,不得公开。"这是强调检务公开的合法性。同时又规定:"当事人申请不公开且理由符合法律规定的,不向社会公开。"这是强调检务公开应注意各方利益权衡尤其是被追诉方的权利保障。此为检务公开的限度之一。

其次,关于检务公开的内容。检务公开之内容,可大别为"检察行政事务"之公开与"检察业务"之公开。对于"检察行政事务",检察机关的性质任务、职权职责、机构设置、工作流程等与检察职能相关的内容等,本属公众知情权之对象,当以公开为原则、不公开为例外;但对于"检察业务",主要是案件信息,因为涉及侦查权之行使及被追诉人权利之保障,故应以不公开为原则、以公开为例外。这是因为,检察机关的业务,主要集中在审前程序,即广义上的侦查程序。在程序法原理上,审前(侦查)程序与审判程序的性质和功能完全不同:审判程序需遵循公开审判原则,审判过程及结果原则上都应当依法向社会公开;但侦查程序却需奉行侦查密行原则,侦查过程及结果原则上需要保密而不应向社会公开。此为检务公开的限度之二。最高检《意见》中提出:"着力推动检务公开工作从侧重宣传的一般事务性公开向案件信息公开转变,从司法依据和结果的静态公开向办案过程的动态公开转变。"这一提法在大方向上是正确的,但在案件信息尤其是公开办案过程的具体举措上要注意限度的把握。

例如,有的地方检察机关在推进检务公开的过程中采取邀请人民监督员、人大代表或政协委员于侦查讯问时在场见证的作法,目的是监督、防范违法审讯,动机虽好,却违反侦查密行原则,因为,审讯在性质上属于侦查程序中的一项强制侦查行为,审讯的结果(讯问笔录)是法定证据种类之一,均受侦查密行原则约束,不得向社会公开,邀请人民监督员等在场见证讯问过程,不仅于法无据、有违法理(侦查密行原则),还可能造成案件泄密、侵犯当事人隐私等问题,实不足取。

再次,关于检务公开的方式。最高检《意见》要求各级检察机关"丰富检务公开形式,健全检务公开机制"。目前实践中的检务公开方式多种多样,大致有查询(案件进度)、文书上网、(逮捕、起诉等)公开审查、(邀请人民监督员、人大代表、政协委员)检务见证、新闻发言等等。但是,对于案件信息的公开,不论采用何种方式公开,都应当注意对被追诉人隐私权和个人信息自主权的保障,并充分尊重和保障被追诉人受无罪推定原则保护的法律主体地位。这是因为,检察机关并非审判机关,检察机关在其工作环节所作的法律处分,均不具有实体终结性,作为侦查和追诉对象的犯罪嫌疑人、被告人并非犯罪人,其在法律上仍受无罪推定原则的保护,因而检务公开必须兼顾犯罪嫌疑人、被告人的人权保障,不得侵犯其隐私权和个人信息自主权,更不得因公开而造成对犯罪嫌疑人、被告人的有罪推定和舆论审判。此为检务公开的限度之三。基于此,实践中公开案件信息,首先应当以语言或文字在显要位置提示社会公众:"犯罪嫌疑人、被告人受无罪推定原则的保护,未经人民法院依法判决,任何人不得被确定为有罪。"其次,在案件信息公开和查询平台的建设中应注意,除了为了办案或研究所需外,允许查询案件进度的同时应当禁止以犯罪嫌疑人、被告人的姓名等为关键词进行检索,因为允许检索意味着对犯罪嫌疑人、被告人个人信息的无限制使用，属过度干预被追诉人的权利，违背法理。再次，文书上网也要注意时间节点，个人赞同待法院判决生效后才将起诉书等法律文书上网，以此彰显无罪推定原则的精神。又次，最高检《意见》提出："对存在较大争议或在当地有较大社会影响的拟作不起诉案件、刑事申诉案件，实行公开审查。对于在案件事实、适用法律方面存在较大争议或在当地有较大影响的审查逮捕、羁押必要性审查、刑事和解等案件，提起抗诉的案件以及不支持监督申请的案件，探索实行公开审查。"但如前所述，逮捕、起诉程序仍属广义的侦查程序的范畴，同样应受侦查密行原则的约束，在逮捕、起诉环节搞公开审查，不是不可以，但要注意参与人员的范围，原则上不应向社会公开，而应限于当事人及其辩护人、诉讼代理人参加。至于邀请人民监督员等在检方实施搜查、扣押时在场进行检务见证，则应当注意不宜将人民监督员等直接列为搜查、扣押笔录中的见证人，因为法律要求见证人应当是不具有特定身份之人。比较而言，新闻发言人制度，应当尽快建立，这是侦查程序阶段公开案件信息最合适的方式。

注：本文发表于检察日报 2015 年 4 月 30 日第 003 版，刊发时略有删节，现恢复原文。

德国检察官"与法官一样独立"

德国是现代检察官制度的发源地之一,法国大革命之后创设的检察官制度,经由德国的改良而得以发展、完善,尤其是在检察官的法律定位以及检察独立与检察一体的分际等问题上,德国的制度经验为诸多后进国家所借鉴,包括日本、韩国等。

自主的刑事司法机关

在德国,由于法律对检察官的身份与地位缺乏明确规定,因而,时至今日,关于检察官的法律定位问题,即检察官究竟系司法官还是行政官,抑或具有双重地位,仍然是一个争论不休的话题。目前德国的主流观点认为,应当区分检察机关在宪法上的地位和检察机关在刑事诉讼法上的地位。

首先,德国检察机关属于宪法上的行政机关。德国实行立法、行政、司法三权分立的宪政体制。其中,对于司法权的主体及范围,德国《基本法》(即德国宪法)第 92 条作出了明确的规定:"司法权付托于法官;由联邦宪法法院、本基本法所规定之各联邦法院及各邦法院分别行使之。"据此,德国《基本法》上的司法权指的就是审判权,唯有具有实质的职务独立性即"独立行使职权,并只服从法律"(《基本法》第 97 条第一款)的法官,才是司法官。而德国的检察官虽然握有起诉裁量权,所作出的不起诉决定具有终结程序的效力,但该决定并不产生既判力,因而并非宪法意义上的审判权。况且,德国检察官作为公务员,负有服从上级指令的义务,并不具有实质意义上的职务独立性,故并非《基本法》第92条意义上的法官。

其次,检察机关属于刑事诉讼法上的司法机关。依据德国《刑事诉讼法》,检察官并非单纯的追诉者,亦非一方当事人,而是承担着"国家权力双重控制"功能和民权保障功能的"法律守护人",检察机关被誉为世界上"最客观的官署"。在德国刑事诉讼程序中,检察官并不是以一方当事人而是以客观、公正的司法官身份参与诉讼的,其职务行为受到法定义务和客观义务的严格约束,其目的亦不是单方面打击犯罪,而是致力于全面查清事实真相,公正地展开追诉和审判,并确保法院判决的公正性。由此可见,德国的检察官在刑事诉讼上角色虽然与法官存在差异,但两者在功能上却具有同质性,即都是致力于实现法律公正、客观、中立的司法官。也因此,德国学界才公认:"检察官与法官同属立法权与行政权之外的'第三权'。"而德国联邦最高法院的判例也明确指出,检察机关不属于一般性的行政机关,而是归属于第三权力的司法机关,是一个必要的、自成一体的、与法院平等同格的"刑事司法机关"。

正因为德国的检察机关被定位为自主的刑事司法机关,所以,德国检察官与法官的任职资格和条件完全一致,检察官亦享有法律给予法官的各种身份保障,且实务中"检、法互调"即检察官与法官之间互相调换工作亦习以为常,在德国部分州,检、法之间的这种人事交流甚至被视作一项司法行政政策而受到鼓励,除初任检察官外,几乎所有检察官都有担任法官的经历。

独立的刑法解释机关

由于德国在政体上采用联邦制,所以,德国的检察体系分为联邦检察院和州检察院两个系统。但联邦检察院与州检察院之间在组织上是完全独立的,相互之间不存在任何形式的隶属和领导关系。联邦检察院与州检察院之间的这种独立性,还体现在刑法解释上的相互独立。例如,在州检察院向联邦法院提起上诉的情况下,依法只能由联邦检察官代表国家出庭支持上诉,但如果联邦检察官并不同意州检察院的观点,认为该上诉并没有根据,此时,虽然联邦检察官对于州检察院没有指令权,不能撤回该上诉,但他有权独立解释刑法,可以依据自己对刑法的解释,提出不同的法律意见,请求法院驳回该上诉。

此外,根据德国《法院组织法》第141条的规定"在每个法院都应存在一个检察院",据此,德国实行审、检合署制,即将检察院设置于法院内。但审、检合署制并不否认检察院在职务上的独立性,依据德国《法院组织法》第150条的规定,检察院在履行职务时独立于法院。德国检察院相对于法院的职务独立性,还体现在检察官拥有独立的刑法解释权,不受法院判例的约束。德国联邦法院曾经要求,检察官应受法院通行的判例的约束。据此,如果法院的通行判例认为某一行为应受刑罚处罚,即使检察官意见相左,仍然应当起诉。言下之意,检察官应当受制于并服从法院对刑法的解释。德国联邦法院的上述观点主要是为了维护平等适用法律的原则和法院解释法律的专属权。但对于该观点,德国大多数检察官和法学家均不认同,通说认为在这种情形下应适用检察独立原则,即检察官同法院一样有资格解释法律,而且被告人根据检、法双重司法保护的原则,要求检察官独立解释刑法,独立作出判断。

与法官一样独立的机关

在德国,法务部部长是检察体系的行政首长、名义上的领导,享有外部指令权,即一般指令权和个案指令权,前者是针对一般性法律问题发布指示和命令,后者是针对具体个案的处理作出指示和命令。此外,检察长作为检察机关的首长,也享有对其所辖检察官的指令权,即内部指令权,包括指挥监督权和职务收取、移转权。

上级指令权的存在,对于检察官的独立行权形成了一定的制约,因而,为防止上级借指令权之名行干预司法之实,德国法律对上级指令权的行使设置了诸多限制——

一是上级指令权的发动以法定原则为界限。据此,凡适用法定原则之案件,上级首长皆无权指令检察官违反法定原则而作处理,否则该指令不但违法而且可罚。例如,根据德国《刑事诉讼法》,检察官的侦查权和公诉权的启动受侦查法定原则和起诉法定原则的约束,只要有初步怀疑,检察官就有义务发动侦查;只要有足够的犯罪嫌疑,检察官就有义务提起指控。就此,上级不得指令检察官不作侦查或不予起诉,否则该指令即属违法。再如,根据德国《刑事诉讼法》第161条规定的直接原则,审判阶段检察一体原则受到严格的限制,莅庭检察官有权拒绝执行上级指令而自由陈述其意见,此即"笔受拘束,口却自由"原则。

二是双重异议程序。即检察官如果认为上级的指令存在合法性问题,则必须依德国《公务员法》向其直接上级提出异议;如果直接上级命令执行指令,则应当向间接上级包括检察首长甚至法务部长提出异议。但如果检察首长或法务部长确认该指令合法,则该检察官就有义务执行该指令,除非该指令明显抵触刑法或构成秩序违反或侵害人性尊严。

三是上级指令仅具有内部拘束效力,不影响检察官违反指令而对外所采取的职务行为的效力。依据德国《法院组织法》第144条的规定,检察院实行首长代理制,即检察官系检察长之代理人。但这种代理系当然代理,无须检察长特别授权,因而,实务中德国检察官是以检察长的名义、自己署名履行职权,即使检察官在对外采取职务行为时,违背检察长的意思,其职务行为仍然有效。这意味着,上级的指令对于检察官而言仅具有内部拘束力,并不及于检察官对外采取的职务行为,若检察官违反上级指令而对外采取职务行为,则该职务行为仍属有效,只不过检察官个人可能因此而遭受纪律惩戒。

不过,对域外法律制度的研究,切忌囿于文本,而应关注制度实践中的真实状况。从文本上看,上级指令权的存在极大地钳制了德国检察官的独立性,检察官仿若“笼中之鸟”,无往不在枷锁之中。但其实,由于历史和现实多种因素的作用,在德国司法实务中,上级指令权仅仅是在非常特殊的案件中才发挥作用,检察官事实上已经获得了很大的独立性,其地位几乎与法官相同。

首先,就法务部部长的外部指令权而言,由于法务部部长并非检察官,其作为行政首长对检察官行使外部指令权尤其是个案指令权,实有行政干预司法之嫌。因而,在德国一直有声音呼吁废除法务部部长的外部指令权尤其是个案指令权。正因为如此,自19世纪以来,法务部部长放弃个案指令权的行使,已经逐渐演变为德国司法实务中的一项习惯法,被称为“指令权在习惯法上部分失效”。这表明德国检察官的外部独立性实际上已经大为增强。虽然近年来亦有文献指出,德国司法实务中个案指令权实际上并未销声匿迹,只不过更多以非正式的请求、盼望等较为隐晦的方式表达出来,尤其是在检察官向法务部报告对政治人物的案件调查情况时,经常可以嗅到上级干预的讯息。但这种暗示、隐晦的干预方式本身就表明,个案指令权的行使已经不具有制度上的正当性,而只能以某种类似于"潜规则"的方式存在,与其说是干预,毋宁说是干扰。至少,对于德国检察官而言,在制度上已经无需顾虑法务部部长个案指令权对其办案独立性的干预。

其次,在德国检察官职务独立性增强的大背景下,即使是检察首长的内部指令权,也在行使方式上悄然发生着变化。依据德国现行法,检察首长对所辖检察官享有指挥监督权,对于检察首长的指令,检察官有服从义务;当检察官与检察首长之间就指令的合法性产生争议、冲突时,检察官可以提出双重异议,但如果上级确认该指令合法,则检察官必须遵守指令,否则将可能面临纪律惩戒。但实际上,在德国司法实务中,检察首长与检察官彼此都会很节制,一方面,检察首长对承办检察官的职务独立性相当尊重,轻易不会发出任何违反检察官意愿的指令。另一方面,检察官即使认为检察首长的指令不当,往往也不会骤然提出异议,而是会婉拒首长指令或主动请求移转案件。即使检察首长与承办检察官之间的意见分歧较大,双方各执己见、无法调和,基于对检察官职务独立性的尊重,检察首长一般也不会强行要求检察官改变观点,而是会选择行使职务收取或移转权,即将该案件收回由自己承办或交由其他检察官承办,以此来解决两者的冲突。

正因为上述制度内或制度外因素的作用,在德国司法实务中,检察官的职务内、外独立性其实相当大,与法官的审判独立性几乎没有区别,检察机关被认为是"与法官一样独立的机关"。

检察日报/2015年/6月/23日/第003版

法国检察官的身份之谜

现代检察官制度是法国大革命的产物,被誉为"革命之子",法国亦因此成为现代检察官制度的滥觞地,并奠定了现代检察官制度的基本框架。在法国,检察官历来被视为与法官具有同质性的司法官,拥有与法官相同的"司法一体性",又由于检察官在法庭上总是站着发言,因而人们习惯称检察官为"站席法官",而称法官为"坐席法官"。

但是,近年来关于法国检察官的司法官身份却争议迭起。2010 年 3 月 29 日,欧洲人权法院在 Medvedyev 一案的判决中明确指出:"法国的检察官并不是欧洲人权法院定义下所指'司法权'的一部分",因为,"法国的检察官欠缺了一个特殊的独立性,该独立性乃指独立于行政权之外的司法权属性。"欧洲人权法院的上述判决击中了法国检察官制度的软肋和要害,也是其长久以来最为世人所诟病之处:作为行政权代表的法国司法部长享有对检察官的个案指令权,可能对检察官的办案独立性造成干预。

检察官办案欠缺独立性

法国检察官自创设以来即恪守上命下从的等级制传统,并在组织上隶属于行政机关。根据 1958 年制定并沿用至今的法国《司法官身份组织法》第 5 条的规定,检察官受其上级及司法部长的节制与指挥。这意味着,法国检察官被置于以司法部长为顶点的上命下从的阶层监督之中。法国的司法部长虽然不具有检察官身份,但却是法国检察官的最高行政首长,对全体检察官享有外部指令权,包括一般指令权和个案指令权。

由法律赋予司法部长以外部指令权,这是大陆法系国家检察官制度的共通性做法。但与其他大陆法系国家如德国实务中司法部长自我节制、逐渐放弃行使个案指令权的趋势不同,法国司法部长行使个案指令权、公然干预检察官独立办案的事例不胜枚举,其对检察权运行过程介入之深以及干预"尺度"之大、频率之高,令人震惊。例如,1989 年 5 月 8 日,在对马赛市地区议员进行搜查后,驻上诉法院检察长准备进一步约谈被查议员。但法国当时的司法部长 PierreArpaillange 随即命令马赛市的检察长,以一个"莫须有"的理由,即以其可能会遭遇不可测的政治责任为由,强令将本案归档。而 1992 年接任司法部长的 MichelVauzelle 刚一上任就迫不及待地行使其对检察官的个案指令权,毫不避嫌地公然命令马赛市的检察长暂停对其同僚——法国建设住房部部长贪污案的调查。

最令人担忧的是,法国司法部长通过个案指令权干预检察官办案,甚至在某种程度上已经制度化。曾于 1990 年至 1992 年期间担任法国司法部长的 HenriNallet 刚上任时,一到他在司法部的办公室,就看到办公桌上摆满了一叠一叠的卷宗,包括经驻上诉法院检察长签署之后呈送其决定的在查案件。HenriNallet 是一位比较内敛节制的司法部长,他认为自己既无合法的理由也无任何权限每天为这么多在查案件给出决定意见。因此,他说:"我不能给出我的意见。"但得到的回答却是:

"假如您什么都不说,部长先生,机器就停摆了。"由此可见,法国实务中检察长就个案向司法部长进行请示和汇报,并听取其指示,已成惯例。

对个案指令权的限制

对于司法部长的个案指令权可能给检察官独立办案造成的"杀伤力",法国并非视若无睹、无动于衷,而是有所防范:一是在法律上保留了部分固有权限交由检察长行使。例如,起诉裁量权就被认为是法律保留给各级检察机关检察长行使的固有权限,因而,各级检察机关检察长所作出的起诉与不起诉决定,即使违背司法部长的指令,仍属有效。但该固有权限唯有检察长方可行使,一般检察官并不享有。二是在审判阶段贯彻"笔受拘束,口却自由"的原则,即检察官作出的书面结论,必须服从上级的指令,但在庭审中,他有权自由陈述,不受上级指令权的拘束。

除此之外,法国还通过修改法律尤其是刑事诉讼法来进一步限制司法部长的个案指令权。根据法律规定,司法部长的指令应当是书面的,并归入诉讼案卷。同时,1993 年 8 月 24 日修改的《法国刑事诉讼法》第 30 条也规定,允许司法部长"向检察长揭露其知悉的违反刑法的犯罪行为,并以附于诉讼案卷的书面指令,命令检察长提起或指派检察官提起公诉或者向有管辖权的法院提起部长认为适当的书面请求。"这意味着,司法部长的个案指令权将受到两个方面的限制:一是司法部长只能指令提起公诉,而不得再指令检察长不起诉;二是司法部长的指令权只能以书面方式行使,且必须入卷,增强了个案指令权行使的公开性和透明性。

但是,从实践中的情况来看,上述改革举措的效果似乎并不明显,对于司法部长个案指令权的约束相当有限。就在

《法国刑事诉讼法》修改后不久,1994 年 9 月 26 日,法国司法部长 P. Mehaignerie 就行使指令权,将原本对法国总理 EdouqrdBalladur 收受别墅案进行的调查行动延后一个月,从而使得 EdouqrdBalladur 在没有争议的情况下顺利辞职,案件后来也不了了之。而更广为人知的,亦经常被用来作为法国司法部长干涉检察官独立办案例证的,是 1996 年 10 月发生的"尼泊尔直升机事件"。当时的法国司法部长 J. Toubon 在得知法国 Evry 地区的副检察长正准备对巴黎市市长夫人受贿案展开行动后,为阻止副检察长对该案的侦办,遂派遣直升机前往尼泊尔将正在喜马拉雅山登山的 Evry 地区的检察长载回,要求检察长出面暂停该案侦办,但因该检察长早已离开登山营地而未得逞。

检察官身份仍待澄清

与德国等国的做法不同,法国的上述举措和改革方案,着眼点仍然是限制而非废除司法部长的个案指令权。因而,检察权与代表行政权的司法部长之间的关系"剪不断、理还乱"。而欧洲人权法院在 Medvedyev 一案的判决中之所以坚持认为法国检察官不具有独立性进而否认其系司法权的一部分,主要原因亦在于检察官与司法部长之间的这种隶属关系以及司法部长频繁动用个案指令权干预检察官办案,伤及了检察官的独立性,使得检察权无法独立于行政权之外。

但是,法国国内对于欧洲人权法院的判决似乎并不感冒,因为对于检察官的地位问题,法国另有一套理论和逻辑。《法国宪法》第 66 条规定:"没有任何人可以被任意地拘禁,司法权是个人自由的维护者,确保尊重此一法定原则。"而法国宪法委员会在 1993 年 8 月 11 日的解释中则明确指出:"《法国宪法》第 66

条所规定的司法权,确保尊重个人自由的大原则,同时对于法官与检察官一并适用。"根据上述规定和观点,法国之所以将检察官定位为司法官,主要原因和逻辑在于,其认为司法权的基本功能在于维护个人自由,而法国检察官作为《法国宪法》看守人,正是为保障民权而设,因而检察官也是司法官。根据上述逻辑,独立性或许并不是司法权唯一甚至是最重要的特征,维护个人自由或者说致力于实现公正,才是司法权最重要的功能性特征。基于此,检察官在独立性上虽然较之法官有所不足,但在公正性上即维护个人自由的功能上,两者并无差别,皆属司法权的范畴。

然而,问题在于,检察官如果欠缺了独立性,又如何能保证其公正性? 就如同法国司法现实中所展示的那一幕幕:当司法部长频频利用个案指令权干预检察官独立办案时,检察官如何能够保证其办案的公正性? 更为重要的是,当法国公众发现个案指令权背后的这重重黑幕时,还会不会相信检察官的公正性? 还会不会坚信检察官作为"法治国的仆人",会始终如一地捍卫法治国的理念并维护他们所珍惜的个人自由?

司法部长的个案指令权,是法国检察官制度的"阿基里斯之踵",继受法国检察官制度的德国、日本等国,都已经意识到这一问题,虽然并未在立法层面上完全废除该权力,但却在实践中通过习惯法等方式使该权力部分失效。唯有法国在坚守自身传统的同时,却不知不觉将检察官推入了颇为尴尬的境地。欧洲人权法院的一纸判决,轻轻地挑开了法国检察官头上的司法官面纱,但却并未真正解决法国检察官的身份问题,因为欧洲人权法院虽然否定了法国检察官是司法权的一部分,但却并未明确法国检察官就是行政官。因而,欧洲人权法院的判决实际上加剧了法国检察官的身份危机,使得法国检察官的身份成为谜一样的问题。

或许,在欧洲人权法院的判决作出后,每一位法国检察官都会禁不住问自己一个问题:"我是谁?"

检察日报/2015 年/8 月/4 日/第 003 版

对日本检察官"半独立"地位不要误读

    日本的检察官制度在历史上曾对东亚国家和地区产生过较大影响,部分检察制度设计如检察官的"半独立"地位、特搜部制度、检察官俸给表制度等皆独具特色,至今仍是各国检察制度改革发展中竞相仿效的样本。但是,目前理论界对于日本检察官的"半独立"地位存在一些误解,本文拟对此展开简要的介绍和评析,以正视听。必须说明的是,日本的检察机关分为四类:最高检察厅、高等检察厅、地方检察厅和区检察厅,其首长分别称为检事总长、检事长、检事正和首席检察官,为了行文的方便,本文按照中文的习惯,将检事总长称为检察总长,将检事长、检事正和首席检察官统称为检察长,但其间差异,读者诸君不可不察。

广义的司法官

    二战后,日本受英美法的影响,对司法权及司法官的解释一直持狭义说,即认为只有以审判为核心的法官才是日本宪法中规定的"司法官宪",至于检察官则被定位为行政官。

    日本之所以将检察官定位为行政官,主要是基于两方面的原因:一是日本检察机关在组织上隶属于法务省,法务省本身属行政机关序列,其行政首长法务大臣名义上是检察体系的上司和领导,享有对检察官的一般指令权和对检察总长的个案指令权即所谓外部指令权。是故,检察机关在组织上属行政之一环。二是日本检察机关内部奉行上命下从、上下一体的"检察一体"原则,检察总长对全体检察官、上级检察首长对其所属检察官享有指挥监督权及职务收取、移转权即所谓内部指令权。是故,检察权之运行,并非如审判权之运行采取合议制,而是采取上令下达、上命下从制。上述行政化的隶属关系和组织体系,使得日本检察官欠缺实质上的司法独立性,与法官在性质上迥然有别,检察官因此被定位为行政官,而非司法官宪。

然而,检察官的职务权限包括侦查、起诉和执行,这些职权本身与司法权(即法官的审判权)有着密不可分的关系:一方面,检察官的职权与法官的审判权在目标上是一致的,都是为达成刑事司法任务、实现国家刑罚权。另一方面,审判权的启动依赖于检察官,在不告不理的原则下,检察官事实上起着审判入口的把关作用,检察官未起诉的案件法官无法审判,而检察官起诉的案件法官则必须审判。此外,法官的裁判一旦生效确定,裁判内容的实现即执行也依赖于检察官。正是因为检察官的职权与法官的审判权密不可分,一旦检察官无法独立行使职权,必将波及审判权,造成司法的不公。换言之,在检察权欠缺独立性的情况下,审判权也难以"独善其身"。对此,日本理论界有所谓"车轮理论",即将独立行使的检察权与审判权比作车之两轮,欠缺其中之一,均无法确保刑事司法机制的健全运作。

正基于此,日本理论界普遍认为,检察官虽然隶属于行政官,但其职责并非执行一般行政事务,而在于达成刑事司法功能,换言之,日本检察官在组织上是行政属性,但在功能上却是司法属性,因而,为确保检察权的公正行使,实有必要赋予检察官类似于法官的独立性保障。为此,日本通过《检察厅法》《检察官俸给法》等法律建立起确保检察官独立行使职权的保障机制,包括:职务的独立性、身份保障、适格审查制、退休制度以及薪俸表制度。这就使得日本的检察官在某种程度上具有了与法官一样的司法官属性,被称为广义的司法官或准司法官。

审检分立制

日本在二战前曾采审检合署制,即将检察机关附置于法院(裁判所)。战后,随着1947年日本《检察厅法》的颁布实施,改审检合署制为审检分立制,即将检察机关附置于法院改为两者对置。

之所以改采审检分立制,是因为检察机关与法院虽同为广义上的司法机关,目标一致,但两者在刑事司法体系中的角色和功能却不尽相同,理应分属两个各自独立且互不隶属的系统。更为重要的是,日本的检察官秉承了大陆法系检察官监督、制衡法官的功能,审检合署显然不利于发挥检察官监督、制衡法官的功能,基于此,检察机关必须在法院之外独立建制、自成体系。

日本检察制度中的审检分立,有两层含义:一是审、检互不隶属。即检察官与法官、检察事务与法院的审判事务之间没有隶属关系,检察官独立于法院之外行使职权;二是审、检平行对等。为便于检察官行使侦查、起诉和执行等法定职权,并发挥监督、制衡法院的功能,检察机关在机关组织上必须配合法院的审级与管辖而设置,从而形成审、检平行对等的司法格局。在日本,检察机关的机关设置系根据法院的审级由上到下分为四类:最高检察厅、高等检察厅、地方检察厅和区检察厅,并分别对应于法院系统的最高裁判所、高等裁判所、地方裁判所和家庭裁判所、简易裁判所。

独任制官厅

作为广义上的司法官,日本检察官在履行职权时具有相当大的独立性,因而被称作"独任制官厅"。

之所以称检察官而非检察厅为"独任制官厅",是因为在日本,检察权的行使属于每个检察官的权限,每个检察官都是以自己个人的名义而不是以检察总长或检察长辅助者的名义来履职行权的。例如,提起公诉的检察官应当在起诉书上签署自己的名字,而在提起上诉以及执行刑罚等职权行使中,也都是由承办检察官以自己的名义作出决定,而非以机关首长即检察长的名义或者检察长法定代理人的名义。因此,在日本,每位检察官都是履行检察职权、执行检察事务的独立单位,每一个检察官都是"独任制的官厅"。

日本检察官的"独任制官厅"地位,具有以下几层含义——

检察权的主体是检察官而非检察首长。作为检察权的主体,日本每个检察官,都有行使检察权的资格和权限,而不是只有检察厅首长即检察总长或检察长才有这种权限。正因为如此,日本关于检察官履行职权的相关法律如《检察厅法》《刑事诉讼法》中授权的对象都是检察官,而非检察首长。

在检察官与检察首长的关系上,检察官是具有自主决定权和代表国家意志的独立主体,而非检察首长的辅助者或法定代理人。日本检察官的职责权限直接来源于法律的授权,而非检察首长的授权,因而,在履行职权时,检察官始终处于自主决定、独立负责的地位,而非唯检察首长之命是从的"传声筒"或检察首长的"手足"。这被视为是日本检察官司法属性的集中体现,因为,在采取首长负责制的一般行政领域中,只有居于行政组织顶点的机关首长才处于独立负责的地位,而在日本检察机关内部,每个检察官都处于这种自主决定、独立负责的地位,这正是日本检察官司法官属性的反映。

检察机关作为一个机构,并非法定的权力主体。在日本,各级检察厅即检察机关,只是各级检察官的集合体或办公处所,本身并不具备履职行权的主体资格,因而不能成为法律授权的对象,更不存在所谓检察机关整体行权的概念。

检察官是独立的办案主体。作为独任制的官厅,日本检察官是当然的独立办案主体,所谓独立的办案主体,是指检察官独立承办案件、独立决定案件并独立承担责任。

外部指令权

日本的检察官作为行政官,必须服从上级的指挥监督,因此,其独立性与法官独立不同,具有一定的限度,被称为"半独立"。

日本检察官的"半独立"地位,首先体现为法务大臣外部指令权的限制。根据日本《检察厅法》第14条的规定,法务大臣就侦查、公诉及裁判执行等检察事务有一般之指挥监督权,但对检察个案之调查或处分,仅得指挥检察总长。据此,作为日本检察体系名义上的上司,法务大臣享有对检察官的一般指令权和对检察总长的个案指令权即所谓外部指令权。所谓一般指令权,是指法务大臣基于统一法律的解释和适用等政策性目的,有权对检察官发布训示、命令或通知并要求全体检察官遵行不悖。所谓个案指令权,是指法务大臣有权针对具体个案的处理而对检察总长发布指令。

由于检察总长系日本检察机关的最高首长,法务大臣有权就个案处理对检察总长进行指挥监督,也就意味着法务大臣可以借由指挥检察总长而间接指挥全体检察官。这也是日本检察制度历来最为人诟病之处。因为,日本的法务大臣作为法务省的首长,是典型的政务官,系内阁之成员,与政府同进退,其行事准则与检察官不同,如果容忍法务大臣以个案指令权干预检察业务的处理,可能导致法务大臣基于政治利益考虑而借个案指令权干预检察权的独立行使。这一弊端在日本战后的"造船疑案"中体现得最为充分。

"造船疑案"是第二次世界大战后日本发生的著名弊案。该案涉及企业界对政府官僚巨额行贿,由于事涉政府高级官员和国会议员,所以当时的日本检察总长向法务大臣提出希望通过内阁向议会申请同意逮捕相关嫌疑官员的要求,但是当时的法务大臣犬养健依据日本《检察厅法》第14条对检察总长作出了"暂时延期逮捕,继续任意侦查"的指示。该案中,法务大臣发动个案指令权,干扰、阻碍检方侦查,根据事后检察总长在国会作证时的证言,当时如果不是法务大臣行使个案指令权,检察机关有可能以受贿而逮捕、起诉相关嫌疑官员。该案的发生,在日本国会引起在野党的大加挞伐,法务大臣犬养健最终被迫辞职。该案的发生动摇了日本战后的政治舞台,更使日本检察官的政治廉洁性产生伤痕,并在日本检察史上留下了所谓检察官屈服于政治的污点。

或许正是基于对"造船疑案"的检讨,在该案之后,虽然日本《检察厅法》第14条仍然保留了法务大臣的个案指令权,但法务大臣却未再行使过个案指令权,使得第14条逐渐成为一项睡眠条款,而这显然有利于日本检察官独立行使职权,也是日本检察官职务独立性进一步增强的体现。

内部指令权

与法官不同,日本检察官因为受"检察一体"原则的约束而始终处于受上级检察首长指挥、监督的地位。根据日本《检察厅法》第 7 条至第 13 条的规定，检察首长对所属检察官享有指挥监督权以及职务收取、移转权即所谓内部指令权。

然而，绝不能因为日本检察官处于受上级检察首长指挥、监督的地位，就否认日本检察官的独立性。实际上，在日本，"检察一体"原则始终是以检察官职务的独立性为前提的，日本检察官对于检察事务（案件）独立负责的主体地位，始终受到尊重；即使处于上级的指挥监督之下，行使检察权的权限仍然由各个检察官自己掌握，因此，日本检察官的职务独立性并不因上级的内部指令权而有所动摇，相反，上级检察首长的内部指令权必须与日本检察官的职务独立性相协调。实践中，上级检察首长并不会片面地强调下级服从，而主要是通过审查、劝告、承认等柔性方法行使内部指令权。在具体个案的处理上，上级检察首长往往更尊重一线办案检察官的意见，轻易不会启动指挥监督权，即使上级检察首长与下级检察官之间就案件处理结果存在分歧意见，上级检察首长也主要是通过沟通、劝告、说服的方式，促使双方达成共识，而不是简单地硬性要求下级检察官服从自己。如果沟通说服无效，双方各执己见、难以达成共识，上级检察首长一般也不会直接行使指挥监督权，强行要求下级检察官改变自己的意见，而是会启动职务收取权或移转权，将案件收回由自己承办或转交其他检察官承办，以此体现对检察官职务独立性的尊重。

检察日报/2015 年/6 月/9 日/第 003 版

特搜部：日本检察体系的反腐利器

特别搜查部是日本检察厅所属的一个特别机构,简称特搜部,是日本打击贪污腐败案件的专门刑事机构,类似中国香港的廉政公署。

历史由来

日本检察机关的特搜部制度,系 1949 年 5 月 14 日时任东京地方检察厅副首席检察官、后来的最高检察厅检察总长马场义续所创设。二战之后,日本进入重建期,公共工程的支出巨大,引起政客的觊觎,大量的贪污事件频发。原本寄望于独立性较强的检察系统能够对这一状况进行查处,但结果令人失望,这类案件被追诉的比例极低。为了因应这种混乱状态,自 1947 年开始,东京地方检察厅成立了"物资隐匿事件搜查部",以揭发囤积物资的行为,1949 年更名为"特别搜查部",简称"特搜部",其任务除了对隐匿物资行为的侦查外,还包括对政界贪污、企业造假账等违法犯罪行为的查办。本来这一构想与当时盟军主张由警察行使侦查权,检察官仅负责法庭公诉活动的主张不符,但后来因为检察体系的特搜部在"昭和电工"案中展现出检举政治腐败的强大实力,终于让盟军首肯保留住了日本检察官的侦查权。

此后,日本陆续在东京、大阪、名古屋等三地检察厅设置特别搜查部,专门调查侦办巨额逃漏税、重大经济犯罪、公职人员的贪污渎职犯罪,成为日本打击政、财、官界不法活动的主力。被称为"战后日本三大政治弊案"("昭和电工违法超贷案"、"洛克希德跨国贿赂案"、"瑞克鲁特公司以未上市股票行贿案")等一大批政经界贪腐要案的成功侦办,让日本司法界逐渐形成了所谓"因为有特搜部,所以会揭发巨恶"的信念,大众也坚信因为有特搜部,检方会检举万恶。特搜部因此在整个日本社会赢得了巨大声誉。

组织机构

在编制上,日本的特别搜查部设于一审地方检察厅,由检事、副检事层级的检察官与辅佐职的检察事务官所组成。之所以将特搜部设置于一审检察厅,主要是为了与日本刑事诉讼法相衔接,避免因案件的审级造成管辖方面的争议。虽然特搜部设置于一审地方检察厅,在行政上受地方检察厅管理,但在侦查业务上是完全独立的,受日本最高检察厅检察总长直接指挥。特搜部的检察官都是由日本全国各地选拔而来的侦查专家组成,他们大多三四十岁,有十年以上经验。

特搜部内设有特搜事务课、特搜资料课、特殊直告班、财政经济班等单位。特殊直告班的主要任务在于受理侦办受贿、背信、侵占、诈欺等案件;财政经济班的主要任务是担当所谓财政经济案件的侦办,包括直接税、间接税脱税案件及其他财政经济案件,并承办警察厅生活经济课移送案件的指挥、指导及案件的侦办;特搜部资料课负责调查银行户头、整理和分析所扣押的资料、暗中监视、搜查住宅等等。该资料课所累积的资料和专门技能,是特搜部广受赞誉的调查力的泉源,特搜事务课则经办部内的总务。

具体运行

日本的特搜部制度长处在于其组织的大型化、专业化、严密化，以此确保大型侦查作业的顺利完成。日本当时创设特搜部的本意就是"以老练的检察官为中心，配以新进检察官、副检察官和检察事务官，以成立智能犯的搜查班，并使其在某种程度上成为专门的组织"，以应对重大的、专业性犯罪。为此，日本特搜部配备了强大的人力、物力，并确保其侦查作业的专业性。以东京搜部为例，其人员编制有 116 名，其中检事 36 名，副检事 3 人，各类检察事务官 70 余名，其编制约相当于我国一个地级市检察院的规模。如此充沛的人力保障，使得日本特搜部有能力集中进行大型侦查作业。在"洛克希德案"的侦办中，东京特搜部为了搜查犯罪嫌疑人的住处和办公室，调动了特搜部检察官、检察事务官、司法警察官以及警视厅、东京国税局官员等共计 400 余人，同时对 27 处地方展开搜查。这一侦查作业的规模，即使在日本搜查史上也号称第一。

职责权限和办案模式

日本特搜部的职权限于侦查，不同时履行起诉及出庭支持公诉等职务。为了让特搜部集中精力侦办大案，日本检察厅另设立特别公诉部，以配合特搜部工作，负责对特搜部侦查终结的案件提起公诉及出庭支持公诉。

日本特搜部办案采集体办案与共同侦查模式，不仅同一检察厅的同一特搜部内实行集体办案与共同侦查，有时若人手不足，也会由同一检察厅的其他部门如刑事部等调派检事或检察事务官支援，若仍有不足，则自其他检察厅调派检事或检察事务官前来支援。例如前数年大藏省官员集体贪渎案件，检方之行动系自各地调派 30 余位检事，连同检察事务官共 70 余位人员，同至东京地检特搜部协同侦查。

"检察首脑会议"

日本特搜部制度虽然成效显著,但并非完美无缺,因为这种高度一体化的专门侦查组织,本身存在一定的隐忧:一方面,特搜部检察官权力如此巨大,一旦被滥用,后果不堪设想;另一方面,特搜部检察官基于检察一体原则,完全听命于最高检察厅检察总长,如果检察总长个人存有私心或者牵涉于政治角力之中,那么,特搜部就可能被滥用作政治斗争、打击政敌的工具。而检察总长一旦庸碌无为,无力抵御政治力量对特搜部的干预、操纵,特搜部也可能因此沦陷为政治工具。正基于此,日本检察厅设立了"检察首脑会议"。"检察首脑会议"是日本特搜部的最高决定机关,当要决定有关政界重要事件的侦查方针时,一定要召开此项会议。会议结论不采取简单的"多数决",而是根据"检察一体"原则,由全体出席成员讨论到获得共识为止。设立检察首脑会议制度的目的,一方面是表示集思广益及团结与慎重,另一方面也是为了展现检察首长不畏政治势力之干预,誓将案件追查到底的高度责任心与积极态度,其积极态度,较之第一线侦查阵营的特搜部检察官们更鲜明。

牵涉田中首相的洛克希德案

在战后日本三大政治弊案中,最能体现检察首脑会议职能的是美国洛克希德案。1972 年美国洛克希德公司将公司生产的三星机种卖给日本全日空公司,经由日本丸红商社桧山广社长居间中介,将五亿日元的贿款送交田中首相,案情因 1976 年 2 月 4 日在美国国会参议院举行公开听证会而爆发,而田中首相已于新闻爆发前 1974 年 11 月 26 日宣布辞去首相职务。出身于东京特搜部的时任检察总长布施健基于"检察一体"原则,于1976年2月18日亲自指挥最高检察厅、东京高等检察厅、东京地检、法务省等19位官员召开会议,在会议上,布施健向检察官发表讲话:"我来负全部责任,希望大家尽全力侦查。"

1976年2月24日清晨,东京特搜部展开大型侦查行动,布施建再次发表谈话,向国内外媒体表达了日本检察官坚定不移的态度:"关于所谓洛克希德问题的重要性,根据美国所发表资料,我们曾努力研究其是否构成犯罪,结果认为应以违反所得税法和外汇管理法事件进行搜查为宜,乃决定在国税、警察当局紧密合作下,于今日开始搜查。今后将尽全力致力于其真相的公布。"正是在检察总长布施健的亲自带领下,1976年8月16日日本检察厅以受托受贿罪和违反外汇管理法起诉了田中前首相。布施健检察总长的这种独立的精神和负责的态度,是该案成功侦破的关键,同时也对真正的检察一体精神作出了最好的诠释。

但是,"检察首脑会议"这种监督制约机制,毕竟只是检察机关内部的一种内控措施,真正在对抗外来的强大政治压力时,能否真正保持独立尚有疑问,一如被称为日本检察史上的"污点"的造船业集体行贿弊案所揭示的那样,当作为内阁成员的法务大臣违法对检察总长行使外部指令权,而检察总长无力抗命时,整个侦查体系即告全面崩溃。但是,好在经过多年法治发展的淬炼,日本检察官的官厅独立性和官员独立性已经获得公众的普遍认同,政治力量不敢轻易介入、影响特搜部的案件侦办过程(如造船弊案案发后,日本的法务大臣迄今未再行使外部指令权),这使得特搜部作为日本检察体系的著名反腐利器,至今仍威名赫赫,并成为一些国家和地区改革贪渎职务犯罪侦查机制时学习、借鉴的样本。

检察日报/2014年/9月/23日/第003版

监察指导部：日本检察官的检察官

日本检察机关尝试建立另一种内部监督制约机制

众所周知，大陆法系国家的检察官，历来被誉为"法律守护人"，履行法律监督职责，行使侦查、公诉和执行大权，位高而权重。但是，"谁来监督监督者"，始终是大陆法系检察制度设计上的一个悖论。正因为大陆法系检察官大权在握，为防止检察官滥用权柄、操纵案件，制度上就必须为检察官设置检察官，以收监督、节制之效，这正是大陆法系国家普遍奉行检察一体制的根本原因所在，盖因上下一体、上命下从，上级可以指挥、监督下级，以最高检察机关之检察总长节制全体检察官，防止个别检察官滥权舞弊。

但是，近年来在日本，检察一体制的弊端逐渐暴露出来：一是检察总长分身乏术、根本无力对个体化的检察官进行有效监督，所谓检察总长节制全体检察官更像是"安徒生的童话"。二是在层级化、官阶化甚至官僚化的日本检察体系内部，所谓上级指挥、监督下级可能演变为官官相护。正因为如此，日本检察机关近年来开始尝试建立另一种内部监督制约机制：即在最高检察厅内部设置监察指导部，专门负责对各级检察官违法乱纪行为的监督、调查。监察指导部的检察官,类似军队中的宪兵(军事警察),被称为"检察官的检察官"。

在日本,监察指导部只设置在最高检察厅,其他各级检察厅均未设置这一部门。日本最高检察厅监察指导部的设立,与日本特搜部制度密切相关。长期以来,以东京特搜部为代表的日本检察机关特搜部因为成功侦办了一大批高官权贵的贪腐弊案,而树立了日本检察官刚正不阿、不畏权贵的正直形象,但也由此造成特搜部检察官位高权重、难以制衡的隐患。从 20 世纪 40 年代开始,陆续发生了多起由特搜部立案调查最终却被平反的冤案,包括由特搜部查办的逮捕多名政治家的"煤矿国管疑案"、涉及多名国会议员的"卖淫贪污事件"以及"陆山会事件"等。这些事件经由日本新闻媒体披露报端,在整个日本社会产生了极其恶劣的影响,尤其是其间还发生了日本检察官以损坏检察官名誉为名逮捕新闻记者的事件,更使得日本国民对特搜部检察官执法的公正性和合法性产生了强烈的质疑,并使日本检察官的正义形象遭受极大挑战。这其中,又以 2009 年发生的大阪地方检察厅特搜部检察官篡改证据、出入人罪的"村木案"影响最为恶劣,并直接触发了日本社会对特搜部制度的全面检讨以及日本最高检察厅监察指导部的设立。

"村木案"的发生震动了日本整个检察界

"村木案"的发生既有一定的偶然性,也有其必然性。该案经过如下:在日本,残障人士寄信可以享有优惠,所以许多商业团体为了减轻发送宣传广告的成本,都想取得残障证明以享受邮寄信件的折扣,并为此不惜采用造假、行贿等违法犯罪的手段。2009 年 4 月,对外宣称是残障团体的"凛之会"创办者仓泽邦夫因涉嫌违反邮政法,被大阪地方检察厅特搜部逮捕,调查中发现该团体自 2004 年开始利用伪造的残障团体证明书,冒用邮费优惠政策,大量发送企业广告。由于涉及伪造公文书,可能会有官员涉案,因此,特搜部对该案的"案中案"进行了深入调查,负责侦办该案中案的主任检察官是号称大阪地方检察厅特搜部"王牌检察官""老 A"的前田恒彦。2009 年 6 月 14 日,前田恒彦逮捕了日本内阁厚生劳动省残障福利部局长村木厚子,认为正是身为局长的村木厚子下令让下属将伪造的残障团体证明书发放给了"凛之会"。2009 年 7 月 4 日,大阪地方检察厅正式起诉村木厚子。

但随后该案却风云突变。2010 年 1 月 27 日,被告人村木厚子出庭受审,法官发现该案的关键证据——伪造的残障团体证明书在出具时间上存在疑点,负责该案公诉的检察官为此与侦办该案的主任检察官前田恒彦沟通、商讨相关事宜和对策。不料,前田恒彦却在谈话中自爆曾经篡改过该案的重要物证——在被告人下属家中查扣的软盘资料内容,因为该软盘中的资料内容即关于伪造和出具残障团体证明书的时间,与起诉书中指控的事实不一致,前田恒彦担心软盘中的内容会对检方的立证有妨碍,为使卷、证一致,遂利用自己办案用的手提电脑篡改了软盘中的内容。事情严重,该公诉检察官不敢隐瞒,遂于同年 1 月 30 日将前田恒彦篡改证据的行为报告给了大阪地方检察厅特搜部副部长佐贺,并主张被告人村木厚子是无罪的,应该向社会公开此事。佐贺随即就该案向大阪地方检察厅特搜部部长大坪弘道作了汇报。但后者认为如果将此事向社会公开,将会瓦解特搜部的士气并对特搜部的声誉造成不可挽回的损失,于是决定隐瞒事实真相。大坪弘道在向大阪地方检察厅检事正及次席检事报告该事件时,将该事件修饰成前田恒彦并无湮灭证据的意图,只是在检视证物时,不小心改动了资料内容;由于该软盘已经归还给被告人,亦无法再继续查证。况且,该软盘最后并未在公诉时列入证据目录、作为指控证据使用,因而事实上并没有造成任何不良后果和影响。基于此,大坪弘道将该事件定性为证据管理上的疏失,而非故意湮灭证据。大坪弘道的想法是把此事大事化小、小事化了,最后不了了之,以维护大阪地方检察厅特搜部的声誉。

但该案最终因日本媒体的跟进而曝光,真相一经披露,日本社会一片哗然,谁也没有想到在日本一贯享有良好声誉,被誉为"正义化身""法律守护人"的检察官居然会篡改证据、出入人罪。日本最高检察厅更是大为震惊,迅速宣布对此案展开专门调查,并于 2010 年 9 月 21 日逮捕了前田恒彦。10 月 1 日,大坪弘道和佐贺同时被捕。10 月 11 日,日本最高检察厅对前田恒彦以湮灭证据罪向大阪地方裁判所提起公诉。10 月 21 日,日本最高检察厅又以包庇罪将大阪地方检察厅大坪弘道和佐贺两人送上法庭,同时两人也遭到日本法务省的惩戒而免职。

"村木案"的发生震动了日本整个检察界,在该事件调查完毕后,日本最高检察厅检察总长大林宏为此专门召开新闻记者会向日本全体国民谢罪。大林宏认为在检察界一次起诉 3 名高阶检察官,是极为严重的事件,自己身为检界首长对此负有不可推卸的责任,故与其副手次长检事伊藤铁男一起引咎辞职。日本法务省虽然认为"村木案"的发生与最高检察厅及总长个人并无直接的关联,但尊重其意愿,接受了他的辞呈。同时,因为该案发生在大阪地方检察厅,大阪地方检察厅检事正小林敬和次席检事玉井英章均遭到惩戒,分别被处减俸 4 个月和 6 个月。

日本最高检察厅毅然决定增设独立的监察指导部

"村木案"的发生,使得日本特搜部以及日本整个检察体系被推到了舆论的风口浪尖,而特搜部长期以来位高权重却缺乏监督、制约的问题也暴露无遗,从大阪地方检察厅特搜部正、副部长为了维护机关之声誉而试图只手遮天、掩盖事实真相这一点来看,特搜部内部已经演变为一个专断而封闭的系统,内部监督制约形同虚设。在日本媒体和舆论的口诛笔伐下,特搜部制度长期以来存在的各种问题得到全面检讨,甚至一度传出要废除特搜部制度、解散特搜部的呼声。但日本检察界一致认为特搜部制度是日本检察的象征和金字招牌,不应轻言废除,继任的检察总长笠间治雄亦公开表态:"反对的声音很强,对于改头换面的大动作,慎重一点有好处。"最终,特搜部的名称得以保留,但是,在因"村木案"而酝酿发酵的民间情绪的渲染下,日本整个社会都弥漫着要求特搜部包括日本整个检察体系进行大幅改革的氛围和呼求。

2010 年 11 月 4 日,日本法务省召开记者会,宣布设立一个由 14 名委员组成的第三方机关——检察检讨会。该委员会的委员涵盖了学界、实务界和评论界各方人士,主要讨论检察机关的侦查方式、组织与制度、检察人事的内部运作,尤其是如何强化内部监控体制等问题。2011 年 7 月,日本最高检察厅公布了检察改革方案,宣布将通过设立专门的监察组织、限制权力等措施来防止类似大阪地方检察厅特搜部的事件再次发生。根据日本最高检察厅公布的检察改革方案,日本最高检察厅将在其内部增设一个独立的部门——监察指导部,专门负责调查检察机关内部的不公正行为,包括检察官审讯时有无刑讯逼供、有无隐藏和篡改证据,等等。这即是日本最高检察厅监察指导部的由来。

其实,日本最高检察厅在成立监察指导部之前,其内部已经存在一个类似的部门,即日本最高检察厅事务局下设的监察室,它的职能性质与监察指导部基本相似,可以说监察室就是监察指导部的前身。但作为事务局下设的一个小机构,无论是其地位抑或权限,实际上都很难真正对日本全体检察官的违纪违法行为展开监督、调查,象征意义大过实际意义。"村木案"之后,为了回应日本社会对特搜部制度包括整个日本检察体系缺乏监督、制约的质疑,日本最高检察厅毅然决定将监察室更名为监察指导部,并将其从事务局中独立出来,提升为与事务局平行并列的二级机构。之所以将监察指导部设置于日本最高检察厅内部,就是希望以其高级别、高规格震慑各路"诸侯";而之所以将其升格为二级机构、由室改部,也是希望监察指导部直接听命于检察总长,借以排除监督、调查中可能遭遇的各种阻力。换言之,监察指导部的设立,表明日本最高检察厅希望以一个级别更高、权限更大的专门部门,来更好地履行对全体检察官的监督、调查职能。

根据《日本检察厅事务章程》的规定,日本最高检察厅监察指导部主要负责对检察厅的预算执行情况、职员的服务和职业道德伦理情况等事务的监督、调查。另据《日本检察厅事务章程》第6条的规定,监察指导部的部长由法务大臣从检察官中任命,并统领该部所管辖的事务,指挥监督所属检察事务官、检察技官及其他职员。监察指导部下设的机构只有一个即监察指导课。根据《日本检察厅事务章程》第13条的规定,课长从检察事务官或检察技官中任命,并指挥监督其所属职员。因此,监察指导部的人员构成与日本最高检察厅的其他部门基本一致,都包括了检察官、检察事务官和检察技官,但由于监察指导部主要承担从内部监督、调查检察官的违纪违法行为的职能,其侦办对象都是作为同僚的其他检察官,地位和功能类似于军队中的宪兵,因而又被戏称为"检察官的检察官"。

日本最高检察厅监察指导部的设立,实际上反映了日本检察体系长期以来的一个固有观念,即注重检察机关内部监督、制约机制的构建。由于日本检察机关历来被定位为刑事司法机关,为维护其职权行使的独立性,防止外部势力干预检察官独立办案,日本检察机关除接受必要的第三方监督(如检察审查会)外,不太愿意接受外部的监督、制约,而是更倾向于在检察机关内部构建监督、制约机制。正因为如此,尽管"村木案"的发生已经表明传统的检察一体制的监督、制约功能有可能失灵,但日本最高检察厅仍然选择相信内部监督,转而采用监察指导部这一新的内部监督机制。至于这一新的监督制约机制的有效性,还有待进一步观察。

检察日报/2015 年/10 月/20 日/第 003 版

日本检察官：员额可增减,薪酬高于公务员

日本检察厅职员的员额数,一般 5 年进行一次人员编制调整。

日本检察厅职员的员额数约占总人口数的 0.009%,其中检察官的员额数仅占总人口数的 0.002%。

检察官虽然属于一般职位的国家公务员,但由于检察官的工资参照法官,因而比一般国家公务员的工资高出约 30%。

一般新任检察官都是从初级做起,在初任的几年调整相对要快些。

日本的检察官,位高而权重,在日本社会中享有广泛的声誉,被誉为"精英中的精英",经济上亦享有优厚的待遇,是日本年轻人追求的理想职业。然而,检察官职业又被认为是日本"最难跻身"的职业之一,不仅因为其"准入门槛"高(需经过严格的司法考试),更因为其员额数少(占日本总人口数 0.002%),年轻人要成为一名检察官,必须经过千军万马争过独木桥式的"地狱般"的历练。

员额情况

根据日本检察厅法的规定,检察厅的职员主要包括检察官、

检察事务官、检察技官、检事总长秘书以及其他。其中,根据职能的重要性可分为三类:一是检察官,即行使检察权的国家公务员,具体分为检事总长、次长检事、检事长、检事和副检事五种职务。二是检察事务官。受检察官或其他上级官员之命,掌管检察厅事务,并辅佐检察官或受其指挥进行侦查。实践中,一名检察官至少配备一名及以上检察事务官。在检察官不足的时候,由法务大臣指定检察事务官代行处理检察官事务。三是检察技官。技官,是日本国家公务员的官职之一,是掌握某一门专业知识的公务员,被分配到检察厅工作,受检察官指挥,例如会计、翻译、土木、机械等。技官,根据所分配的部门的不同,分别有不同的称谓,如内阁府技官、警察厅技官、检察厅技官等。日本检察厅的职员员额数是包含了上述所有职员类别在内的就职人员的总数。

日本检察厅职员的员额数,系根据《行政机关职员定员令》规定的编制定额而确定的,并由法务省根据各地案件受理数提出增减意见,一般5年进行一次人员编制调整。根据日本《行政机关职员定员令》的规定,截至2014年12月31日日本法务省总的员额为52848人,其中检察厅的员额为11810人,占了法务省总员额数的22%。但实务中存在一定的空额,根据日本检察厅的官网显示,2014年检察厅实有检察官2734人(其中检事1835人、副检事899人),检察事务官和检察技官等9062人。另根据日本总务省统计局网站的统计,到2014年12月31日日本全国总人口数已经达到1亿2709万人,以日本检察厅现有员额数11810人为基数计算,检察厅职员的员额数约占总人口数的0.009%,而检察官的员额数仅占其总人口数的0.002%。

此外,根据日本最新修改的(平成二十六年四月四日法律第一八级)《裁判所职员定员法》的规定,日本法院系统的职员员额总数为 24745 人,其中法官员额为 3755 人:包括高等法院长官 8 人,法官 1921 人,助理法官 1020 人,简易法院法官 806 人;另外,还有除法官以外的执行官、兼职人员等 20990 人。与法院的职员数量相比,日本检察厅的职员员额数约只有法院的一半,而检察官的员额数亦比法官员额数少 30%。

薪酬高出公务员 30%

在日本,国家公务员分为特别职位和一般职位的公务员,特别职位的公务员主要包括内阁总理大臣、国务大臣、内阁法制局长官、人事官及监察员、法官及其法院其他职员等;一般职位的公务员包括一般行政官、外交官、检察官、检察事务官、刑务官、税务职员等等。所以,日本检察官属于一般职位的国家公务员,工资由国家财政预算支出。但是由于检察官职能的特殊性和重要性,检察官参照法官,由专门的法律对检察官的工资作出规定,也就是形成于昭和 23 年(1948 年)7 月 1 日的《检察官俸给法》。该法对检察官的初任工资、升级工资及其他相关事宜,都作出了详细而明确的规定。

一般新任检察官都是从初级做起,以后每年根据表现进行逐步调整,在初任的几年调整相对要快些,大约半年升一级,然后才按任职年限逐步提升。《检察官俸给法》对检察官工资之外的其他经济待遇作出了详细的规定,例如,对次长检事及其检事长支付单身就任津贴;对寒冷地区就任检事长支付寒冷津贴;对等待空缺就任的检察官,也支付一半的薪水,并支付其家属扶养津贴、调整津贴、住房津贴、年末津贴、年末特别津贴和寒冷地区工作津贴;对检察官的轮换调动,提供检察官住房,并帮助解决检察官家属的生活等等,也明确规定了检察官加班、休假、值班等情况是没有津贴可领的(根据 2014 年 4 月 18 日日本《检察官俸给法》第2条的规定,日本检察官工资列表如图所示)。

日本检察官工资列表

区分		月薪
检事总长		1495000 日元
次长检事		1222000 日元
东京高等检察厅检事长		1328000 日元
其他的检事长		1222000 日元
检事	一级	1498000 日元
	二级	1055000 日元
	三级	984000 日元
	四级	834000 日元
	五级	720000 日元
	六级	646000 日元
	七级	585000 日元
	八级	526000 日元
	九级	426900 日元
	十级	392500 日元
	十一级	368900 日元
	十二级	345100 日元
	十三级	322200 日元
	十四级	306400 日元
	十五级	288200 日元
	十六级	277600 日元
	十七级	253800 日元
	十八级	244800 日元

区分		月薪
检事	十九级	234300 日元
	二十级	227000 日元
副检事	一级	585000 日元
	二级	526000 日元
	三级	444700 日元
	四级	426900 日元
	五级	392500 日元
	六级	368900 日元
	七级	345100 日元
	八级	322200 日元
	九级	306400 日元
	十级	288200 日元
	十一级	277600 日元
	十二级	253800 日元

注：此表格数据来源于日本总务省行政管理局 2014 年《法令数据提供系统》。

王鲁坤/制图

　　另外，作为日本检察官的得力助手的日本检察事务官的工资与日本检察官的工资是不同的，前者远低于后者。在日本，检察事务官属于一般职位的国家公务员，其工资组成参照日本《一般职位职员薪资法》中公安职员类的工资标准实行，同时也有补贴奖励，住房、通勤等津贴。

　　比较而言，检察官虽然亦属于一般职位的国家公务员，但由于检察官的工资参照法官，因而比一般国家公务员的工资高出约30%。至于检察官与律师的薪酬收入则没有可比性,因为律师的薪酬收入受市场调节,本身差异极大。目前日本执业律师大约有 3.5 万人左右,根据 2012 年日本国税厅的调查显示,年收入在 100 万到 150 万日元左右的律师有约 585 人、年收入在 150 万到 200 万日元的律师有约 594 人、年收入在 200 万到 250 万日元的律师有约 651 人、年收入在 250 万到 300 万日元的律师有约 708 人、年收入在 300 万到 400 万日元的律师有约 1619 人……像这样年收入不是很高的律师是占多数的,可以说多数律师收入不及检察官或基本相当。但是,年收入在千万日元的律师也有,年收入在 3000 万到 5000 万日元的律师有约 1169 人、年收入在 5000 万到 1 亿日元的律师有约 612 人、年收入在 1 亿到 2 亿日元的律师有约 232 人、年收入在 2 亿到 5 亿日元的律师有约 51 人、年收入在 5 亿到 10 亿日元的律师有约 5 人。

检察日报/2015 年/5 月/26 日/第 003 版

注:本文系与邹桦合著

韩国也有斯塔尔：特别检察官制度

美国的独立检察官制度，曾因其独树一帜而受人瞩目。1998年，在美国前总统克林顿性丑闻事件中，由美国国会任命、负责调查该案的独立检察官斯塔尔一纸报告令克林顿与莱温斯基的性丑闻大白于天下，也令独立检察官这一角色名噪一时。然而，鲜为人知的是，我们的近邻韩国其实也有类似于美国独立检察官的制度设计，这就是韩国的"特别检察官"制度。

建立特别检察官制度的缘起

在韩国，检察机关本系侦办政府官员腐败案件的法定主体。为此，韩国地方检察厅均内设有专门的肃贪反腐机构——特别搜查部，韩国的最高检察机关——大检察厅也在其内设机构中专门设置了"中央搜查部"，负责侦办政府高层官员的贪腐案件。虽然韩国大检察厅中央搜查部仅有6名在编检察官，但根据检察一体原则，中央搜查部有权指挥地方检察厅特别搜查部的检察官协助其办案，借此可以形成上下一体、上命下从的侦查合力。实务中，只要大检察厅认为案件重大、适合由中央搜查部侦办的，即有权指示地方检察厅将该案卷证移交中央搜查部，由中央搜查部接手并负责指挥该案之侦办。多年来，韩国检察机关尤其是大检察厅的中央搜查部,在韩国政界的肃贪反腐方面战功赫赫,其所侦办的大案、要案不胜枚举,其中最为国人熟知的可能要数韩国前总统全斗焕与卢泰愚贪污案,以及前总统卢武铉涉嫌于2002年总统选举期间违反政治献金法案件等等。正是经由对上述重大政治弊案的侦办,中央搜查部在韩国民众心中享有广泛的盛誉。

但是,韩国的检察体系在行政上隶属于法务部,作为内阁成员的法务部长是各级检察机关名义上的行政首长,并有权就侦查中的个案对检察总长行使指挥监督权。由于韩国法务部长是内阁成员,而内阁总理又是总统任命的,法务部长有权对检察总长行使个案指挥权,某种程度上就意味着总统有权对检察体系发号施令,这就留下了行政干预司法的"隐患"。

韩国检察机关与法务部长之间的这种行政隶属关系,不仅使韩国的检察体制始终存在着行政干预司法的隐忧,也使韩国检察机关在侦办一些敏感度较高的政治性案件时,地位相当尴尬。由于这类案件往往涉及政府高层,执政党和在野党都会围绕案件展开政治角力,开放的社会舆论亦会对检察机关办案是否预设政治立场、是否会"奉命(不)起诉"大肆炒作,而民众在舆论的引导下更是对行政是否会干预司法忧心忡忡,对检察官办案的中立性和独立性普遍会产生质疑。在这种社会氛围下,负责侦办这类案件的检察机关往往举步维艰、动辄得咎。尤其是韩国历史上"黑金"政治一度泛滥成灾,不良政商相互勾结、违法收受政治献金即"黑金"的案件层出不穷,负责侦办这类案件的检察机关,往往因为外部政治力量的介入而"压力山大"甚至自身难保。

正因为韩国检察体系存在上述种种困境,从上个世纪80年代末开始,韩国社会即开始广泛讨论仿效美国的独立检察官制度,在韩国现有检察体制之外设立特别检察官制度的必要性和可行性。当然,韩国国内也有观点对设立特别检察官制度持强烈的反对态度,认为设立特别检察官制度会破坏现行检察体制,无异于屋上架屋,且在国会进行特别检察官的提名程序时,有关特别检察官人选议题难免受制于政党的影响力,有贬抑特别检察官公信力之虞,尤其是在美国的独立检察官和特别检察官制度业经证明失败的背景下,韩国实无仿效的必要。但是,由于当时韩国检察机关的公信力几乎已经跌至谷底,社会舆论普遍支持建立特别检察官制度,用以有效侦办高层政治人物涉及敏感度较高的弊案。1999 年,韩国最终出台了第一部特别检察官法,由此建立起韩国独具特色的特别检察官制度。

特别检察官的选任与职权

根据韩国法律的规定,是否针对个案设立特别检察官,由韩国国会通过特别检察官法案决定。特别检察官的人选,由韩国国会协商选定,国会将在特别检察官法案通过后成立由执政党和在野党相同人数参加的特别检察官推荐小组,并推荐两名特别检察官人选,报请总统从中选取一名担任特别检察官。

特别检察官的任职资格,必须具备法官、检察官或律师资格,且具有丰富的法律实务经验。实务中被任命为特别检察官的,既有资深的前法官和前检察官,也有知名的律师和教授。例如,在 2008 年的"BBK 股价操纵案"中,时任总统的卢武铉所任命的特别检察官郑镐英,即为韩国前首尔市高等法院院长,深孚众望;在 2007 年的"三星案"中,被任命为特别检察官的赵俊雄系前高级检察官;而在 2012 年"总统内谷洞私宅案"中被任命为特别检察官的李光范,身份是一名律师,之前则担任过司法研修院教授、大法院院长秘书室长、法院行政处司法政策室长等职务。

特别检察官一经任命,其职务层级相当于韩国高等检察厅检察长,享有检察官的所有法定职权,并有权依据检察一体原则指挥、监督所属检察官协助办案。此外,特别检察官还可以任命多名特别检察官助理,组成特别检察官调查组,至于具体人数,则由特别检察官根据办案需要自行决定。在 2008 年的"BBK股价操纵案"中,特别检察官郑镐英任命了 5 名特别检察官助理,而在 2012 年的"总统内谷洞私宅案"中,特别检察官李光范任命了 6 名律师担任特别检察官助理。除此之外,实务中因为特别检察官有权指挥其他检察官和警察参与协助办案,因而,实际参与特别检察官调查组办案的检、警人数可能多达数十人。例如,在"总统内谷洞私宅案"中,以特别检察官李光范为首的特别检察官调查组除了李光范本人及其任命的 6 名助理外,韩国检察厅还派出了首尔中央地方检察官李宪相等 4 位检察官参与办案,首尔地方警察厅的警员及首尔市政府等单位调遣的人员也参与了这个特别检察官调查组,最终的特别检察官调查组共由 63 名成员所组成。

为限制特别检察官的权力,特别检察官的办案期限受到法律的严格限制,具体的办案期限,由国会通过的特别检察官法案明确予以规定,特别检察官必须在该期限内及时结案,若到期仍不能完成调查而需要延长调查期限的,需要向任命特别检察官的总统提出申请。例如,在"总统内谷洞私宅案"中,特别检察官的调查期限为 30 天,到期后特别检察官向总统提出申请,要求延长 15 天。但时任韩国总统李明博驳回了特别检察官调查组延长调查期限的申请,理由是特别检察官调查组已经进行了充分调查,若延长调查期限,可能影响到韩国总统选举,因此,不允许继续进行调查。

特别检察官对案件调查完毕后，认为案件证据不足的，应当作出不起诉处分，而案件证据充分、决定起诉的，则通常会在作出起诉决定后，按照刑事诉讼法关于管辖的规定，将案件移交有管辖权的地方检察厅检察官进行公诉，换言之，韩国的特别检察官一般仅履行侦查职能，而非全权检察官。当然，实务中也有特别检察官亲自出庭公诉的案例。

特别检察官制度的独特功能

客观地讲，韩国之所以在检察体系之外另设特别检察官，说到底是不再信任检察机关，而试图通过"任命外部人"代行检察官职权的方式来达到确保其独立、公正办案的目的。因为韩国当时的检察机关无法彻底摆脱政治力量的左右（至少舆论和民众坚信如此），其办案的独立性和中立性受到社会普遍质疑。在这种情况下，如果仍然坚持由检察机关来对那些敏感度较高的政治性案件进行调查，那么不仅无助于案件的解决，反倒可能促使事件升级。因此，由国会通过特别检察官法案，在现行检察体系之外任命一个外部人代行检察官职权，对案件另行展开调查，可以促使"政治问题司法化解决"，进而实现政治解套。

这方面最典型的例证是韩国"三星案"。2007 年 11 月 5 日，韩国三星集团负责法律事务的前高管金容哲通过媒体揭露，三星集团总裁李建熙曾下令贿赂政界和法律界人士，并通过属下干部名下的户头非法筹集秘密资金。金容哲指控称，三星集团设立秘密贿赂基金，用于收买政府及司法机构官员，以逃避韩国检察机关对董事长李健熙执掌三星期间一系列丑闻的调查，其中包括以不法手段向子女转移财产。金容哲还揭露，涉案政府官员不仅包括参与三星案件调查的检察官，还包括韩国检察总长林采珍、大检察厅中央搜查部部长李贵男和国家清廉委员会委员长李钟伯。该案案发后,韩国大检察厅中央搜查部随即宣布,将对三星集团涉嫌贿赂一案展开调查。但此时,由于韩国检察体系部分检察首长,包括其检察总长林采珍、中央搜查部部长李贵男均涉案,再由检察机关自身的侦查组织展开案件调查,实难获得民众的信任。因此,案发后,韩国国会议员及民间团体均强烈呼吁本案必须由特别检察官进行侦查。民意难违,同年11月22日,韩国国会朝野三大政党迅速通过《三星秘密资金案特别检察官任命法案》,随后由时任韩国总统的卢武铉依法任命已退休的前检察官赵俊雄为特别检察官,主持该案的调查。特别检察官赵俊雄不负众望,经过105天的侦查,对包括三星集团总裁李建熙在内的10名被告人提起公诉。

从韩国同年发生的另一起敏感案件——"BBK案股价操纵案"中,也可以看到特别检察官的这种独特作用。2007年韩国总统选举期间,在野党总统候选人李明博涉嫌操纵股价,检察官遂对李明博展开调查,并于投票日前以犯罪嫌疑不足对李明博作出了不起诉处分,李明博的民意调查声望顿时飙涨,但却引起其他政党候选人支持阵营的不满,最后国会通过《BBK股价操纵案特别检察官任命法案》,并指派特别检察官郑镐瑛对该案重新进行侦查。特别检察官郑镐瑛经过40天的密集侦查,于2008年2月21日完成该案调查,并完全澄清所有对李明博的指控。虽然该案的这一处理结果,仍然让其他政党候选人和部分舆论感到不满,但多数人平静地接受了这一司法结论。随后,李明博顺利当选为韩国总统,一场可能一触即发的政治危机转眼间烟消云散。

上述两起要案都存在一个共同点,即韩国检察机关包括专门侦办贪腐大案的大检察厅中央搜查部已经不再适宜承担案件的侦办责任。在"三星案"中,大检察厅检察总长以及中央调查部部长均涉案,检方再主持该案侦办,显然已经不具有公信力,在这种情况下,由国会通过特别检察官法指派特别检察官另行侦查,是解决检察机关公信力问题的最佳方案。而在"BBK股价操纵案"中,由于韩国检察机关已经两度立案侦查该案,并作出了不起诉处分,再由检察机关侦办该案,于法于理都不合适。且案发时正值韩国总统选举前夕,而涉嫌人又是民意支持度颇高的总统候选人,事关政治角力,敏感度太高,由国会通过特别检察官任命法案、指派独立性和中立性更强的特别检察官另行侦查,显然更具公信力,更能说服社会公众接受调查结果,至少不会加剧事件危机,导致事件进一步升级。这正是韩国特别检察官制度的独特功能所在。

检察日报/2015年/4月/14日/第003版

日韩检察机关内设机构设置注重专业化

检察机关的内设机构,主要功能在于承载法律赋予检察机关的各项职能,并确保各项职能得到专业化及高效率的履行。在大陆法系检察制度下,检察官被定位为"法律守护人",其职能贯穿刑事诉讼始终,包括侦查、公诉(起诉、出庭支持起诉、上诉、再审申请和非常上诉)以及指挥刑罚执行等,因而,大陆法系国家的检察机关往往根据上述职责权限而平行分设侦查、公诉和执行机构,分工合作、各司其职。同为大陆法系检察制度之分支,作为近邻的日本和韩国的检察制度在检察官的角色定位以及检察官的职权配置上基本相同,其内设机构亦大致相当。

日本检察机关的内设机构

日本检察机关的内设机构,分为"检察行政事务部门"和"检察业务部门"两大类。所谓"检察行政事务部门",是指履行检察机关人事、财务以及物资后勤供应职能的部门,包括事务局、总务部以及监察指导部等。所谓"检察业务部门",是指专门履行法定办案职能的部门,包括公安部、公判部、交通部、刑事部、特别刑事部、特别搜查部等。

日本刑事诉讼法赋予了检察机关三大诉讼职能：侦查、公诉和指挥刑罚执行，上述业务部门实际上就是为检察机关高效及专业地履行上述三大诉讼职能而设，其中因为指挥刑罚执行的业务量较小，故该职能由承担公诉职能的公判部一并行使。因此，公判部同时承担着公诉职能和指挥刑罚执行的职能，负责出庭支持起诉、上诉、再审以及判决之执行。除此之外，公安部、交通部、刑事部、特别刑事部、特别搜查部，均系承担侦查职能的部门，负责不同类型刑事案件的侦查及其处分。其中，公安部，负责间谍、妨害公务、选举犯罪等案件的侦查及处分；交通部，负责交通类案件的侦查及其处分；特别刑事部、特别搜查部，负责贪渎、经济犯罪及其他白领犯罪等重大刑事案件的侦查及其处分；刑事部，则负责公安部、交通部、特别刑事部（特搜部）所管辖的案件之外的一般刑事案件的侦查及其处分。

　　日本检察机关的机关设置由上到下分为四类：最高检察厅、高等检察厅、地方检察厅和区检察厅，其内设机构并不完全一致，上、下级检察机关之间的内设机构也并非完全对应。日本最高检察厅内设有事务局、总务部、监察指导部、刑事部、公安部、公判部等6个部门。日本的高等检察厅共有8个，分别设在东京、大阪、仙台、福冈、名古屋、广岛、札幌、松高。其中，除东京高等检察厅内设有事务局、总务部、刑事部、公安部、公判部等5个部门外，其他高等检察厅的内设机构仅有事务局、总务部、刑事部、公安部等4个部门。日本的地方检察厅共有50个，分别设在都道府县的政府机构所在地以及北海道的函馆、旭川、钏路，其内设机构一般包括事务局、总务部、刑事部、交通部、公安部、公判部、特别刑事部（或特别侦查部）。但各个地方检察厅的内设机构亦不完全一致，有的不设公安部，有的不设交通部，有的则没有公判部。此外，东京、大阪、名古屋三个地方检察厅设有特别搜查部，其他地方则设有特别刑事部，名称虽不一致，但所管辖的案件范围基本相同。至于区检察厅，则一般不设部而只设课与室。

日本检察机关的内设机构有三个特点：

一是侦查部门的设置强调专业化。根据日本刑事诉讼法的规定，侦查权的主体是检察官，检察官负责侦查，警察仅仅只是检察官的辅助机构。由于侦查作业，尤其是专门领域案件的侦查作业，往往需要专业知识和技能的熟练运用，因而，日本检察机关对于侦查部门的设置突出专业化，根据案件类型的不同而同时分设公安部、交通部、刑事部、特别刑事部（特别搜查部）四个侦查部门，分别侦办特定类型的案件。

二是将审查起诉的职能交由侦查部门而非公诉部门行使。日本刑事诉讼法赋予检察机关公诉权，包括审查起诉、出庭支持起诉、上诉、再审申请以及非常上诉等。但是，日本检察机关却将公诉权一分为二，将审查起诉的职能交由侦查部门行使，承担公诉职能的公判部，仅行使出庭支持起诉、上诉、再审申请和非常上诉等职能。之所以如此划分，是因为日本刑事诉讼法规定，侦查程序以检察官作出起诉或不起诉处分而终结。换言之，在日本刑事诉讼法中，审查起诉并不是一个独立的程序阶段，而只是侦查程序的终结程序。刑事案件的侦查，系由侦查部门的检察官作出起诉决定后，方告终结，随后才将案件移送公判部由公判部出庭支持起诉。

三是内设机构的数量和名称规范化。我们千万不能因为日本各级检察机关内设机构的不一致，就想当然地认为其对检察机关内设机构的设置比较随意。恰恰相反，日本各级检察机关内设机构的设置是相当严格而规范的，因为日本《检察厅事务章程》对包括最高检察厅在内的各级、各地检察厅内设机构的数量和名称,甚至二级机构的数量和名称,都作出了详细而明确的规定,日本各级、各地检察厅都必须严格地按照《检察厅事务章程》规定的数量和名称来设置内设机构。例如,根据《检察厅事务章程》的规定,东京地方检察厅只能内设总务部、刑事部、交通部、公安部、特别搜查部、公判部等6个部门,且事务局只能设立总务课、人事课、文书课、会计课、用度课等5个二级机构,实践中东京地方检察厅正是严格按照上述规定来设置内设机构的。日本之所以通过《检察厅事务章程》对各级、各地检察厅内设机构的数量和名称作出明确规定,主要是为了管理上的规范,防止各级、各地检察厅自行其是、随意设置内设机构,造成检察机关内设机构杂乱无序,进而影响到检察体系的运作和形象。当然,数量和名称上的明确和规范,并不意味着对所有内设机构不加区分、强行统一。实际上,正是考虑到各地区刑事案件类型和业务量上的差异,日本《检察厅事务章程》对各级、各地检察厅内设机构的数量作出了不同的规定和要求。例如,由于业务量方面的考虑,8个高等检察厅中,除东京高等检察厅外,其他高等检察厅均不设公判部,其公诉和指挥刑罚执行的职能由其他部门代为行使。再如,由于案件类型和数量方面的原因,50个地方检察厅中,有的不设公安部,有的不设交通部,有的则没有公判部,相应的诉讼职能由其他部门代为行使。

韩国检察机关的内设机构

韩国的检察制度在历史上曾深受日本检察制度的影响,因而在检察官的角色定位以及职权配置方面几乎与日本完全一致,其内设机构除名称略有差异外,亦与日本基本相同,主要可分为"检察行政事务部门"和"检察业务部门"两大类。但与日本不同的是,韩国对各级、各地检察厅内设机构的数量和名称并未作出明确的规定和规范。根据韩国《检察厅法》的规定,高等检察厅、地方检察厅依其业务量及性质,可设立相关部门,各部门设部长检事统筹业务。从目前韩国检察厅的内设机构来看,主要包括事务局、总务部、企划调整部、监察部、公安部、公判部、外事部、刑事部、少年部、调查部、特别搜查部、强力部、毒品暨有组织犯罪搜查部、高科技搜查部等部门。其中,事务局、总务部、监察部等属于检察行政事务部门,其他则属于检察业务部门。

韩国检察机关依法履行侦查、公诉以及指挥刑罚执行的职能,上述法定职能皆由各内设机构分别行使。其中,公诉与指挥刑罚执行的职能由公判部行使,而侦查职能则根据案件类型分别由公安部、外事部、刑事部、少年部、调查部、特别搜查部、强力部、毒品暨有组织犯罪搜查部、高科技搜查部等部门行使。公安部、刑事部、特别搜查部所管辖的案件范围与日本的同名机构相同。所谓外事部,主要负责涉外案件的侦查及其处分;所谓少年部,主要负责侦办未成年人犯罪案件;所谓调查部,主要负责处理告诉、告发等较严重案件的侦查及其处分;所谓强力部,主要负责侦办暴力犯罪;所谓毒品暨有组织犯罪搜查部,主要负责毒品以及有组织犯罪案件的侦办;所谓高科技搜查部,主要负责侦办电脑、科技类犯罪以及支援其他部门侦办的案件中涉及电脑、高科技部分的侦查工作。

韩国检察机关在机关设置上由上到下分为三级:大检察厅、高等检察厅、地方检察厅暨支厅。大检察厅,是韩国最高检察机关,内设有企划调整部、中央搜查部、刑事部、强力部、毒品暨有组织犯罪搜查部、公安部、公判诉务部、监察部及事务局等部门,并设置有若干"实验室"(如 DNA 分析、文书鉴定、语音分析、测谎实验室等)。韩国共有 5 个高等检察厅,分别设在首尔、大田、大邱、釜山以及光州。此外,韩国共有 18 个地方检察厅,另有 37 个地方检察厅支厅,其内设机构并不完全一致。

与日本检察机关的内设机构相比,韩国检察机关的内设机构数量更多、分工更细,更重视侦查作业的专业化和科技化。以韩国首尔中央地方检察厅的内设机构为例,其内设有公安部、公判部、外事部、刑事部、少年部、调查部、特别搜查部、金融调查部、强行部、毒品组织犯罪搜查部、高科技搜查部等 11 个业务部门,其中,除公判部外,其余 10 个部都是行使侦查职能的部门,其分工主要是根据所管辖案件的类型来划分。不仅如此,其部分内设机构还根据专业化的要求分设为若干二级机构,例如,刑事部又根据案件的类型而进一步细分为 8 个部:刑事一部,负责计划、监察、人权侵害等业务;刑事二部,负责保健、医疗、药品、食品案件;刑事三部,负责暴力、放火、失火、铁路公安等犯罪;刑事四部,负责租税、保险、信用交易等案件;刑事五部,负责交通事故、航空运输等犯罪;刑事六部,负责公正交易、工商、物价、著作权、保护消费者等犯罪;刑事七部,负责文化、旅游、教育、投机行为、职业稳定等业务;刑事八部,负责建筑、建设、不动产等相关犯罪。由此可见,其内设机构的分工不可谓不细,专业化程度相当之高。

仅就内设机构的数量来看,韩国首尔中央地方检察厅的内设机构达到了 23 个之多。但我们绝不能因为其内设机构数量多,就轻易得出其机构冗杂的结论,因为,内设机构和部门的多少其实并不是问题,关键在于每个内设机构的人力资源和业务量是否充足。以韩国首尔中央地方检察厅为例,其公判部分为公判一部和二部,共有 10 名检察官,并配属了 60 位搜查官作为助手,而刑事部则有 7 至 9 名检察官,每位检察官配置 2 名以上的搜查官和至少 1 名助理,刑事部每位检察官每个月需要处理约 300 件案件。可见,韩国首尔中央地方检察厅的内设机构虽然数量多,但其机构人力资源充沛,业务量也较大,并不存在机构冗杂、人浮于事、效率低下的问题。

日本《检察厅事务章程》规定的内设机构示意图
（未包括事务局）

检察厅	部	检察厅	部
最高检察厅	总务部 监察指导部 刑事部 公安部 公判部	横滨地方检察厅 崎玉地方检察厅 干叶地方检察厅 京都地方检察厅 神户地方检察厅 福冈地方检察厅 札幌地方检察厅	总务部 刑事部 交通部 特别刑事部 公判部
东京高等检察厅	总务部 刑事部 公安部 公判部	广岛地方检察厅 仙台地方检察厅	总务部 刑事部 特别刑事部 公判部
其他高等检察厅	总务部 刑事部 公安部	高松地方检察厅	总务部 刑事部 特别刑事部
东京地方检察厅 大阪地方检察厅 名古屋地方检察厅	总务部 刑事部 交通部 公安部 特别搜查部 公判部	东京区检察厅	总务部 刑事部 公判部 道路交通部

韩国首尔中央地方检察厅内设机构示意图

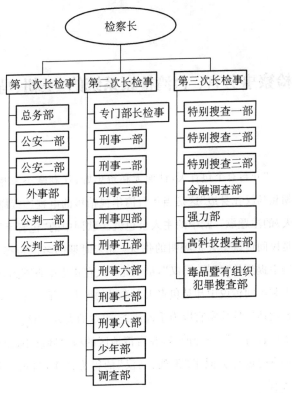

王鲁坤/制图

检察日报/2015年/6月/16日/第003版

检察事务官：台湾检察系统的"王朝、马汉"

"开封有个包青天，铁面无私辨忠奸；江湖豪杰来相助，王朝和马汉在身边"这是当年台湾华视拍摄的电视连续剧《包青天》的主题歌。剧中的主人公也就是歌词中的"包青天"，原型是民间传说中公正廉明的化身：北宋时期的名臣包拯。而歌词中提到的"王朝、马汉"，虽然此二人在正史中查不到，但在剧中和民间传说中却是包青天办案时的得力助手。现实生活中，台湾地区的检察官因为手握侦查、肃贪的大权，而被誉为"现代版的包青天"，巧合的是，在台湾地区的检察制度中，检察官在办案时也有类似于"王朝、马汉"的得力助手，这就是检察事务官。

1999 年台湾地区"法院组织法"增设了第 66 条之 2："各级法院及其分院检察署设检察事务官室，置检察事务官，荐任第七职等至第九职等；检察事务官在二人以上者，置主任检察事务官，荐任第九职等或荐任第十职等；并得视业务需要分组办事，各组组长由检察事务官兼任，不另列等。"该条款因明确提出设立检察事务官制度，而被民间戏称为"王朝、马汉条款"。2000 年 5 月 15 日，台湾地区"法务部"颁布《地方法院检察署检察事务官事务分配原则》，同年 6 月第一期检察事务官分配到各地检署服务,由此正式建立起检察事务官制度。台湾地区检察事务官制度的创设,受到日本检察事务官制度和美国检察官助理制度的深刻影响,但在实务运作中又体现出了自身的特色。

创设检察事务官制度的目的

总体来看,创设检察事务官制度的目的体现在三个方面。

一是减轻检察官的工作负荷。

20 世纪末、21 世纪初的台湾地区"刑事诉讼法制"变革剧烈,频繁修订"刑事诉讼法",推动刑事诉讼模式向"改良式当事人进行主义"模式转型,并使检察官"去法官化"、向"当事人化"方向转变。台湾检察体系被迫进行调整,不得不一改过去侧重侦查、轻视公诉的习惯做法,而转变为侦查与公诉并重,但也因此造成检察机关人员紧张、检察官案件负荷加重。据统计,台湾检察官每月平均受理约 60 件到 70 件案件,每个月都会累积一定数字的未结案件,加上台湾地区"法务部"对检察官每三个月进行一次考核,逾八个月未结案件则频繁稽催,造成检察官平日案件负担沉重,检察官加班成为普遍现象,检察系统急需补充新的辅助人员。检察事务官这一角色正是在这一背景下应运而生的。自 2000 年到 2006 年,台湾地区各级检察机关共配备了 445 名检察事务官,使检察官与检察事务官的人员比达到 1:0.47,极大地缓解了检察机关人员紧张状况。

二是为检察官配备"子弟兵"。

台湾地区的检察官手握侦查、追诉大权,位高而权重,但却长期处于有"将"无"兵"的尴尬境地,案多人少、负荷极重。虽说台湾"法院组织法"和"刑事诉讼法"均规定检察官有权指挥、调度警察协助侦查,检、警本为"将兵"关系,即检察官是警察的指挥、监督长官,有权指挥警察进行调查取证等侦查作业。然而,现实中台湾检、警机关之间的关系颇为紧张,实务中存在着警察不愿意接受检察官的指挥而检察官也深感指挥警察有心无力的现象。究其原因,关键在于台湾地区检、警本是互不隶属的两个系统,各自司法角色和机关文化本不相同,要想实现跨机构的指挥、合作,确有一定难度。基于检、警关系的这一现状,检察机关实有必要建立隶属于自己、可以直接"发号施令"的"子弟兵"——检察事务官。由于检察事务官直接隶属于检察机关,属检察机关内部辅助人员,检察机关可以一个长期配合的工作团队进行案件侦办,在时效及调度上能更为紧密、更有效率,从而解决检察官长期以来有"将"无"兵"之窘境。

三是为检察官配备专业助手。

随着信息社会的发展以及科技生活时代的来临,犯罪形态也发生了很大的改变,新型犯罪日益向组织化、专业化、企业化、国际化方向发展,罪案调查和证据收集等检察工作也呈现出专业化、技术化的特征。在应付一些新型的专业性犯罪如金融、知识产权、工程技术等领域的犯罪时,传统上以法律为主业的检察官无论在专业知识还是在实务经验等方面,都表现出某种不适应,时有力不从心之感。为解决检察官行业知识不足的缺陷,实有必要设立检察事务官制度,招考特定行业领域的人才进入检察体系担任检察事务官,作为检察官的专业助手。检察事务官虽非法律专业出身,但具备特定行业领域的专业知识,可以在侦查取证、事实认定等方面为法律专业出身的检察官提供知识和技术上的辅助、支持。从目前情况来看,台湾地区司法实务中考选检察事务官时,除一般侦查组之外,另设有财经组、电子组及营缮工程组等专业组,其目的就是考选特定专业领域的人才,以其特殊专长辅助检察官办案。

检察事务官的角色与功能

根据修订后的台湾地区"法院组织法"第 66 条之 3 第一项的规定："检察事务官受检察官之指挥，处理下列事务：一、实施搜索、扣押、勘验或执行拘提。二、询问告诉人、告发人、被告、证人或鉴定人。三、襄助检察官执行其他第六十条所定之职权。检察事务官处理前项前二款事务，视为刑事诉讼法第二百三十条第一项之司法警察官。"据此，台湾地区的检察事务官实际上发挥着"司法警察官"和"检察官助理"的双重角色。

角色之一：司法警察官。依据台湾"法院组织法"第 66 条之 3 第一项第一款、第二款的规定，检察事务官受检察官指挥，得以司法警察官的身份，从事检察核心业务的侦查作业，包括执行搜查、扣押、勘验及拘提，询问告诉人、告发人、被告人、证人或鉴定人等。需要注意的是，检察事务官实施上述侦查作业，虽然要受检察官指挥，但却是以自己名义独立完成的，因而其身份视为司法警察官。例如，检察事务官虽受检察官指挥而实施搜查，但却是以检察事务官自己的名义制作搜查笔录。当然，考虑到检察事务官人员及装备有限，在办案中如遇执行大规模搜查任务时，恐有其力未逮的情形，因此，台湾"刑事诉讼法"第 128 条之 2 规定，检察事务官为执行搜查，必要时，仍得请求司法警察官或司法警察辅助。

角色之二：检察官助理。依据台湾地区"法院组织法"第 66 条之 3 第一项第三款的规定，检察事务官还得协助检察官行使法定的提起公诉、实行公诉、协助担当自诉及指挥刑事裁判之执行等职权。据此，几乎所有检察官的法律业务，包括勘验证据、分析卷证、开庭调查、公诉莅庭、刑罚执行、撰拟书类、法律倡导、内外勤等业务,都可以由检察事务官襄助,或委托检察事务官代为行使。检察事务官的上述职责,与司法警察官的工作内容存在着明显差异,因此,检察事务官在履行上述职务时,并非以司法警察官的身份出现,而是充任检察官助理的角色。唯需注意的是,检察事务官实施上述行为时,并非以自己的名义,而是以检察官的名义。例如,检察事务官协助检察官勘验证据、制作报告书,都是以检察官的名义作出的。

检察事务官的选任条件

依据台湾地区"法院组织法"第 66 条之 4 的规定:"检察事务官,应就具有下列资格之一者任用之:一、经公务人员高等考试或司法人员特种考试相当等级之检察事务官考试及格者。二、经律师考试及格,并具有荐任职任用资格者。三、曾任警察官或法务部调查局调查人员三年以上,成绩优良,并具有荐任职任用资格者。四、具有公立或经立案之私立大学、独立学院以上学历,曾任法院或检察署书记官,办理民刑事纪录三年以上,成绩优良,具有荐任职任用资格者。主任检察事务官,应就具有检察事务官及拟任职等任用资格,并具有领导才能者遴任之。具律师执业资格者任检察事务官期间,计入其律师执业年资。"据此,检察事务官的任用,主要有四个来源:(1)经考试而任用;(2)警察官或调查人员转任;(3)律师转任;(4)书记官转任。但从台湾地区司法实践情况来看,目前除第一期检察事务官是由实务界的警察、调查人员、书记官及律师等人转任外,其余各期实际上均是以考试方式任用的。报考检察事务官的考生,需通过专门的检察事务官考试录取后,经过 9 个月的职前训练,取得考试及格证书后,分发至各检察署任用。

检察事务官的配置及运作模式

根据台湾地区"法务部"颁布的《地方法院检察署检察事务官事务分配原则》第2条的规定,检察事务官的配置,不实行"个别配置"即"一股一配"的模式,而是"以集中运用为原则"。2005年间"法务部"检讨修订《地方法院检察署检察事务官事务分配要点》时,曾在"个别配置"与"集中运用"之间几经斟酌,最后仍决定维持"集中运用"的原则,即根据一般事务、例行事务及专案事务的不同,在公平轮分、重点运用及专责督导下,由各地检署统一、集中调用检察事务官。在集中运用原则下,检察官并无特定对应的检察事务官,检察事务官也并非专属配置于某个特定检察官。因此,检察事务官实乃整个检察机关之助手,而非某个检察官的助手。

之所以实行集体运用原则,主要是因为:第一,形成团队战斗力。作为检察官专业助手的检察事务官,不应只是一个听命行事的"手脚",而是能够独任执行情报收集、卷证分析、大规模强制侦查、钻研国内外法令的专业智库及行动团队。换言之,检察事务官的价值在于其有"专业"及"团队"。没有团队,一个检察事务官,顶多只是一个检察官助理的能量,但一群有系统组织分工的检察事务官,却等同于一个能够胜任大型侦查行动的调查站。第二,避免检察事务官被个别检察官当作"结案机器"或"结案替手"。

台湾地区的检察事务官制度自创设以来运行良好,但也逐渐暴露出一些问题,例如,检察事务官究竟能否独立侦办部分轻罪或简易案件,就是一个比较突出的问题。按照角色定位,检察事务官仅仅是检察官的辅助机构或助手,不能独立侦办刑事案件,但实际上,目前台湾地区大部分地检署检察事务官的工作内容及所执行的职务内容,均已涵盖"侦"字案、"他"字案的侦查及结案。部分检察官在向检察事务官交办案件时往往不分案件类型,甚至案件收到后,即全案交予检察事务官侦办,由检察事务官自行拟定侦办方向、调查证据,侦办完毕即试拟结案文书,部分检察官甚至不再开庭,以至于检察事务官名为"检察官助理",实为"助理检察官",由此造成检察事务官"检察官化"、检察官"法官化"以及检察官办案能力萎缩等现象,违背了创设的初衷。

检察日报/2015 年/4 月/7 日/第 003 版

身先士卒的"急先锋"：
台湾地区的主任检察官

　　台湾地区曾经长期实行审检合署制。这种状况一直持续到1980年7月1日台湾地区改采审检分立制。根据1980年6月29日修正公布的台湾地区"法院组织法"的相关规定：地方法院（分院）设检察处，置检察官若干人，以一人为首席检察官；在"最高法院"设检察署，置检察官若干人，以一人为检察长。各检察机关检察官员额在6人以上者，得分组办事，每组以一人为"主任检察官"，监督各该组事务。主任检察官互为代理，事务较繁之检察处，首席检察官得指定主任检察官一人，襄助处理有关事务。

　　这是台湾地区检察制度中首次正式出现"主任检察官"这一称谓，并由此在台湾地区检察组织体系中创设了"主任检察官"这一新的职务层级和位阶，从而在台湾检察组织体系内部初步形成了"检察长—首席检察官—主任检察官—检察官"的"金字塔"型职务层级序列。其后，台湾地区"法院组织法"又分别于1989年和2006年两度进行了修正，某些职务层级出现名称的变化，但"主任检察官"这一称谓和职务层级却一直沿用至今。

主任检察官的角色和地位

台湾学者林山田曾在著述中表示:"依检察官在检察组织体系中位阶之不同,虽同为检察官,但可分为:'检察总长'('最高检察署'之首长)与检察长(高等检察署与地方检察署之首长)、主任检察官(各级检察署分组办事之组长)与检察官。"林山田的这一论述,对台湾地区主任检察官的角色和地位进行了清晰的定位。

其一,主任检察官仍属检察官职务序列,其基本角色是检察官。与组内其他检察官一样,主任检察官本身也要作为一个独立的办案主体和办案单位承办具体案件。依据台湾地区司法实务中的做法,对于重大、复杂案件,需要多位检察官协同办案的,检察长往往会行使指定分案的权力,将案件直接交由主任检察官来主办,其他检察官协同办案。但是,由于台湾地区"刑事诉讼法"上并未明确规定"主任检察官"的职责和权限,因此,实务中主任检察官对外行权时只能以检察官而非主任检察官的身份和名义进行。由此可见,台湾地区的主任检察官并非"动口不动手"、案头批案作业的行政官僚,而是身先士卒的办案"急先锋"。

其二,主任检察官是"各级检察署分组办事之组长"。台湾地区的检察实务中往往根据业务类型的不同而将检察官分为三个组别:侦查组、公诉组、执行组。其中,业务量较大的侦查组,又会分设若干组,如侦查甲组、侦查乙组等。实务中,也有根据案件类型设"专组"办案的,如"扫黑组""肃贪组""毒品组""妇幼组"等。但无论采用何种组别,每一组都会设一名主任检察官作为该组之组长,负责监督各该组事务。因此,主任检察官的另一个角色即为"各级检察署分组办事之组长"。

在台湾地区的检察组织体系中,所谓"组",并非一级办案组织或办案单位(组内的各个检察官才是独立的办案主体和办案单位),而是一级内设办事(行政事务)机构,相当于法院的"庭"。台湾地区的法院内设有业务"庭",而检察机关则内设办案"组",两者在性质、地位和功能上均极为接近,都是作为司法机关内设的一级办事(行政事务)机构,主任检察官作为"组长",角色和地位上相当于法院业务庭的庭长。只不过,由于台湾法院强调独立审判,"庭长"一职几乎没有领导、统御功能,而检察官办案则强调主动侦查及协同办案,因而需要主任检察官扮演指导统御之角色。但要注意,这里的"指导统御"并不是指主任检察官有权批案、定案,而是指在案件处理的技术和策略问题上进行指导、指挥和协调。台湾地区奉行检察独立原则和检察官独任制,办案中的事实认定和法律处分只能由具体承办案件的检察官独立作出,作为组长的主任检察官不能干涉。举例而言,如果承办检察官决定要实施搜查、扣押的,主任检察官可以在搜查的技巧和策略上进行指导,也可以指挥、调配检力予以配合、支援,但是否进行搜查、扣押,仍然是由承办检察官独立、自主作出决定。

其三,主任检察官是检察长的"助手"和"副手"。台湾地区"法院组织法"之所以创设"主任检察官"一职,根本原因是人力管理的需要。因为台湾地区检察体系实行"上命下从"的检察一体原则,由检察长负责监督、指挥所属检察官。但从管理学的角度讲,检察长个人的管理幅度毕竟有限,由一名检察长直接监督、指挥数十名甚至上百名检察官,恐力不从心、有心无力,而台湾地区检察组织体系中又未设立"副检察长"一类的职务,协助、分担检察长的管理权责,故组织体系上实有必要在检察长和检察官之间增加一个职务层级——主任检察官,作为检察长的"助手",协助检察长监督、指挥检察官。另据台湾地区《地方法院及分院检察署处务规程》第 23 条的规定：事务较繁之检察署，检察长得指定主任检察官一人襄助处理有关事务。这一名被指定为襄助检察长处理有关事务的主任检察官，地位即相当于副检察长的职务，即检察长的"副手"。

主任检察官的职责权限

虽然台湾地区"法院组织法"规定"主任检察官"负责监督各该组事务，但其具体行使哪些职权并承担何种职责却并不明确。实践中主要是由台湾地区"法务部"依据"法院组织法"授权颁布的三个行政性命令文件（《"最高法院检察署"处务规程》《高等法院及其分院检察署处务规程》《地方法院及分院检察署处务规程》）来作出具体规定的。

根据《地方法院及分院检察署处务规程》第 20 条的规定："主任检察官掌理左列事项：一、本组事务之监督。二、本组检察官办案书类之审核。三、本组检察官承办案件行政文稿之审核或决行。四、本组检察官及其他职员之工作、操作、学识、才能之考核与奖惩之拟议。五、人民陈诉案件之调查及拟议。六、法律问题之研究。七、检察长交办事项及其他有关事务之处理。""最高法院检察署"主任检察官和高等法院及其分院检察署主任检察官的职责权限与此基本相同。

据此，台湾地区检察实务中主任检察官的职责权限主要集中在两个方面：一是检察行政事务之监督，即负责监督该组行政事务，如本组检察官及其他职员的管考（风纪、绩效考核）等；二是检察业务之监督，主要是对本组检察官办案书类（如起诉书）进行审核。《地方法院及分院检察署处务规程》第 27 条规定："检察官执行职务撰拟之文件，应送请主任检察官核转检察长核定。主任检察官撰拟之文件，径送检察长核定。前项检察官撰拟之文件,主任检察官得为修正或填具意见。"据台湾地区司法实务中的做法,检察官制作的起诉书原本,必须由主任检察官审核并报检察长核章后,才可以正式对外公告。值得注意的是,这里所谓的审核或核章,并不仅仅只是一种程序性审查,而是实体审查,对于承办检察官的事实认定及法律适用,主任检察官都可以提出不同意见。当然,主任检察官虽然有权对承办检察官的案件处理决定进行审查,但并不能直接行使定案权,更不能擅自改变承办检察官对案件的定性。根据《地方法院及分院检察署处务规程》第 26 条第 2 款的规定:"主任检察官与检察官有不同意见时,应报请检察长核定之。"这意味着,对于承办案件的检察官作出的案件处理决定,主任检察官即使持有不同意见,也不能直接要求承办检察官服从自己的意见,而只能报请检察长核定。换言之,主任检察官并不享有定案权,办案权和定案权都掌握在承办检察官手中,主任检察官仅享有审查权和异议权,制度上之所以如此设计,主要是基于对检察独立原则和检察官独任制的尊重。

在台湾地区检察实务中,主任检察官与检察官之间并非生硬的上下级关系,作为组长的主任检察官其实不太像是一个"领导",而更像是一个大"学长"。一方面,在台湾,主任检察官一职是有任期的,任期届满如果没有往上一审级调动,就要回原单位当检察官,到时大家还是同事,所以平时都很和气、彼此尊重。另一方面,由于主任检察官经常带着全组同仁一同协力办案,因此和组员间的关系通常较为密切,即使执行职务过程中出现意见不一致的情况,也会尽量采用沟通的方式解决。一般来说,如果不是太复杂的法律问题,很快会有共识;如果真的各持己见,报请检察长核定。实践中双方僵持或撕破脸的状况不是没有,但是比较少。在台湾,主任检察官这份职务带来的是同心协力、一同解决问题,一个优秀的主任检察官更会领导同仁在办案过程中成长,在检察体系内部起着重要的经验传承作用。

主任检察官的遴选条件、程序和任期

台湾地区主任检察官的遴选条件主要是资历和能力。例如,根据台湾地区《各级法院及其分院检察官及主任检察官遴选要点》的规定,对地方法院及其分院检察署主任检察官的要求是:司法官训练所司法官班结业,担任地方法院或其分院检察署检察官8年以上;办案业绩良好;具有领导及协调能力、操守风评均佳,且身心健康者。对高等法院及其分院检察署主任检察官的要求是:司法官训练所司法官班结业,担任高等法院及其分院检察署检察官4年以上或曾任地方法院及其分院检察署检察长者。

主任检察官的遴任,在程序上则是由台湾地区"法务部"造具符合遴任资格人员的名册,并附注其年资、期别、职务评定(考绩)、办案成绩、工作表现、学识、品德及个人迁调意愿等事项,提请"法务部"检察官人事审议委员会审议。值得一提的是,根据台湾地区"法院组织法"的规定,检察官人事审议委员会置委员17人,除"检察总长"作为当然的委员外,其中4人由"法务部"部长指派、3人由"检察总长"指派,其余9名委员则由台湾全体检察官通过秘密、无记名及单记直接选举出的代表担任。由于在检察官人事审议委员会的17名委员中,由全体检察官民主选举产生的委员占到多数(9名),能够确保主任检察官的遴选结果在一定程度上体现全体检察官的"民意"。

至于主任检察官的任期,根据台湾地区《高等法院以下各级法院及其分院检察署主任检察官职期调任办法》的规定,高等法院以下各级法院及其分院检察署主任检察官的任期为4年,并可连任1次;主任检察官任职满4年,如有连任意愿者,由"法务部"组成"主任检察官职期审查会",审查是否予以连任。如果审查会的审查结果,认为不予连任的,应由"法务部"提出并由检察官人事审议委员会审议。在主任检察官任职期间,如果发现有具体事证可认为其确实不适宜再担任主任检察官的,经主任检察官职期审查会审查通过后,由"法务部"提出并由检察官人事审议委员会审议。

总而言之,台湾地区的主任检察官制度,本身既是台湾社会变革的产物,同时又在不断地适应台湾社会的发展变化而作出制度调整。例如,台湾地区的主任检察官原本是没有任期限制的,长期以来一、二审主任检察官的缺额有限,检察官升任主任检察官的机会相对降低,结果造成基层检察官士气低落,改革主任检察官制度的呼声不绝于耳。于是,作为检察改革成果之一,主任检察官的任期制最终得以出台。再如,以前主任检察官的遴选采取推荐制,程序不完全公开、透明,被指暗箱操作、提拔亲信,影响到主任检察官的威信和公信,后改为由检察官人事审议委员会审议通过,等等。当前,台湾地区关于主任检察官制度的批评主要集中在:主任检察官必须分担行政事务,长期减少办理刑事侦查案件,造成基层检察官负荷沉重,浪费了有经验的资深检察官。但是,台湾社会舆论普遍认为,主任检察官制度具有经验传承及统合小组办案的功能,虽有制度微调的空间,但基本制度框架应予维持。

检察日报/2015年/5月/12日/第003版

台湾地区检察官：谁定案谁负责

所谓办案责任，即因违法或不当办案而产生的司法责任，故此，办案责任的区分与认定，与办案组织形式即办案权限的分配和配置模式密切相关。我国台湾地区检察机关在实务中陆续发展出三种办案组织形式：独任办案制、协同办案制和集体办案制，并以此基础分别建立了不同的办案责任制。同时，台湾地区检察机关的检察长对侦办中的个案享有指挥监督权和职务收取、移转权，对于检察长违法或不当行使指挥监督权及职务授权、移转权的，将追究其领导责任。至于主任检察官，因为并不行使定案权，则无须对个案处理结果承担责任。

独任办案制及其责任

所谓独任制，即检察官个人独立承办案件。台湾地区检察机关奉行检察独立原则，视检察官为"独任制官署"，因而，每一名检察官都是一个独立的官署，同时也是一个独立的办案主体。实践中，台湾地区检察机关为每一位检察官都配备了一名书记官，书记官以辅助人员的身份协助检察官整理卷证和讯问笔录。台湾地区司法实务中习惯上将一名检察官加上辅助其工作的书记官合称为一"股"，"股"即是台湾地区检察机关最基本的分案单位和办案单位,也是最基本的办案组织。由于在"股"这一基本办案组织中,真正拥有办案权限的只有检察官,书记官仅仅是检察官的辅助人员,因而,所谓以"股"为单位的单元办案,实际上就是每一位检察官独立办案,亦即独任制。

在台湾地区,所谓独任制,不仅仅是一项办案制,同时也是一项责任制,因为台湾地区的检察官兼具司法官身份,办案时强调"谁办案、谁定案"的司法亲历性原则,相应地,在司法责任制上也遵循"谁定案、谁负责"的原则。因此,独任制,不仅意味着检察官独立办案,同时也意味着检察官独立承担责任。

协同办案制及其责任

所谓协同制,即由一名检察官主办而其他检察官协助其办理案件。对于一些疑难、重大、复杂的案件,由检察官个人承办往往难以胜任,因而,台湾地区检察机关在独任制的基础上逐渐发展出协同办案制,即由一名检察官主办该案件,其他检察官从旁协助。协同制是检察一体原则在检察机关办案环节的具体体现,借由协同制,检察机关可以更为充沛的人力缜密取证,集思广益,进而提升办案品质。但由于台湾地区司法实务中曾经常发生检察长借协同办案之名、行"多数稀释少数"的个案干预之实,因而,基层检察官及外界对于检察长指定检察官协同办案的制度多有微词。基于此,台湾地区"法务部"于1998年制定并颁布了《地方法院检察署协同办案实施要点》,对协同办案制进行了规范。据此,检察长可以书面方式指定主任检察官、检察官二人以上组成协同办案小组。分案时,检察长可以指定主任检察官或检察官一人为主办检察官,负责主办该案件,其余为协办检察官,协助办理该案件;侦办中的案件,以原承办检察官为主办检察官,其余为协办检察官。对于协同办案的案件,检察长在指派协办检察官人选时，应当先征询主办检察官对于协办人选的意见，以使协同办案的检察官能够心无芥蒂，真正合作无间，主办检察官在必要时还有权请求检察长更换协办检察官；同时，主办检察官认为其独立侦办案件力有不逮时，也有权向检察长提出协办检察官人选，要求加派检察官协同办案。

但要注意的是，所谓协同制，并不是指检察官共同承办案件、共同决定案件并共担责任。实际上，在协同办案小组内部，案件仍由主办检察官决定，即定案权掌握在主办检察官手中。根据《地方法院检察署协同办案实施要点》的规定，主办检察官应当协调小组成员之间的任务分配。协办检察官就受分配之任务应积极进行，并将收集的证据资料整理后，交由主办检察官汇办。协办检察官认为有实施强制处分的必要时，应当与主办检察官商议后作出。协同办案的案件，其法律文书的撰写、署名、裁判的收受及上诉、抗告的提起，均由主办检察官以个人名义作出。协同办案的案件，办案成绩归主办检察官。但协办检察官得折计办案件数，其折计方法，视个案情形由检察长决定。由此可见，在协同办案制下，关于案件的重要法律处分，包括强制处分的适用、起诉、上诉、抗告等，都是由主办检察官决定，并以主办检察官的个人名义作出；协办检察官则主要是执行主办检察官分配的任务，其协助办案的作用，如按照主办检察官的要求收集、调取部分证据，或者按照主办检察官的要求实施强制处分，等等。换言之，协办检察官仅有办案权而无定案权、仅有执行权而无决定权。

正因为协同办案制仍然是由主办检察官定案，因而根据"谁定案、谁负责"的原则，协同办案的案件，其办案责任仍应由主办检察官承担。至于协办检察官，因为其主要是执行主办检察官分配的任务，因此，仅在其职责范围内承担责任。例如，不应当转权。根据台湾地区"法院组织法"的相关规定,检察官虽然可以独立实施侦查,并有效行使各项强制处分权,但仍须受所属或上级检察长的指挥监督,"检察总长"或检察长必要时,可以亲自处理其所指挥监督之检察官的事务(职务收取权),并可以将该事务移转于其所指挥监督之其他检察官处理(职务移转权),以避免产生检察官滥权的弊端。这也是"检察一体"原则的具体体现。但由于台湾地区过去一再发生检察长借指挥监督之名行个案干预之实的案例,因而外界对于检察长的指挥监督权一直存有疑虑。为了确保"检察一体"原则健全运作,以达成有效指挥监督,充分发挥检察功能又能避免不当干涉,发挥团队精神又不失检察官办案的独立,台湾地区"法务部"于 1998 年颁布了《检察一体制度透明化实施方案》,目的是使"检察一体"指挥监督的运作制度化、透明化,一方面使检察官办案在"法律"的基础上更具自主性及独立性,另一方面也可使检察长的指挥监督更明确、更透明,可以在阳光下更勇于负责,并使检察官与检察长之间彼此权责分明、各尽其职。

据此,台湾地区建立起"书面指挥"制度,即当承办检察官对指挥监督长官的命令有不同意见,经检察官请求,检察长应当以"书面"方式作出指挥命令,且必须附具理由。建立书面指挥制度的目的,是使检察长对检察官侦办个案的指挥监督,能在透明的程序下进行,以确保该指挥监督的正当性及合理性,并明确其责任,而之所以要求该书面指挥命令必须附具理由,目的亦是为了便于事后检验以明责任。此外,考虑到检察长行使职务收取、移转权,已经直接剥夺了检察官对案件的侦办权,涉及案件的分办及司法正义的实现,应当在一定条件下审慎行使,才能避免外力或行政力量借检察首长的职务收取、移转权进行个案干预。为此,台湾地区实务中对检察长的职务收取、移转权的行使明定验或角度,并无法真正设身处地投入案件。而特侦组现行的办案模式就我看来非常好,资深检察官都有自己的个性,一开始都是各自忙碌,之后开始侦办洗钱案件后,外界压力促使我们不得不团结,在会议中各抒己见,在过去无法获得共识的情况转变为因外界压力使我们不得不产生共识,而共识的产生也能带动案件发展,在渐渐磨合情形下,虽然每天都意见相左,但却让特侦组的运作更加顺利。"二是有利于新、老检察官之间的经验传承。三是有利于增强特侦组检察官的抗压能力。

团队办案制是一种特殊的办案组织形式,团队合作、集体办案也就意味着共担责任。但从法理上讲,所谓集体责任,往往无从追究,只是由于特侦组检察官均由"检察总长"直接选任,并直接指挥,向来被视为"检察总长"的"嫡系部队"和"子弟兵",唯"检察总长"马首是瞻,并与"检察总长"共进退,且特侦组检察官在办案中无法达成一致意见的,会将案件交由"检察总长"裁决,因此,特侦组的办案责任实际上是由"检察总长"来承担的。基于上述分析,所谓团队办案制,实际上是一种为特侦组量身定做的特殊办案组织形式,既不能也不宜推广适用于检察机关的其他办案机构。

检察长、主任检察官的个案责任

在台湾地区,检察长具有双重身份:一是检察官。作为检察官,检察长亦享有办案权,既可以自行直接承办案件,也可以行使职务收取权,将原本由其他检察官承办的案件收回由自己承办。此时,无论是采用独任制或协同制,检察长作为案件的承办人或主办人,都应当独立承担办案责任。

二是检察首长。作为检察机关的首长和领导者,台湾地区检察机关的检察长享有两项职权:指挥监督权和职务收取、移适用强制处分如搜查、扣押而决定适用的,应当由作出决定的主办检察官承担责任,但在强制处分实施过程中出现违法行为如违法搜查、扣押的,则应当由实施该行为的协办检察官承担责任。

团队办案制及其责任

所谓团队办案制,是指多名检察官以团队形式共同承办案件。团队办案制是台湾地区检察机关办案组织形式的一个特例,仅适用于台湾地区"最高法院检察署特别侦查组"(下称特侦组)。特侦组,是台湾地区检察体系的最高侦查机构,专门负责侦办台湾地区高官政要的贪腐舞弊案。对于特侦组的办案组织形式,台湾地区"法院组织法"并未作出明确规定,实务中,经由对"最高法院检察署特别侦查组"的前身——"查缉黑金行动中心"时期特侦组团队合作、集体办案模式的经验传承,"最高法院检察署特别侦查组"于2007年4月2日正式挂牌成立后,即决定基于检察一体精神采取团队办案制,具体而言:特侦组检察官全体在主任以下分为三个小组各自工作,但各小组仍采"共同办案"原则。共同办案时,同组检察官对于所有侦查行动及侦查终结的结论,采共识决,即对于案件的重要事项,共同讨论决定,以取得共识为原则,无法达成一致意见的采取记名表决的方式,并将表决结果提交"检察总长",由"检察总长"裁决。

团队办案制有三个突出的功能优势:一是有利于集思广益、正确决策侦查方针。对此,曾在特侦组任职的检察官越方如结合自己在一审地方法院检察署工作的感受,曾颇为感叹地说:"过去在一审地方法院检察署当检察官时,因为是一个人独立办案,有任何问题最多请示长官、请教主任或与同事、朋友商量,因为请教对象并非承办人员,他们所给予的意见是过去处理的经了四项条件：一是为求法律适用之妥适或统一追诉标准，认为有必要时；二是有事实足以认定检察官执行职务违背法令、显有不当或有偏颇之虞时；三是检察官对指挥监督长官之命令有不同意见而提出请求时；四是因案件之特性，认为由其他检察官处理为宜时。同时，为使检察首长行使职务收取、移转权的命令，可供事后检验其妥当性及合法性，也规定该项命令必须以书面形式作出，并叙明理由。又为使检察官的意见有明白表达的机会，检察长命令移转或收取案件后，检察官固应服从，但仍可提出意见书，以供日后检验。

从前文分析可以看出，台湾地区相当重视检察长行使指挥监督权及职务收取、移转权时的责任问题。根据台湾地区的规定，检察长违法或不当行使指挥监督权和职务收取、移转权，即应承担相应的责任，此种责任即所谓领导责任。

至于主任检察官，根据台湾地区相关规定，主任检察官虽然作为检察长的"助手"和"副手"，有权对承办检察官的案件处理结果进行审查、核阅，亦可以提出不同意见，但是，主任检察官并不能直接行使定案权，不能要求承办检察官无条件服从自己的意见，而只能报请检察长核定。换言之，主任检察官并不享有定案权，办案权和定案权都掌握在承办检察官手中，主任检察官仅享有审查权和异议权。根据"谁定案、谁负责"的司法责任原则，既然主任检察官并不行使办案权和定案权，当然也就不应当对个案处理结果承担司法责任。

检察日报/2015 年/9 月/1 日/第 003 版

台湾地区检察官任职终身待遇优渥

在台湾地区,检察官的社会地位、经济待遇、职位保障均较为优渥,属于社会精英阶层,而这一切都与检察官任用的"高门槛"紧密相关。台湾自1980年实行审、检分隶改革以来,要成为检察官,必须通过司法官考试,而台湾地区的司法官考试通过率极低,即便是系统学习过法律知识的法律本科生或研究生,不经过考前的"恶补",要想通过这一考试,也断无可能。正因为考试通过极难,因此最终能通过这一关的都是精英,而对于精英化的检察官,社会是无虑于给予其优遇的。笔者在台湾访学时,曾与数位台湾检察官探讨其待遇问题。台湾检察官待遇相当优渥,例如,台湾检察官因为有支领高额的"司法专业加给"及"终身职"的保障,薪资明显优于一般公务员,且检察官一般均有机会配置职务宿舍。同时,台湾检察官与法官的考试和训练合二为一,只是在司法官训练所结业时依其成绩名次以及法、检双方缺额,依序分发任用为各地方法院候补法官或检察署候补检察官,因而,长期以来检察官与法官同为司法官的观念根深蒂固,制度上也给予检察官与法官同等的职位保障。

职位保障

为保障司法官职务行使之独立性与公正性,制度上必须给予司法官职务及地位上的相应保障,此即司法官的职位保障,是为国际通例。依台湾现行"宪法"第81条的规定:"法官为终身职,非受刑事或惩戒处分或禁治产之宣告,不得免职,非依法律不得停职、转任或减俸。"虽然台湾"司法院大法官会议"释"宪"解释曾明确宣布检察官并非"宪法"规定之"法官",但同时仍认可检察机关行使之职权当属"广义司法"之一,并肯定检察官在对外行使职权时,应享有与法官同等的职位保障。对此,台湾"司法院大法官"1953年作出的释字13号解释曾明确规定,"宪法"第81条所称之法官,系指法官而言,原不包含检察官在内,但实任检察官之保障,除转任外与实任法官同。台湾地区1989年12月22日制定公布的"司法人员人事条例"第四章对法官、检察官的职位保障内容作出明确规定,具体包括:

检察官终身任职。"司法人员人事条例"第32条规定:"实任司法官非有左列原因之一,不得免职:一、因内乱、外患、贪污、渎职行为或不名誉之罪,受刑事处分之裁判确定者。二、因前款以外之罪,受有期徒刑以上刑事处分之裁判确定者。但宣告缓刑或准予易科罚金者,不在此限。三、受撤职之惩戒处分者。四、受禁治产之宣告者。公务人员考绩法关于免职之规定,于实任司法官不适用之。但应依公务员惩戒法之规定移付惩戒。"该条例第33条同时规定:"实任司法官非有法律规定公务员停职之原因,不得停止其职务。"据此,检察官一经任用、实授为检察官,其任职即为终身,除非法定的原因,否则不得被免职、停职。

检察官薪俸优待,非法定原因不得降级、减俸。检察官的薪俸应受优待,至少应高于一般公务员。目前,台湾检察官的薪俸与法官相同,且远高于同级公务员。"司法人员人事条例"明确规定,检察官之俸给,适用公务人员俸给法之规定,并给与"专业加给"及"主管加给"。实任检察官非依法律受降级或减俸处分者,不得降级或减俸。实任检察官转任"法务部"之司法行政人员者,其年资及待遇均仍依相当职位之检察官规定列计。其达司法官行政人员命令退休年龄三个月前,应予转任司法官职务。

退休与优遇

检察官虽为终身职,但高龄检察官体力衰退,如仍强令其承担繁重之职务,也是不人道的折磨,更会使人事管道阻塞,而无法新陈代谢,因此,建立检察官退休制度仍属必要。台湾为体谅高龄检察官,鼓励检察官届龄自愿退休,并建立了退休优遇制度。对此,"司法人员人事条例"第 40 条、第 41 条规定,实任检察官任职 15 年以上年满 70 岁者,应停止办理案件,从事研究工作;满 65 岁者,得减少办理案件。实任检察官任职 15 年以上年满 65 岁,身体衰弱,不能胜任职务者,停止办理案件。停止办理案件的检察官,仍为现职检察官,支领检察官之给与,并得依台湾地区"公务人员退休法"及"公务人员抚恤法"办理退休及抚恤。实任检察官合于"公务人员退休法"退休规定,而自愿退休时,除退休金外,并另加退养金。

资遣与抚恤

台湾地区"司法人员人事条例"第 42 条、第 43 条规定,司法官经公立医院证明身体衰弱,不能胜任职务者,得依"公务人员任用法"有关资遣之规定资遣。司法官之抚恤,适用"公务人员抚恤法"之规定。据此,检察官被资遣的应当按照公务员给予一定资遣费。检察官因病故(包括自杀的)、因公或意外死亡的,应根据检察官的服务年资计算抚恤金的数额,支付抚恤金以照顾遗族的生活。

弹劾与惩戒

台湾对于检察官的弹劾与惩戒，并没有特别的规定，因此，适用一般公务员的规定。实务中，对于高阶检察官之惩戒，应先经"监察院"弹劾程序。根据"宪法"增修条文第 7 条第三项之规定，经监察委员会二人以上提议，九人以上审查及决定，即可对违法失职的检察官提出弹劾案。至于九职等以下的检察官则不用经监察院审议，可以直接由主管长官迳送公务员惩戒委员会审议。2006 年台湾"法院组织法"修正，为制衡"法务部长"的检察人事权（包括弹劾、惩戒权），原本内设于"法务部"的"检察官人事审议委员会"取得"合法"地位，据此，对于检察官的奖惩事项皆应送该委员会审议，决议后才能报请"法务部长"核定，并送"公务员惩戒委员会"审议。对于检察官的弹劾案和惩戒案，由"司法院""公务员惩戒委员会"负责审理。根据台湾"大法官会议"释字第 396 号解释，"公务员惩戒委员会"应采法院体制，且惩戒案件之审议，亦应本正当法律程序之原则，对交付惩戒人予以充分之程序保障。

台湾司法理论和实务上较具争议的问题是检察官的转调与奖惩。检察官本奉行检察一体原则，下级检察官有服从上级检察首长命令之义务，因此不受不得转调（包括转任和调动、审级调动和地区调动）之保障。但台湾司法实践中，经常发生检察首长借转调权干预下级检察官独立办案的情形，对于"不听话"的检察官，上级检察首长往往以将其调往偏远地区任职以示惩做。实践中，"法务部长"因掌控着检察长和检察官的调动权，而"法务部长"本身又是政务官，难免因为政治因素的考虑而滥用对检察长和检察官的转调权，以达到其本人或所属政党的政治利益。

此外，检察官虽受身份保障，不得无故降职、停职、免职，但是,检察官的职位晋升则不受保障。在台湾司法实务中,检察首长对于检察官的职位晋升仍有一定程度的决定权,例如,检察官若想升迁至更高职位,必须年终考绩甲等且获得检察长的保荐书,而检察官的年终考绩,实务中是由主任检察官及检察长决定(主任检察官当然保障甲等,检察官考绩则由检察长召集所有主任检察官开会决定,完全无检察官代表之参与),此外,检察长有保荐权,若无检察长之保荐书,则检察官几乎永无升迁之日。因此,实务中难免出现检察官为求升迁而在办案中迎合检察首长之意志,丧失办案独立性的情形,而不良检察首长也可能以承办检察官的前途升迁作要挟,干预承办检察官办案的独立性。此已为台湾众多学者所批评。

2006年台湾"法院组织法"修改,原本内设于"法务部"的检察官人事审议委员会取得合法化地位,检察官人事审议委员会主要职能在于审议"高等法院检察署"以下各级法院及其分院检察署主任检察官、检察官之任免、转任、迁调、考核及奖惩事项。上述检察人事事项,应经检察官人事审议委员会先行审议,审议后的决议,再报请"法务部长"核定后公告。由于17名检察官人事审议委员会委员的组成中,官派委员只占7名,而由全体检察官以秘密、无记名及单记直接选出的"民选代表"达到9名,居于多数,因而,转调、考核、奖惩等检察人事事项不再为"法务部长"和检察首长所操控,这对于确保检察官人事权的公正和公平行使具有重要意义。

检察日报/2015年/12月/15日/第003版

台湾地区检察机关的法律文书签发制度

　　台湾地区检察机关沿袭德、日等大陆法系国家检察制度的传统，历来尊奉检察一体制。所谓检察一体制，即整个检察机关内部以"检察总长"为尊，形成了一个以"检察总长"为顶点，以检察长、主任检察官、检察官为职务层级，上命下从、上下一体的金字塔型结构。

　　奉行检察一体制之目的，具体而言有三：一是检察机关内部上、下一体，方能以整个机构之名，共抗外部压力和干预，确保检察机关的官厅独立和检察官独立；二是检察官手握侦查大权，承担打击犯罪之职责，各级检察官之间上下一体、上命下从，方能集思广益、聚沙成塔，尤其是随着跨区域、高组织性、高智能化犯罪的增加，全体检察官有必要改变"单兵作战"的固有模式，在战略和战术上转向"大兵团作战"，展开大规模侦查作业；三是检察系统并未建立法院系统的审级监督机制，实行上命下从、上下一体制，有利于上级监督下级，从内部管控检察官的职权及职务行为，防止个别检察官滥用权力、侵犯人权。

法律文书核阅是检察一体制的重要一环

　　依据检察一体制，上级检察首长就下级检察官处理之检察事务,不但有指挥监督权,也有职务承继权及职务移转权,下级检察官则有相应的服从义务及报告义务。台湾地区"法务部"制订的《地方法院及其分院检察署处务规程》(下称《规程》)对台湾地区检察机关内部落实检察一体制作了三项具体的要求和规定。一是《规程》第25条规定,检察官或主任检察官执行职务,应就重要事项随时以言词或书面向主任检察官或检察长提出报告,并听取指示。检察长或其授权之主任检察官得命令检察官报告处理事务之经过或调阅卷宗,检察官不得拒绝。二是《规程》第26条规定,检察官或主任检察官对检察长之指示有意见时,得陈述之;但检察长不采纳者,仍应服从其命令。主任检察官与检察官有不同意见时,应报请检察长核定之。三是《规程》第27条规定,检察官执行职务撰拟之文件,应送请主任检察官核转检察长核定。主任检察官撰拟之文件,径送检察长核定。第三项内容即为法律文书核阅、签发制度,即检察官撰拟的法律文书,应当报送主任检察官核转检察长核定后,方能对外公示及公布。

由此可见,检察长核阅、签发法律文书,是台湾地区检察一体制的重要要求和体现。在台湾地区司法实务中,检察官因执行职务而撰拟的重要法律文书,如是否起诉、是否上诉或控告,都需要经过主任检察官核转检察长核定后,方能对外公示及公布。当然,特殊情况下如夜间或假日,内勤检察官向法院提出羁押申请书或搜索票(搜查证)申请书则无需事先送阅。另一方面,检察长、主任检察官对检察官法律文书的审阅,并不仅仅是就文字或形式作审查,而是要就实体问题,如是否有应调查的事实证据漏未调查、事实认定是否适当、法律见解有无违误等事项作全面审查。程序上,主任检察官直接作为案件承办人时,其撰拟的法律文书,应报送检察长核定;一般检察官作为案件承办人时,其撰拟的法律文书则应先报送主任检察官核阅,对于检察官送核的法律文书,主任检察官可以作出修正或填具意见,主任检察官不同意承办检察官的意见时,则要进一步报送检察长核定,送检察长核定的文书,检察长可以径为修正,或指示原则命重行撰拟后再送核。唯有经过检察长核定的法律文书,才能用印(盖上检察机关的公章),方能对外公示及公布。此即为台湾地区检察系统内部的文书签发制度,多年沿用,已成惯例。

检察官未经检察长核定径行起诉事件

2004年台湾地区发生了一起轰动全岛的检察官未经检察长核定迳行起诉事件,该事件直接挑战和冲击了台湾地区检察系统长期以来实行的法律文书签发制度。

该事件经过如下:2003年台湾地区花莲县县长补选,民进党候选人游盈隆对花莲地区的原住民酋长承诺只要对方支持他当选,就给予对方"特别津贴"。由于酋长对自己部落选民的投票意向影响巨大,所以游的行为已经涉嫌通过政策"贿选"。该案当时经人举报由花莲地检署检察官李子春侦办。

在当时的台湾地区,政策贿选案件司空见惯,台湾地区检察系统往往按照"惯例""不处理",直接由承办检察官送呈检察长签结案件。但负责侦办该案的李子春坚持认为该案已经构成犯罪,理应追查到底。不仅如此,在侦办该案过程中,李子春发现该案甚至可能牵涉当时台湾地区的领导人——"总统"陈水扁,因为如果该政策贿选直接来自陈水扁的授意,那么陈就是该案共犯。然而,根据台湾地区"法律"的规定,"总统"任内享有司法豁免权,只有在涉嫌"内乱外患罪"时才能被查办,在其他案件中,则只能作为证人被传唤作证。基于此,李子春试图用证人的名义传唤陈水扁,希望借由陈水扁出庭作证之机,当庭拆穿他的谎言。

但是,按照台湾地区检察系统的例行做法,传票应由承办检察官填好并盖私印后,呈送主任检察官核转检察长核定,然后加盖地检署公印,才能将传票寄出。但由于陈水扁身份的特殊性和敏感性,李子春担心检察长一旦看到传票上"陈水扁"三个字,就会将传票挡下来。所以,他采取了一个"非常规"的方式即自己手写传票,再到邮局用挂号信寄出,以避开检察长核定程序。结果,该传票一到台北的邮政系统,立刻就被媒体获知,然后就是铺天盖地的炒作和报道。台湾地区"法务部"闻讯后立即质问花莲地检署检察长,但检察长对此毫不知情、无言以对。由于木已成舟,陈水扁被迫以证人身份到花莲地检署出(侦查)庭作证,成为当时的一大新闻。

该案调查完毕后,李子春决定对该案提出公诉,在正式起诉前,他将起诉书呈送检察长核阅,检察长指示应当补充起诉书(关于政策支票是否构成贿选罪部分)的理论基础后将起诉书退回。依据台湾地区检察系统内部的文书签发制度,此时李子春应当遵照检察长指令,补充起诉书的理论基础部分后再次送核。但李子春认为检察长畏惧权贵、不敢起诉,上述指令只是在拖延时间,遂置之不理而私自以邮寄起诉书的方式径向法院提起公诉,并向媒体公开了起诉书内容。此举再度震动全岛。

当时台湾地区"法务部"及上级检察署均认为该起诉程序违背送阅及公告手续且违反检察一体制之指令权,其起诉应属无效。台湾地区"法务部"还曾发公函到法院,主张"起诉无效"。但花莲地方法院经过审理后认为,台湾地区"刑事诉讼法"仅规定"提起公诉,应由检察官向管辖法院提出起诉书为之",而并未规定"起诉应经检察长核定"。至于检察系统内部长期以来实行的文书核定制度,只是检察机关内部的一项行政管控程序,对外并没有约束力,因而,该起诉并无违背法律之处,法院认可该起诉有效,并决定就案件举行实体审理。

在后续该案庭审中,花莲地检署检察长行使职务移转权,将该案件移交其他检察官出庭支持起诉,后法院经过审理后最终判决被告人无罪。这便是当时轰动台湾的检察官未经检察长核定径行起诉事件的始末。

事件的后果及影响

上述检察官未经检察长核定径行起诉事件的发生,极大地冲击了台湾地区检察一体制,尤其是其长期以来所实行的法律文书签发制度。台湾花莲地方法院的一纸判决,无异于公开宣称检察长核定并非起诉书生效的构成要件和必经法定程序,而仅仅是台湾地区检察系统内部的一项行政管控程序,对外不具有约束力。

但是,台湾地区检察系统并未因此而废除文书签发制度,相反,上述检察官未经检察长核定径行起诉事件的发生反倒使文书签发制度的合理性和合法性得到某种程度的强化。一方面,上述检察官未经检察长核定径行起诉事件的发生以及最后的无罪判决,恰恰从反面证明了,检察系统内部确有必要设置一道类似于文书签发这样的行政管控程序,以此约束部分检察官的职权行使,防止个别检察官滥行起诉。另一方面,就在该事件发生后不久,事件的主角李子春即被台湾地区"法务部"以违法失职为由移送监察院弹劾,后经台湾地区"司法院公务员惩戒委员会"议决将李子春降职改叙。在"司法院公务员惩戒委员会"审议该案过程中,当事人李子春曾提出抗辩意见,认为文书签发权属于检察官的法定职权,要求法律文书需经检察长核定,系行政权侵夺检察官的固有职权。但是,台湾地区"司法院公务员惩戒委员会"在议决书中明确指出,检察文书须经检察长核定,是检察一体制的要求和体现,并不存在所谓行政权侵夺检察官固有职权的问题。这就从正面肯定了台湾地区检察系统文书签发制度的合法性。

时至今日,台湾地区检察系统仍然在实务中坚持法律文书需经检察长核定的文书签发制度,并视其为台湾地区检察一体制的象征和体现,且以之作为检察官区别于法官的重要标志。

检察日报/2015 年/12 月/1 日/第 003 版

台湾地区检察机关内设机构各司其职

台湾地区的检察制度在历史上曾深受日本检察制度的影响，因而，台湾地区的检察制度在检察官的角色定位以及职权配置等方面，都与日本检察制度几近一致，其检察机关的内设机构在设置原理和模式上亦与日本检察机关相似，但又略有差异。

检察官室、检察事务官室和行政科室

台湾地区检察机关的内设机构主要是围绕检察官而运作的，因而设"检察官室"作为基本业务机构。其他机构包括"检察事务官室"和"行政科室"，都是为检察官室提供后勤保障和配套辅助服务的，以协助业务单位运作为主要目的。因而，台湾地区检察机关的内设机构主要分为：检察官室、检察事务官室和行政科室。其中，检察事务官室是检察官的"助手"（辅助机构）——检察事务官的集合体或办公处所；而行政科室则一般包括人事室、会计室、政风室、法警室、统计室、信息室、观护人室、法医室、研考科、总务科、记录科、诉讼辅导科、为民服务中心。

由于台湾地区奉行检察官独立原则，每一位检察官都是一个独立的办案主体，因而，检察官室的每一位检察官又称为一"股"。又由于台湾地区检察官办案原则上实行独任制，因此，独任制是台湾地区检察机关的基本办案组织形式,而"股"则是台湾地区检察机关的基本办案单位。

侦查、公诉、执行三大业务部门并立

台湾地区"法院组织法"第56条规定:"各级法院及分院检察署检察官,最高法院检察署以一人为检察总长,其他法院及分院检察署各以一人为检察长,分别综理各该行政事务,各级法院及分院检察署检察官员额在六人以上者,得分组办事,每组以一人为主任检察官,监督各组事务。"据此,台湾地区检察机关在检察官室下又分设各业务组。之所以称其为"组",主要是因为台湾地区的检察机关与法院平等同格,皆属司法机关,因而,其业务机构不宜仿效行政机关内设机构的名称而称之为"处"或"科",且检察机关虽与法院同属司法机关,但职能和角色不同,内、外部权力运作模式也不相同,亦不宜照搬法院内设机构的名称而称之为"庭",故将检察机关的内设业务机构命名为"组",以示区别,并与法院的内设业务机构"庭"相对应。

根据台湾地区"法院组织法"和"刑事诉讼法"的相关规定,检察官主要行使三大职权:侦查、公诉(提起公诉、实行公诉)及指挥刑罚执行。实践中,台湾地区检察机关的内设业务机构主要是围绕上述三大职能而设置的,分为两"组"一"科":侦查组、公诉组和执行科,并按照"法院组织法"第56条的规定,每组设一人为主任检察官,负责监督各组事务。检察机关的其他法定职权也由上述三个机构代行,例如,台湾地区"刑事诉讼法"规定,检察官有权协助自诉、担当自诉,实践中该职权即交由公诉组检察官代为行使。其中,行使刑罚执行指挥权的部门之所以称为"科",盖因刑罚执行指挥权不同于侦查权和公诉权,本属司法行政权,自应按行政机关的命名习惯而称之为"科"。虽然执行部门称为"科",但仍然设一位主任检察官,负责监督该科事务,且同样遵行检察官独立办案原则,以"股"为单位行使刑罚执行指挥权。例如,在台湾地区前领导人陈水扁、吴淑珍夫妇龙潭购地弊案、陈敏熏买官一案中,被告人陈水扁、吴淑珍夫妇经台湾地区"最高法院"终审判决罪名成立并宣告没收其不法所得后,就是由台湾"最高法院检察署"执行科检察官钱汉良签发提票和指挥书将陈水扁发监。

需要说明的是,台湾地区检察机关在2003年之前并未设立专门的公诉组,当时台湾地区检察机关内部普遍存在着"重侦查、轻公诉"的风气,公诉权由侦查组检察官代为行使。由于缺乏专门的公诉检察官,加上台湾地区当时实行职权主义审判制度,法官包揽了证据调查活动,检察官莅庭进行公诉徒具形式,庭审纯粹是"走过场",这一状况广受诉病。但是,2002年2月8日,台湾地区"刑事诉讼法"修订,确立了法院调查证据由"职权进行"改为"当事人进行主义",加强了检察官的举证责任。2003年2月6日,台湾地区"刑事诉讼法"证据章修正条文公布,引进了传闻证据排除法则和非法证据排除法则,落实了检察官莅庭进行公诉等制度,迫使检察官走入法庭,并且全程莅庭举证。为应对"刑事诉讼法"的上述转型,台湾检察体系被迫进行调整,不得不一改过去侧重侦查、轻视公诉的习惯做法,而转变为侦查与公诉并重。在台湾地区"法务部"的要求下,各级检察机关在原本的"侦查组"和"执行科"之外另行设立了"公诉组",并从侦查组抽调部分检察官到公诉组专职从事公诉工作,从而在台湾地区检察机关内部形成了侦查、公诉、执行三大业务部门并立的格局。

目前,台湾地区检察机关公诉组检察官的员额和人数,主要对应法官的数量而作调整,原则上每位公诉组检察官需对应法院3至4位法官。在检察机关内部,侦查组的检察官员额和人数仍然是最多的,例如,台北地方检察署内侦查组检察官与公诉组检察官在员额和人数上大致保持2:1的比例。按照台湾地区检察机关的习惯做法,侦查组、公诉组和执行科三个业务部门之间的人员相互流动,一般2年左右轮换一次。由于公诉工作直接面对法官和辩护人,需要一定的历练才适合担任公诉人,因而初任检察官到地方检察署工作后,往往会先被分发到侦查组积累经验,2年后才能去公诉组工作。当然,在台湾地区检察实务中仍然不同程度地存在着重侦查而轻公诉的风气,部分检察官仍然偏爱侦查。这主要是因为对于检察官而言,侦查可以自己做主,而公诉的决定权却掌握在法官手上,案件如何审理、怎么判,都是法官说了算,即使检察官气得牙痒痒也没用,只能上诉,所以,部分检察官不愿意从事公诉工作。至于2年左右的工作轮换,检察官去哪个组工作,原则上由检察长指派,个别检察官年度调动会填意愿表,但这种意愿对检察长而言并没有约束力。

根据台湾地区"刑事诉讼法"的规定,检察官是侦查权主体,对所有刑事案件皆有权展开侦查,且按照台湾地区检察机关的习惯做法,审查起诉权和起诉裁量权都交由侦查组检察官行使,因而,侦查组检察官的业务量是最大的,亦因此,在业务量较大的地方检察署,其侦查组会进一步分设为若干小组,如在侦查组下再分设侦查甲组、侦查乙组、侦查丙组等。

当然,台湾地区检察机关在业务机构的设置上是比较灵活的。分设侦查组、公诉组、执行科三大业务部门的做法,只在规模较大(业务量较大、检察官员额数较多)的地方检察署实行。有的小型地方检察署,例如金门地方检察署,因为总共只有2名检察官,根本无法分组,那就只能由2名检察官统揽侦查、公诉和指挥刑罚执行权,成为全能检察官。

侦查机构呈专业化发展趋势

当今检察制度发展的瓶颈之一就是检察官的专业化问题。对此,台湾地区检察机关的传统做法是设"专股办案",即让侦查组内的个别检察官专门侦办特定类型的案件,但这一做法事实上所发挥的专业功能极为有限。近年来,针对犯罪呈组织化、专业化、科技化的发展趋势,台湾地区检察机关开始提倡并尝试在各地方检察署侦查组下因应案件类型的不同再做专组分工,从而实现由"专股办案"向"专组办案"模式转变。但要注意的是,与日本、韩国的做法相同,台湾地区检察机关所谓的专组办案仅限于侦查部门,盖因侦查作业尤其是证据的收集、调取更为强调和依赖检察官的专业知识和技能。

2001 年 12 月 31 日,台湾地区"法务部"发布"地方法院检察署试办检察官专组办案实施要点",提出"为提升检察官侦查案件之专业知能,并建立检察官专组专办及发挥协同办案精神,以强化打击特定犯罪之成效"。在台北、板桥、台中、台南、高雄地方法院检察署试行检察官专组办案,在原侦查组下设立肃贪黑金专组、经济犯罪专组、妇幼保护专组、智慧财产权专组、重大刑案专组、缉毒专组。每一专组得指定适当人数的检察官担任(人数由各该地方检察署视业务量及检察官员额自行酌定),同一专组的检察官以在同一办公室办公为原则。同一办公室不足容纳该专组检察官的,得分别在相邻的办公室办公,其目的是便于专组检察官之间的业务经验交流并培养默契互信的心理。每一专组设组长、副组长各 1 人,组长由主任检察官担任,负责该组行政协调及事务统合工作,副组长由检察长指定该专组内较资深的检察官担任,协助组长处理该组的行政协调及统合业务。为培养检察官的专业办案能力,受指定到专组办案的检察官,除人事升迁或不适任该专组的业务或其他必要情形外,原则上应连续在同一专组办案至少2年以上,并不得兼任其他专组的职务。检察官办理同一专组的职务已满2年的,检察长得依其专长及意愿,改调至其他专组办案。

检察日报/2015年/7月/7日/第003版

台湾检察官：从司法官考试及格者中任用

台湾地区检察官的任用，起初因为法律人才的不足，采取的是所谓"广开各管道"的选任方法，除通过司法官考试外，如曾任教授、推事检察官、司法行政官、律师、县司法处审判官、书记官、县长兼理司法之各县承审员、有法学著作经审查合格并经学习期满者，皆可经遴选而成为检察官。但在 1980 年台湾实行审、检分隶改革后，逐渐过渡为以经司法官考试及格者为主，尤其是自 1989 年台湾"法院组织法"修订、"司法人员人事条例"公布后，检察官的任用，基本上都以通过司法官考试者为其来源，依其他资格而予以选任者罕见其例。

检察官任用的资格

台湾于 1989 年 12 月 22 日制定公布了"司法人员人事条例"，该条例对检察官的任用资格作出明确规定。根据"司法人员人事条例"第九条（司法官之任用资格）的规定："地方法院或其分院法官、地方法院或其分院检察署检察官，应就具有下列资格之一者任用之：一、经司法官考试及格者。二、曾任推事、法官、检察官经铨叙合格者。三、经律师考试及格，并执行律师职务三年以上，成绩优良，具有转任荐任职任用资格者。四、曾在公立或经立案之私立大学、独立学院法律学系或法律研究所毕业,而在公立或经立案之私立大学、独立学院任教授或副教授三年或助理教授五年,讲授主要法律科目二年以上,有法律专门著作,经司法院或法务部审查合格,并经律师考试及格或具有荐任职任用资格者。"

该条例虽然仍规定可通过其他途径任用检察官,但实际上,除军法人员仍可依"军法人员转任司法官条例"转任地方法院检察官外,其他人员如大学教师和律师转任检察官的寥寥,晚近实务中几乎均是从司法官考试及格者中任用检察官。

需注意的是,上述任职资格方面的规定适用于基层检察官即地检署检察官的任用,属一般性任职资格。除此之外,在台湾要担任一定领导职务的检察官或者"高等法院检察署"之检察官,还须具备特定的任职资格、条件。

担任一定领导职务的检察官及"高等法院检察署检察官"的任职条件

"高等法院"及其分院检察署检察官之任用资格。根据"司法人员人事条例"第11条的规定:"高等法院或其分院法官、高等法院或其分院检察署检察官,应就具有下列资格之一者任用之:一、地方法院或其分院实任法官、地方法院或其分院检察署实任检察官二年以上,成绩优良者。二、经律师考试及格,并执行律师职务十四年以上,成绩优良,具有转任荐任职任用资格者。本条例所称之地方法院或其分院实任法官、地方法院或其分院检察署实任检察官,系指考查服务成绩及格予以实授者。"实务中,"高等法院"及其分院检察官均系从地检署中实任检察官两年以上、成绩优良者中选任。

"最高法院检察署"检察官之任用资格。根据"司法人员人事条例"第 12 条的规定："最高法院法官、最高法院检察署检察官,应就具有左列资格之一者任用之：一、曾任高等法院或其分院法官、高等法院或其分院检察署检察官四年以上,成绩优良,具有简任职任用资格者。二、曾任高等法院或其分院法官、高等法院或其分院检察署检察官,并任地方法院或其分院兼任院长之法官、地方法院或其分院检察署检察长合计四年以上,成绩优良,具有简任职任用资格者。三、曾在公立或经立案之私立大学、独立学院法律学系或法律研究所毕业,而在公立或经立案之私立大学、独立学院专任教授,讲授主要法律科目,有法律专门著作,经司法院或法务部审查合格,并曾任高等法院或其分院法官、高等法院或其分院检察官,具有简任职任用资格者。"

地方法院检察署检察长之任用资格。根据"司法人员人事条例"第 13 条的规定："地方法院及其分院院长、地方法院及其分院检察署检察长,应就具有高等法院或其分院法官、高等法院或其分院检察署检察官拟任职等任用资格,并有领导才能者遴任之。"实务中,台湾地检署的检察长与"高等法院"及其分院检察署检察官经常互调,盖因两者任职资格完全相同。按照台湾检察界的惯例,地检署的检察长一般均由"高等法院"及其分院检察署主任检察官调任,甚少出现"原地提拔"的现象,因此,地检署检察官要想成为地检署检察长,必先调任"高等法院"及其分院检察署主任检察官。因已成惯例,故实践中,台湾基层检察官往往戏称此为检察官的"升迁路线图"。

"高等法院"及其分院检察署检察长之任用资格。根据"司法人员人事条例"第 14 条的规定："高等法院及其分院院长、高等法院及其分院检察署检察长,应就具有最高法院法官、最高法院检察署检察官资格,并有领导才能者遴任之。"按照前述之检察官"升迁路线图",检察官欲成为"高等法院"及其分院检察署检察长，必先成为"最高法院检察署"主任检察官，其领导能力获得公认后方可能调任"高等法院"及其分院检察署检察长。由于台湾司法体制的独特原因，"高等法院（分院）检察署"检察长，在台湾检察体系中位高权重，属于台湾检察体系内仅次于"检察总长"的二号人物，也是在"检察总长"一职出现空缺时，出任"检察总长"的热门人选。

"最高法院检察署检察总长"之任用资格。根据"司法人员人事条例"第 16 条规定："最高法院院长、最高法院检察署检察总长，应就具左列资格之一，并有领导才能者遴任之：一、曾任司法院大法官、最高法院院长、最高法院检察署检察总长、行政法院院长或公务员惩戒委员会委员长者。二、曾任最高法院法官、最高法院检察署检察官、高等法院院长或高等法院检察署检察长合计五年以上者。三、曾任简任法官、检察官十年以上，或任简任法官、检察官并任司法行政人员合计十年以上者。"台湾地区历任"检察总长"基本上都是法律专业出身，毕业于东吴、政治大学等各大名校法律专业，且多为刑事法方面的专家。同时，台湾地区"检察总长"的任命，多年来已经形成一定的惯例，即被任命为"检察总长"之人，必为检察界最资深的检察官之一，且业绩优异。仅从台湾"司法人员人事条例"关于"检察总长"遴任资格的规定来看，似乎担任法官、检察官或司法行政人员十年以上即可担任"检察总长"。但实际上，仔细审视历任"检察总长"，几乎都曾在司法界服务 30 年以上，且一般均担任过台湾各地方法院检察署检察长以及"高等法院"及其分院检察署检察长之职务，以至于担任"检察总长"时，平均年龄一般都在 60 周岁左右。对"检察总长"之任职资格和资历作此严格要求，主要是因为"检察总长"一职，为台湾检察体系之最高首长、全体检察官之楷模，因此出任"检察总长"之人应具有丰富的法律经验与人生阅历，且深孚众望,可以说,在台湾,能出任"检察总长"之人必定是狡优异之业绩、累积多年检察资历之人。

检察官的任用阶段

台湾地区于1955年正式成立司法官训练所,此后要求通过司法官考试者必须至司法官训练所再接受为期2年的培训,培训毕业后方获得考试及格证书,然后才能分配至地检署任职。因而,在台湾,一名通过司法官考试并经司法官训练所培训毕业分配至地检署的初任检察官,只能先行担任候补检察官,后须经过试署,经考核、审查合格者方能实授为检察官,因此,台湾检察官的任用可以分为候补、试署、实授三个阶段。

根据"司法人员人事条例"第10条之规定,通过司法官考试并经司法官研修所培训毕业派充为检察官者,为候补检察官,候补期间为五年;候补检察官候补期满成绩审查及格者,为试署检察官,试署期间为一年。候补、试署期满时,应分别陈报"司法院"或"法务部"审查其品德操守、敬业精神及裁判或相关书类。候补审查及格者,予以试署,不及格者,延长其候补期间一年;试署审查及格者,予以实授,不及格者,延长其试署期间六个月;候补、试署因不及格而延长者,经再予审查,仍不及格者,停止其候补、试署,并予解职。再予审查为不及格之决定前,应通知受审查之候补、试署检察官陈述意见。但是,实务中的问题是,虽然规定候补或试署期满,"应"陈报审查其品德操守、敬业精神及相关书类,但实践中,却并未强制进行审查,以致出现一些检察官长久候补或试署、迟迟得不到任用的情形。

候补检察官在候补期内仍有办案权限,可分配其办理案件,但因其经验尚浅,实践中对候补检察官的办案范围有所限制。根据台湾"法官、检察官候补规则"第5条、第8条的规定,候补检察官于候补期间内办理案件，其检察首长如果认为案情繁难者，得不分配候补检察官办理，如贪污渎职案件、盗匪案件、杀人案件、烟毒案件、涉外案件。这类案件或者法律关系较为复杂，或者取证难度较大，实不宜由毫无办案经验的候补检察官承办。

检察日报/2015 年/12 月/8 日/第 003 版

特侦组：台湾检察体系中的反腐"杀手锏"

　　2008 年 5 月 20 日台湾地区前领导人陈水扁卸任，台湾"最高法院检察署"特侦组随即分案侦办"国务机要费"案，并将陈水扁列为被告人，陈水扁因此成为台湾司法史上第一位被检方列为"侦"字案被告人的卸任领导人。2009 年 9 月 11 日台北地方法院第七法庭一审宣判陈水扁所涉舞弊案，陈水扁涉五罪，被判处无期徒刑，并罚金两亿。在社会各界震惊于陈水扁家族舞弊案的同时，侦办这一舞弊案的台湾"最高法院检察署"特侦组也开始进入人们的视野。人们不禁惊叹，特侦组究竟是一个怎样的组织，为何能有如此大的权力将位高权重的卸任领导人立案侦查并送入监狱？

历史由来

　　20 世纪 80 年代末期，在台湾的经济取得发展之际，一个叫做"黑金政治"的怪胎也正在形成，导致买票贿选、政治暴力、内线交易、贪污等社会问题丛生。在这种背景下，全面扫除黑金、肃贪查贿成为当时台湾社会的一致呼声与诉求。

　　2000 年台湾地区出现第一次政党轮替，新上台的民进党提出了"扫除黑金"的司法政策。由于当时台湾地区检察机关内部并未设置肃贪查贿的专门机构,因而,2000 年 6 月 28 日经台湾地区"行政院"决议通过后,台湾"高等法院检察署"于同年 7 月 1 日成立了"查缉黑金行动中心",并陆续于台北、台中、台南、高雄成立了 4 个隶属该中心的"特别侦查组",简称"特侦组",专责查办高官等涉嫌官商舞弊及"黑""白"挂钩的重大贪渎案件。

"查黑中心"及所属四个特侦组成立后,顶着重重压力展开扫黑、肃贪、查贿工作,办理了一批重大敏感案件,其中不乏在台湾社会引起轰动、影响深远的大案、要案,如 2004 年"3·19 枪击案"、2006 年的"国务机要费案"和"立法委员"罗福助舞弊案等等。但由于"查黑中心"及特侦组的成立并无台湾"刑事诉讼法"及"法院组织法"的明文规定与授权,因此,其运行过程中不断遭人诟病,甚至因其并非"法定机构"而被污称为"黑机关"。

为应对上述质疑,2006 年 2 月 3 日,台湾地区"法院组织法修正案"通过,增订了第 63B1 条:"最高法院检察署设特别侦查组,职司下列案件:一、涉及总统、副总统、五院院长、部会首长或上将阶军职人员之贪渎案件;二、选务机关、政党或候选人于总统、副总统或立法委员选举时,涉嫌全国性舞弊事件或妨害选举之案件;三、特殊重大贪渎、经济犯罪、危害社会秩序,经最高法院检察署检察总长指定之案件。特别侦查组置检察官六人以上,十五人以下,由最高法院检察署检察总长指定一人为主任,该组之检察官、检察事务官及其他人员,由最高法院检察署检察总长自各级法院检察署中调最高法院检察署办事。特别侦查组为办案需要,得借调相关机关之专业人员协助侦查。特别侦查组检察官执行职务时,得执行各该审级检察官之职权,不受第 62 条之限制。调办事之检察官行使职权,不受第 66 条之一之限制。立法院得于第一项第一款、第二款之案件侦查终结后,决议要求最高法院检察署检察总长赴立法院报告。""法院组织法"

的上述修订,不仅使特侦组最终赢得了合法的身份,还因特侦组成为台湾地区"最高法院检察署"的常设机构,地位被提升至台湾地区检察机构的顶点。2007 年 4 月 2 日,台湾地区"最高法院检察署特别侦查组"正式挂牌成立,由此揭开了台湾地区特侦组制度以及整个台湾检察制度发展的历史新篇章。

地位与职权

首先,特侦组设于台湾地区"最高法院检察署"内,系台湾地区"最高法院检察署"的常设办案机构之一,受"检察总长"直接领导和指挥,居于台湾地区检察机构的顶点,是台湾检察体系中的最高侦查机构,在办案中根据需要可以直接指挥"高等法院检察署"及"地方法院检察署"检察官。之所以将特侦组内设于"最高法院检察署",目的在于打破检察官辖区和审级的限制,同时以台湾地区"最高检察机关"内设机构的法律地位确保特侦组办案的独立性。因为特侦组所侦办者,皆为大案要案,对象涉及高官政要,若特侦组配置的审级过低,恐难抵挡各种"关说"(指当官者利用职权干扰正常执法或行政活动),其办案独立性将受影响,故而将特侦组配置于"最高法院检察署",以台湾地区"最高检察机关"之名义履职行权,以其高规格、高位阶屏蔽各种"关说",确保其独立办案。

其次,特侦组主要管辖高官要案。根据台湾"法院组织法"第 63B1 条的规定,"最高法院检察署特别侦查组"管辖下列案件:1. 涉及"总统""副总统""五院院长""部会首长"或"上将"阶军职人员的贪渎案件;2. 选务机关、政党或候选人于"总统""副总统"或"立法委员"选举时,涉嫌"全国性"舞弊事件或妨害选举的案件;3. 特殊重大贪渎、经济犯罪、危害社会秩序,经"最高法院检察署检察总长"指定的案件。以上所列之管辖对象或为高官政要,或为牵连台湾地区政治、经济体制之大案、要案,由此可见,特侦组所管辖者皆为高官要案,其目的在于确保台湾地区政治、经济和社会秩序的稳定,是台湾检察体系刻意打造的肃贪反腐的"杀手锏"。

再次,特侦组是台湾地区检察体系的最高侦查机构,故理所当然地直接行使侦查权,同时作为台湾地区最高侦查机构,享有对"高等法院检察署"和"地方法院检察署"侦查组检察官的指挥、监督权。实务中,特侦组专司侦查之责,其所侦办之案件,侦查终结后即移送该管"地方法院检察署"实行公诉并担负执行。例如,在陈水扁舞弊案的一审中,虽然侦查全程由特侦组掌控完成,但最后代表检方提起公诉并出庭支持公诉的却是台北地方法院检察署的公诉组检察官。

特侦组检察官,在某种意义上是一种"特别检察官",因为其履职行权并不受审级和辖区限制。按照台湾"刑事诉讼法"和"法院组织法"的规定,除"最高法院检察署检察总长"以及"高等法院检察署"检察长有职务介入权与移转权之外,一般检察官只能在其配属的法院执行该审级的检察官职权,而不得逾越审级行使其他审级检察官的职权。但特侦组检察官却不受上述规定限制,修订后的台湾地区"法院组织法"第63B1条规定:特别侦查组检察官执行职务时,得执行各该审级检察官之职权,不受第62条之限制。

据此,特侦组检察官可以根据案件的性质,分别行使一、二、三审检察官的职权。换言之,如果案件本属于一审地方法院管辖的,则特侦组检察官可以行使一审检察官的职权;如果案件该属二审法院管辖的,则特侦组检察官亦可行使二审检察官的职权。同时,特侦组检察官履职行权也不受辖区的限制,可以跨司法辖区办案。特侦组检察官履行职权不受审级和辖区限制,使得特侦组办案时具有高度的机动性和协调性。

编制及选任

依据台湾地区"法院组织法"第 63B1 条的规定："特别侦查组置检察官六人以上,十五人以下,由最高法院检察署检察总长指定一人为主任。"同条规定："特别侦查组为办案需要,得借调相关机关之专业人员协助侦查。"据此,特侦组的检察官编制为6 至 15 人,其中设"主任"一人,具体负责领导特侦组的工作;其余特侦组检察官则分为 3 个小组,每个小组设组长一人,并配置检察事务官数名,另配有书记官以及其他行政人员(司机、法警等),以及金融监督管理委员会检查局、赋税署、警察机关支援相关人员若干。但是,自 2007 年第 1 期特侦组成立以来,从未满编。2014 年 7 月第 5 期特侦组成立后,特侦组成员更是缩编为8 人,且不再分组办案,亦不再设组长一职。

根据台湾地区"法院组织法"第 63B1 条第 2 项的规定："特别侦查组置检察官……该组之检察官、检察事务官及其他人员,由最高法院检察署检察总长自各级法院检察署中调最高法院检察署办事。"由此可知,特侦组检察官的人事任命权属于"检察总长"。"检察总长"有权从一、二、三审检察官中,选定他认为适当的人选来担任特侦组检察官。正因为特侦组检察官系由"检察总长"直接选任,并直接指挥,因而,特侦组检察官向来被视为"检察总长"的"嫡系部队"和"子弟兵",唯"总长"马首是瞻。由于台湾地区"法院组织法"在修订设立特侦组的同时,增设了"检察官人事审议委员会",负责审议"高等法院检察署"以下各级法院及其分院检察署主任检察官、检察官的任免、转任、迁调、考核及奖惩事项。因而,"检察总长"在选任特侦组检察官时,并非可以独断专行,而是仍须经由检察官人事审议委员会审议通过。

存废之争

2013 年 9 月,台湾地区特侦组因监听并公开国民党籍"立法委员"王金平与民进党籍"立法委员"柯建铭之间疑似司法"关说"的通话,而引发所谓特侦组滥权监听事件,特侦组也因此陷入争议的漩涡,被斥为独断专行的"司法怪兽";加上特侦组的最高指挥官、时任"检察总长"的黄世铭被指严重违反侦查不公开原则在案件未结的情况下即向"总统"马英九汇报监听内容,特侦组易受"检察总长"掌控、缺乏监督制衡的弊端暴露无遗。因而,朝野之间不断有舆论呼吁修法废除特侦组。

但是,特侦组之设立,本为因应台湾社会肃贪查贿、扫除黑金政治之现实需要而生,草草废除恐难平民意,故台湾法律界的主流意见仍主张维持特侦组之设置,但拟将原隶属"最高法院检察署"的特侦组,降级改隶"台湾高等法院检察署",即将特侦组由目前设在三审的定位、受"检察总长"指挥,改为设在二审("高等法院检察署"),并由"高等法院检察署"检察长指挥。此举既可维持特侦组跨区办案的高度及协调性,又可解决特侦组位阶过高、权力独大、难以监督等问题。

检察日报/2015 年/8 月/18 日/第 003 版

三个特征凸显检察制度发展的东亚模式

众所周知,韩国以及我国台湾地区的检察制度在历史上曾经深受日本检察制度的影响,而日本则先是仿效法国创设了自己的检察制度,后又"以德(国)为师",学习、借鉴了德国的检察制度。可以说,日本、韩国以及我国台湾地区的检察制度基本是以法、德等欧洲大陆法系国家的检察制度为蓝本构建的。但是,法、德等欧洲大陆法系国家与地处东亚、同属儒家文化圈的日本、韩国以及我国台湾地区,在经济、社会尤其是文化传统上毕竟存在着较大的不同,这种国情或区情上的差异,使得日本、韩国以及我国台湾地区检察制度的发展逐渐呈现出自身的某些特色,姑且称之为检察制度发展的东亚模式。

强化检察官侦查权

法国创设检察官制度的目的本在于废除传统的纠问式诉讼,分割、制衡法官权力,防止其集权擅断,故制度设计上检察官的职责重心在起诉而非侦查。将检察官定位为法定的侦查权主体并由其掌控侦查程序,进而实现对国家权力的双重控制、防范警察国家重现,这是德国1871年刑事诉讼法对检察官角色和检察制度的创造性构想和历史性贡献。但在德国司法实务中,检察机关由于人力资源有限,又长期处于有"将"无"兵"的尴尬境地,很难真正担承起所有刑事案件的侦查职能,只能委诸于警察侦查取证。实践中,一般刑事案件均由警察自主展开侦查作业、调查取证,而后才向检察官移送侦查结果,而作为警察名义上的指挥官和上司——检察官在接手案件后最多进行带有补充性质的侦查,即所谓的"二次侦查"。换言之,德国检察官仅是形式上的侦查权主体,警察才是实质上的侦查权主体。正是在此意义上,我们才一直认为侦查职能实际上是法、德等欧洲大陆法系国家检察官的"短板"和"弱项"。

日本、韩国以及我国台湾地区的检察制度"以德(国)为师",沿用了德国刑事诉讼法对检察官侦查权和侦查程序主体的基本角色定位。然而,与德国所不同的是,随着日本、韩国以及我国台湾地区在 20 世纪中叶的经济崛起,其内部也逐渐陷入"黑金"政治的泥淖,官商勾结、腐败丛生。深受儒家文化影响的人民,渴求政治清明和社会清廉,故将革故鼎新的希望寄托于身负打击犯罪职责的检察官身上,由此导致上述国家和地区的检察官逐渐从"幕后"走向"前台",一跃成为打击犯罪的急先锋,开始自行组建大型、专业化的侦查组织和机构,亲自担负起侦查犯罪尤其是职务犯罪的职责。这方面最典型的是日本,其于 1949 年在东京地检署首创"特别搜查部"(简称"东京特搜部"),调集了国内最优秀的资深检察官,组成了一个大型、成建制、专业化的侦查机构,专责侦办高官贪渎犯罪和重大经济犯罪案件。东京特搜部创设后,连破大案,在打击政治高层腐败以及重大经济犯罪方面成效显著,日本遂又陆续在大阪、名古屋地检厅分设了两个特别搜查部,从而在检察机关内部形成了打击政治高层贪渎犯罪和重大经济犯罪的侦查"铁三角"。正是在日本的影响下,韩国检察机关也在各级地检厅内设置了专门的反腐机构——特别搜查部,更是在其最高检察机关——大检察厅内专门设置了"中央搜查部",负责侦办政府高层官员的贪腐案件。诸如广受世人关注的韩国前总统全斗焕与卢泰愚贪污案,前总统卢武铉涉嫌于2002年总统选举期间违反政治献金法案等大要案,皆由韩国大检察厅中央搜查部一手查办。而我国台湾地区先是于2000年在台湾"高等法院检察署"下设立了"查缉黑金行动中心",并陆续于台北、台中、台南、高雄成立了4个隶属该中心的"特别侦查组"(简称"特侦组"),专责查办涉嫌官商舞弊及"黑""白"挂钩的重大贪渎案件。后又于2007年4月2日成立了台湾"最高法院检察署"特别侦查组,专责查办政治高层贪渎舞弊案。

在检察机关内部组建专门打击职务犯罪和经济犯罪的大型、专业化侦查组织和机构,使得检察机关拥有了直属的侦查部队,能够独立、自主地展开大规模侦查作业,这是法、德等欧洲大陆法系国家检察制度未曾有过的尝试,它极大地强化了检察官的侦查职能,使检察官摆脱了警察在侦查权行使上的牵制与掣肘,终成为名副其实的侦查权主体,更有利于检察官充分发挥其国家权力之双重控制功能,是对检察制度的进一步发展、完善。

发展"多检种联合作战模式"

在法、德等欧洲大陆法系国家,检察官历来被誉为"孤独的英雄",其中一个重要原因即检察官办案向来是"单兵作战"。为了弥补检察机关有"将"无"兵"、人力不足的缺陷,法、德等国在立法上将警察配置为检察官的辅助机构,并明确了检察官对警察的指挥监督权,由此确立起"检、警一体化"的侦查体制。但由于检察官与警察在体制上分属两个部门,各自司法角色和机关文化皆不相同,实践中很难实现跨机构的指挥、合作,以至于法、德等国司法实务中长期以来一直存在着立法与实践相脱离的

"两张皮"现象——检察官事实上无力指挥警察,检、警两机关基本上各自为战。故而,法、德等国检察官有"将"无"兵"的困境并没有因为"检、警一体化"机制的设立而有所缓解,检察官"单兵作战"的办案模式仍维持如旧。

日本、韩国以及我国台湾地区的检察制度基本移植德国模式,因而实践中也普遍存在检察官指挥警察有心无力,实战中检、警各自为战,检察官"单兵作战"的问题。随着日本、韩国以及我国台湾地区检察官侦查职能的强化,办案量陡增,案多人少的问题日益突出,传统的检察官"单兵作战"模式已经难以为继。况且,检察官侦查职能的强化,带来的不仅是工作量的加大,还包括侦查作业方式的改变。一方面,传统的检察官单兵作战模式对应的是检、警合作下检察官的"二次侦查"模式,但在检察官走上前台、独立承担起贪渎犯罪和经济犯罪的侦查任务后,"二次侦查"已经让位于"直接侦查"和"全面侦查"。面对重大、复杂的贪渎犯罪和经济犯罪,尤其是那些高组织化、高科技化、高隐秘性的跨区域经济犯罪,检察官"单兵作战"根本无力完成侦查作业和调查取证的任务,而必须调集大量人力、物力,以"大兵团联合作战"的方式对犯罪呈围剿之势,方能有效地遏制犯罪。在这个意义上可以说,传统的"单兵作战"模式已经不能适应日本等国检察官侦查实践之所需。另一方面,现代犯罪的高度专业化和高科技化已经成为"新常态",这就要求承担侦查职能的检察官必须具备相关的专业知识和技能,如此方能有效地展开侦查作业,但这恰恰又是以法律为主业的检察官所欠缺的,而缺乏专业和技术支撑的检察官"孤军深入"往往难以克敌制胜。传统的书记官等辅助角色,虽然可以为检察官提供后勤保障,但却无力为检察官提供专业和技术上的支持,检察官迫切需要精通专业技术的助手,如此才能形成打击犯罪的合力。在这个意义上可以说,检察官"单兵作战"的传统办案模式已经无法有效应对现代犯罪情势之发展。

众所周知,作为打击犯罪的主力军,警察的侦查作战能力主要是强在侦查一体化原则下多警种之间可以协同作战,刑事警察主攻,民警、交警、网警等其他警种协同配合,协同作战,并由此形成立体攻防体系。或许正是受此启发,为了摆脱长期以来检察官人力不足、"检、警一体化"机制功能有限的困境,以日本为代表的东亚国家和地区,开始尝试通过增加检察机关内部的职员类型、直接为检察官配备辅助人员的方式来发展"多检种联合作战"模式,以取代传统的检察官"单兵作战"模式。以日本为例,根据日本检察厅法的规定,检察机关内部的职员设置包括检察官(检事总长、次长检事、检事长、检事、副检事)、检察事务官、检察技官。其中检察事务官和检察技官都属于检察官的辅助人员。日本检察厅法第 27 条规定,检察事务官,受检察官或其他上级官员之命,掌管检察厅事务,并辅佐检察官或受其指挥进行侦查。在检察官不足时,则由法务大臣指定检察事务官代行处理检察官事务。同时,日本检察厅法第 28 条又规定,检察技官,受检察官指挥,掌管技术。根据上述规定,检察事务官和检察技官都是检察官办案时的专业助手,能够为检察官办案提供人力和技术上的辅助、支撑,从而形成了"多兵(检)种"联合办案的团队化办案机制。而在韩国,各级检察厅内部除检察官外,也设置有搜查官一职,以辅助检察官履行职权。韩国的搜查官相当于日本的检察事务官,但又兼有书记官的部分功能。根据韩国刑事诉讼法和检察厅法的规定,搜查官负责案件的讯问、调查、制作文书,在简易案件中甚至可以作为检察官的职务代理人,代理检察官履行控诉职责。至于我国台湾地区,亦于 1999 年修改其"法院组织法",在检察机关内部增设检察事务官一职。根据台湾地区"法院组织法"第66条之2的规定："各级法院及其分院检察署设检察事务官室,置检察事务官,荐任第七职等至第九职等;检察事务官在二人以上者,置主任检察事务官,荐任第九职等或荐任第十职等;并得视业务需要分组办事,各组组长由检察事务官兼任,不另列等。"其第66条之3第一项又规定："检察事务官受检察官之指挥,处理下列事务:一、实施搜索、扣押、勘验或执行拘提。二、询问告诉人、告发人、被告人、证人或鉴定人。三、襄助检察官执行其他第60条所定之职权。检察事务官处理前项前二款事务,视为刑事诉讼法第30条第一项之司法警察官。"

在检察机关内部增设检察事务官或搜查官以及检察技官等类似职务,无疑为冲锋陷阵的检察官配备了辅助的友军部队,从而形成了"多检种""大兵团"协同作战的有利态势。由于检察事务官、检察技官等直接隶属于检察机关,系检察官的"子弟兵"和"嫡系"部队,不存在指挥、调度不灵的问题,而是"招之能来、来之能战",这就克服了传统"检、警一体化"机制的弊端。可以说,有了检察事务官、检察技官等"子弟兵",除非需要展开大规模侦查作业,一般情况下检察官已经不再需要调度警察协助办案。更为重要的是,检察事务官、检察技官等皆从财经、电子、建筑等具有特定专业知识背景的人中选任,可以凭借其特殊专长在侦查作业、调查取证、事实认定等方面为法律专业出身的检察官提供知识和技术上的辅助、支持,成为检察官办案时的专业助手,有效弥补了检察官专业知识不足的缺陷,极大地提高了检察官办案的效率和能力。

塑造检察官独任制官厅地位

自法国创设检察官制度以来,检察官即具有半司法、半行政的双重属性。检察官的司法属性要求其保持办案履职的独立性，而检察官的行政属性则要求全体检察官作为一个阶层化组织贯彻上命下从、上下一体原则。然而，检察一体与检察独立之间在一定程度上又存在着一种此消彼长的零和关系，如何平衡检察机关内部检察一体与检察独立之间的这种内在紧张关系，一直是世界各国检察官制度改革发展的中心议题。

作为检察官制度的滥觞之地，法、德等欧洲大陆法系国家一直坚持传统的检察机关首长代理制，即将检察官视为检察首长的代理人，检察官履行职权皆以检察首长的名义进行。例如，德国法院组织法第 144 条规定，检察院实行首长代理制，即检察官系检察长之代理人。这种首长代理制实际上是对检察官行政属性的强调。因为，在法理上，只有行政机关才实行首长负责制，视行政首长为职权和责任主体，而行政下属则并不具有独立负责的主体地位，不过是机关首长的代理人而已，其所行使之职权亦非本身所固有，而是来源于机关首长之授权。同理，检察机关实行首长代理制，也就意味着检察官并非自主决定、独立负责的主体，而只是检察长的代理人，其职权亦来源于检察长之授权。深入分析，这种首长代理制与检察官的司法属性和检察独立原则所强调的检察官办案主体地位是有一定冲突的。正是为了平衡这一冲突，德国学理上将检察机关的首长代理制解释为一种当然代理，即检察官履行职权无须检察长特别授权。实务中德国检察官是以检察长的名义、自己署名履行职权，即使检察官在对外履行职务行为时违背检察长的意思，其职务行为仍然有效。

虽然德国学理界试图通过迂回解释的方式平衡首长代理制与检察独立原则之间的冲突，但这一解释的内在逻辑性仍值得商榷。值得注意的是，在这一问题上，日本的检察理论和实践取得了一定的突破和创新。在当今日本检察界，已经不再坚持传统的首长代理制,而是转向检察官独任制,即将检察官视为独任制官厅,每一名检察官都是履行检察职权、执行检察事务的独立单位。官厅独任制与首长代理制的最大区别就在于:首长代理制坚持一切权力归于检察长,检察官并非权力主体,其权力来源于检察长之授权,检察官履行职权必须以检察长之名义进行;而官厅独任制则强调检察权的主体是检察官而非检察长,每一位检察官都有行使检察权的资格和权限,而非只有检察厅首长才有这种权限,检察官的权力来源于法律的直接授权,检察官履行职权都是以自己个人的名义而不是以检察长代理人的名义。正因为如此,日本关于检察官履行职权的相关法律如检察厅法和刑事诉讼法中检察职权的授权对象都是检察官,而非检察长。日本的官厅独任制对于韩国和我国台湾地区产生了直接的影响,韩国的刑事诉讼法、检察厅法以及我国台湾地区的"刑事诉讼法"和"法院组织法"中检察权的授权对象都是检察官而非检察长。

较之于法、德等国的首长代理制,日本、韩国以及我国台湾地区奉行的官厅独任制显然更为强调和突出检察官的司法属性和检察独立原则。在官厅独任制下,检察官是具有自主决定权和代表国家意志的独立主体,而非检察首长的代理人,这使得检察官始终处于自主决定、独立负责的办案主体地位。检察官的这一自主决定、独立负责的办案主体地位,正是检察官司法属性的集中体现,亦是检察独立原则的具体要求和体现,并使得检察官与一般行政机关完全区别开来。正是在这个意义上,可以说,日本、韩国以及我国台湾地区倡导的官厅独任制,更为符合检察制度发展的客观规律,是检察制度发展史上的一个重要创新和贡献。

检察日报/2016 年/3 月/29 日/第 003 版

台湾地区检察官员额配置与"入额"标准

检察官员额制，表面看来似乎仅仅是一项关乎检察官人数规模、功能较为单一的制度设计，但实际上其设计和运作仍然贯穿和体现了检察权运作的基本原理。我国台湾地区实行检察官员额制经年，积累了较为丰厚的制度和实践经验，解读其中的关键性制度设计，对于我们当前正在进行的检察官员额制改革不无裨益。

检察官员额的配置属于司法行政权的范畴

在台湾地区，"司法官"的概念包括法官、检察官，两者同时被归入"中央政府"机关公务人员的范畴，因而，法官和检察官的员额数受"中央政府机关总员额法"的调整（台湾地区的法官被列为其中的第三类人员、检察官被列为第四类人员）。实务中，台湾地区的"中央政府机关总员额法"仅明确规定了第三类人员和第四类人员员额总数之上限，至于各级法院法官和检察署检察官的员额数具体如何配置，则由其各自所属一级机关（即"司法院"和"行政院"）在员额总数内自行往下分派。

台湾地区践行孙中山先生倡立的"五权宪法"理论，强调行政权、立法权、司法权、弹劾权、考试权，各自独立运作并互相监督制衡。其中,台湾地区的检察机关虽然在功能上被视为广义的司法机关的范畴,但在组织体系上却历来隶属于"行政院"的"法务部",因而,与台湾地区各级法院配置的法官员额数由"司法院"在"中央政府机关总员额法"规定的最高限额内自行决定不同,台湾地区"最高法院检察署"以及地方各级法院检察署所应配置的检察官员额数,并非检察机关可自主决定之事项,而被视为司法行政权的范畴,只能由检察系统名义上的主管行政上级——"行政院"("法务部"并非一级机关)来决定。实务中台湾地区"最高法院检察署"和地方各级法院检察署应配置之检察官的员额数,均由"法务部"核定后报"行政院"人事行政总处决定。

此外,由于台湾地区的检察官还需要通过法官、检察官资格考试后录取,因此,若检察机关内部因为检察官离职、退休等出现员额空缺时,或者需要新增加检察官员额时,"法务部"还需要会办"考试院"的"考选部",提出需要增补的员额数并协商确定考试录取人数。

检察官员额数的计算方法和标准

在台湾地区,根据案件数来确定各级检察机关应配置之检察官的员额数,被认为是最公平、合理的方法,因而,实务中各级检察机关的检察官员额数,基本是参考案件数来确定的,且每年都在调整、变化。其中,台湾地区"最高法院检察署"以及花莲(东)、台中(中)、台南(南)等三个高分检,因为并不直接承办基层案件,因而其检察官员额数总体上是相对固定的(2015 年,"最高检察署"检察官员额数为 19 人、高分检检察官员额数为 181 人,共 200 人,但"最高检察署"特侦组检察官不占"最高检察署"的员额),每年略有微调但变化不大。实务中其检察官员额数的调整,主要取决于各年度"换防"、调动的检察官人数的多寡。台湾地区"法务部"每年在对"最高法院检察署"和高分检检察官进行例行调动时,亦会根据当年度的调升人数,适度作出调整、平衡,但原则上都控制在核定的检察官员额数之内。

至于处于基层的各地检署的检察官员额数,则因为案件数量的多寡而有分级别,原则上直接承办的案件数量越多,配置的检察官员额数也就越多。例如,台北地检署是目前台湾各地检署中检察官员额数最多的,盖因其直接承办的案件数(一年三万多件)在台湾号称第一。虽然根据案件数配置检察官员额数,是相对公平、合理的方案,但亦并非绝对,因为对于检察官的办案工作量计算而言,除了案件数量之外,案件本身的疑难、复杂程度,也是一个重要因素。例如,金门地检署与台北地检署相比,前者规模远小于后者,无论如何计算,金门检察官的办案数量和难度,都绝对无法和台北检察官相比。目前台湾各地检察署的检察官员额总数为 1161 人(2014 年),由于实践中案件量每年都在发生变化(总体上呈上升态势),因而台湾地区各地检署的检察官员额数每年都要检讨,通常像台北地检署这样的大署,案多又繁杂,每年都会向其主管上级"法务部"申请增加检察官员额,但成与不成、给与不给,就要看"法务部"的评估和态度了。

检察官如何才能"入额"

根据台湾"法官法"的规定,所谓"检察官"一职,包括了候补检察官、试署检察官和实任检察官。台湾地区的候补检察官、试署检察官本身也属于检察官序列,是员额制内的检察官,具有独立办案权(实务中,候补、试署检察官一般只承办简单案件)。

在台湾地区,经法官、检察官考试及格,即有资格被任用为候补检察官。台湾地区的"法务部"内设有检察官遴选委员会,通过检察官资格考试者,经检察官遴选委员会任用即可担任候补检察官,任用为候补检察官即可视为"入额"。候补检察官的候补期间为五年,候补期间届满,应陈报"法务部"送请检察官人事审议委员会审查其服务成绩(包括学识能力、敬业精神、办案品质、品德操守及身心健康情形),审查及格者予以试署,即担任试署检察官,试署期间一年。试署期满时,再陈报"法务部"送请检察官人事审议委员会审查,审查及格者,开始担任实任检察官。经检察官人事审议委员会审查为不及格的,应予两年之内再予考核,报请审查,仍不及格时,停止其试署、候补并予以解职。

此外,根据台湾地区法官法的规定,曾任公设辩护人六年以上,或者曾实际执行律师职务六年以上,成绩优良,具拟任职务任用资格,又或者公立或经立案之私立大学、独立学院之法律系或其研究所毕业曾任教育部审定合格之大学或独立学院之专任教授、副教授或助理教授合计六年以上,讲授主要法律科目二年以上,有法律专门著作,具拟任职务任用资格的,经遴选为检察官的,先任用为试署检察官,试署期间两年,试署期满时,陈报"法务部"送请检察官人事审议委员会审查,审查及格者,始授实任检察官。因此,对于上述人等而言,其被任用为试署检察官即可视为"入额"。

至于曾经担任候补、试署、实任法官或检察官,又经遴选为检察官的,则应分别任用为候补、试署、实任检察官。例如,之前曾任试署检察官,但随后离职,后又被遴选为检察官的,则仍应任用为试署检察官,其被任用为试署检察官即视为"入额"。

检察长是否"入额"

在台湾地区,关于检察长是否"入额"的问题,是个伪命题。因为,在台湾地区检察机关的组织体系中,检察长一职是由检察官兼任的,即检察官兼任检察长,这意味着台湾地区的检察长在法律上具有双重身份:首先,他(她)是检察官,具有检察官身份,即检察长如同其他检察官一样,享有"法律"赋予检察官的所有职权,他可以检察官的身份亲自承办具体案件(这是检察长行使职务收取、移转权的基础);其次,他(她)是检察机关的首长——检察长,他依"法"享有对本机关内部的最高行政事务管理权和最高业务指挥权。因而,台湾地区的检察长一定是"入额"的,因为,若非员额制内的检察官,则他(她)根本没有担任检察长的资格和可能。

台湾地区之所以强调检察长必须"入额",只能由员额制内的检察官兼任检察长,是因为"检察长"一职,不仅是台湾检察机关内部的最高行政职位和职级,同时还享有对所属检察官承办之检察业务的指挥监督权和职务收取、转移权,系检察权运行的最高指挥层级,若检察长不"入额"、不具有检察官身份,则根本无法行权,所谓"检察长"一职也就名不副实。更为严重的是,检察长不"入额",可能导致检察机关因为缺乏最高指挥官和决策者而陷入盲动和混乱。故而,检察长必须入额,只能由检察官兼任检察长。这一点也是检察机关区别于一般行政机关之处。

但要注意的是,在台湾地区,检察长虽然要"入额",但原则上并不承办具体案件,台湾地区"法务部"既不硬性要求检察长必须亲自办案,实务中也不考核检察长的办案量,这是因为,首先,由于角色和职能的差异,"检察长"一职主要承担着检察机关内部的行政事务管理职责和业务指挥监督职责,因而,办案并非其核心工作,甚至不是其主要工作。办案能力强,并不能表明其就是一个合格的检察长,相反,检察长应当将其主要精力放在检察机关内部的行政事务管理和业务指挥监督上,判断、考核一位检察长是否称职,关键是看其对检察机关内部的行政事务管理和检察业务的指挥监督是否到位,而不是亲自办案的数量。其次,台湾地区虽然并不强调检察长亲自承办案件,但因为其需要履行业务指挥监督职责,对一线检察官承办的具体个案行使指挥监督权,因而实际上检察长很多时候也在办案,只不过并非直接承办案件而是指挥办案,对于侦查案件而言,指挥办案可能比具体承办案件更为重要。当然,在特殊情况下,例如,检察长对案件行使职务收取权时,检察长亦可亲自承办该案件,但这在台湾司法实务中相当少见,即使检察长不同意承办人的意见,也更多是行使职务移转权,即将争议案件移转由其他检察官承办,而甚少自行接办,这主要是基于工作精力和工作重点方面的考虑。

检察官员额与检察官职务相分离

在台湾地区,检察官是一项法律(司法)职务,而检察官员额则是一个配置于检察署的工作岗位,两者是相对分离的,检察官调离其工作岗位,并不会导致其法律职务的解除。例如,检察官个人可能因为调派司法研修所担任教习或调任"法务部"从事行政管理工作而离开原工作的检察署,脱离办案岗位。此时,该检察官因为已经离开原检察署并脱离办案岗位,不可能再占据原检察署的检察官员额,原检察署遂出现员额空缺,"法务部"可能会从其他地方调任检察官来填补这一空缺。但另一方面,被调职的检察官的法律职务却并不会因此而被解除,他(她)仍然将享受检察官的薪酬包括司法加给。这表明,台湾检察官的法律职务与员额是脱钩的,只要检察官的法律职务未被解除,即使未在办案岗位,仍然将享受检察官的薪酬待遇。

之所以如此规定,一方面是严格贯彻对检察官的司法独立性保障,即检察官的法律职务受法律保护,一经任用,非法定理由不得免除。另一方面,检察官之所以从办案岗位调任行政岗位工作,本身系受上级指挥、调派之结果,换言之,检察官是服从上级指令转任行政工作,并非贬黜,怎么能够因为检察官服从上级指挥、调派,反而降低其薪酬待遇呢?若是如此,上级完全可能借调派工作岗位之名行"打压"检察官之实。况且,在同一机关内部,具有同样身份和资历之人,却仅仅因为工作岗位不同,即导致薪酬待遇上的较大差距,也容易滋生内部矛盾,使士气低落。当然,如果检察官的法律职务被解除或检察官个人自行辞职(即辞去其法律职务),则自当不再享受检察官的薪酬待遇。

检察日报/2016 年/8 月/16 日/第 003 版

注:本文系与杨炯合著

完善刑诉法修正案草案的三点意见

刑事诉讼法修正案(草案)已向社会公开征集意见,其增修的条文几乎占刑事诉讼法条文的三分之一强,诸多制度有较大突破,在人权保障标准、犯罪控制能力以及诉讼效率方面有着明显的整体提升,取得的突破不容否定。但笔者认为,草案内容仍有一些缺憾,需要进一步完善。

一是虽然草案着力凸显被追诉人的程序主体地位,但不得不指出的是,现有规定下被追诉人的诉讼地位并未发生实质性改变,仍然显得比较"单薄"。如草案虽赋予了被追诉人反对强迫自证其罪的权利,但同时又保留了被追诉人的"如实陈述"义务,前后矛盾的立法表述,可能削弱了确立反对强迫自证其罪规则的人权保障意义。

二是行政型的侦查程序并未发生结构性改变。虽然此次草案中通过改革证人出庭作证制度和鉴定人出庭作证制度等,完善了一审程序,在一定程度上有助于确立"一审中心主义",克服传统的"侦查中心主义"的结构性弊病。但是,处于问题核心的侦查程序本身却并未发生任何结构性改变。

草案在程序理念方面的一个重大突破体现在强制医疗司法审查机制的建立,即强制医疗仅能由作为司法机关的人民法院决定。但除此之外，侦查程序整体上仍然缺乏中立第三方的介入，强制侦查措施包括对人强制侦查措施（如拘留）、对物强制侦查措施（如搜查、扣押等）以及此次草案中新增的特殊侦查措施的适用与启动，仍然沿用传统的"内部审批"模式，缺乏中立第三方的介入、审查，这使得侦查程序在结构上仍然呈现出"两方组合"的行政型程序特征。在这种行政型程序结构中，侦查机关的权力因为缺乏牵制而过强、过大，而被追诉方则因为缺乏中立的司法保护而地位堪忧。

三是被害人仍处于"被遗忘的角落"。被害人亦为程序之主体，因而如何有效保障被害人的权益，也应成为刑事诉讼法修改所关照的基本价值目标之一。草案虽然增设了公诉案件的和解程序，使被害人的经济损失可能藉由该程序而获得部分补偿，但该程序仅适用于因民间纠纷而引起的可能判处三年有期徒刑以下刑罚的案件或者除渎职犯罪以外的可能判处七年有期徒刑以下刑罚的过失犯罪案件，覆盖面有限。除此之外的大多数刑事案件的被害人仍然只能寄望于通过刑事附带民事诉讼程序救济自身权利，然而，问题丛生的刑事附带民事诉讼程序在草案中却未作出任何调整，这使得被害人的权益仍然无法得到有效的救济，需要引起重视。

另外，1996 年刑事诉讼法实施情况表明，因为实践中对于刑事诉讼法的解释和适用，缺乏基本的方法论指引和必要的技术规范，一些当初设计良好的法律条文在实践中遭到曲解甚至背离。而在此次草案中，立法者引入了一些新的概念、术语和制度，例如，证明标准中的"排除合理怀疑"、非法物证排除中的"严重影响司法公正"，等等。对这些新的概念、术语和制度，能否作出符合时代精神和需要的解释，将直接决定着其施行效果。因此，只有在司法环节创建一套正确解释、适用刑事诉讼法的方法、技术,并据此对充斥于刑事诉讼法之中的诸多概念、术语作出合理、妥当的阐释,方能构建刑事程序法治化的微观基础。

检察日报/2011 年/10 月/10 日/第 003 版

"刑讯逼供等"非法手段之"等"的理解

2010 年六部门颁布的《关于办理刑事案件非法证据排除若干问题的规定》（简称《非法证据排除规定》）第一条明确规定："采用刑讯逼供等非法手段取得的犯罪嫌疑人、被告人供述和采用暴力、威胁等非法手段取得的证人证言、被害人陈述，属于非法言词证据。"由此建立起我国非法证据排除规则的基本程序框架，但是，对于"刑讯逼供等非法手段"之"等"字，究竟应当如何理解和解释，之前的刑事诉讼法和司法解释以及此次颁布的《非法证据排除规定》，均语焉不详，既未给出明确的定义，亦未列举典型的行为样态，以至于在实践中普遍感到难以准确把握。在此，笔者拟站在法解释学的立场上对"等"字的具体内涵与外延进行研讨，以期为实务中操作《非法证据排除规则》提供一种思路。

文义解释：从"等"字的语义结构分析

作为助词的"等"字在汉语中往往表列举未尽之意，《刑事诉讼法》中并不缺乏使用"等"字表列举未尽的例证。从语义结构分析，在《非法证据排除规定》第一条中，"等"字作为助词在条文中与"刑讯逼供"一词连用，也是用以表明一种列举未尽之意，而从"刑讯逼供等非法方法"这一词组的结构来看,"等"的插入,形成了一个"种十等十属"的语义结构,"等"字前为下位概念的种指("刑讯逼供"),"等"字后为上位概念的属指("非法手段")。这一语义结构,意味着在"等"字的解释上,必须同时满足两点要求:

其一,"等"字所指与"刑讯逼供"必定系同"属",两者应具有同质性,即皆类属于"非法手段"。所谓"非法手段",专指"取证手段违法"之情形,至于"取证主体违法"抑或"证据形式违法",则均不属于"等"字所指范畴,司法实务中不得作为非法证据予以排除。例如,故意杀人案案发后,凶手在现场给朋友打电话,自陈作案杀人,要求朋友准备现金及车辆,以备逃跑所用。谁知隔墙有耳,被邻居用手机录下其打电话过程,其中有凶手自陈杀人云云。该录音虽非侦查机关依法录制,取证主体不合法,但却并非以"非法手段"获取的证据,因而并非非法证据,也不在《非法证据排除规定》第一条"等"字所指范畴之内。再如,侦查机关制作的犯罪嫌疑人讯问笔录中,时间、地点均有误,也只有一名侦查讯问人员签字,明显属于形式不合法的证据,但却并非以"非法手段"获取的证据,因而并非非法证据,也不在"等"字所指范畴之内。

其二,"等"字所指与"刑讯逼供"必定系同"种",两者应具等效性,即必须在违法强度上相当于或接近于"刑讯逼供"的非法取证行为,才能被纳入"等"字的解释范畴。

"刑讯逼供"作为一种取证手段,之所以在现代刑事诉讼法中遭到禁止,主要是基于两方面原因:一是刑讯逼供以折磨被追诉人的肉体或精神来逼取供述,严重侵犯被追诉人的基本人权,程序上极不人道,违背刑事诉讼法保障人权的价值目标;二是刑讯逼供往往"屈打成招",容易诱发虚假供述,违背刑事诉讼法发现实体真实的价值目标。据此,在法解释上,要求"等"字所指与"刑讯逼供"具等效性,即意味着凡是那些严重侵犯被追诉人基本人权、在程序上不人道或者容易诱发虚假证据的取证手段,都应当纳入"等"字的解释范畴。

例如,违法羁押本属法律所禁止的行为,违法羁押严重侵犯被追诉人基本人身自由,属侵犯公民宪法性基本人权的重大程序违法,且经验表明,在违法羁押状态下取供,极易诱发虚假供述,因此,违法羁押状态下所取口供,当然属非法手段取证,应纳入"等"字所指范畴。

再如,侦查机关通过非法监听获取被追诉人的自白,虽然该自白确系被追诉人自愿作出,并无强迫或虚假成分,但由于侦查机关实施监听的程序违法,侵犯公民言论自由以及隐私权,属于侵犯公民宪法性基本人权的重大程序违法,因此,仍应属于"等"字所指以非法手段取供之范畴。

历史解释与目的解释:"等"字的缘起与目的

从语言学角度分析,《非法证据排除规定》第一条中的"等"字的使用并不符合汉语的用语习惯,因为在汉语中,当使用"等"字表示列举未尽之意时,一般在"等"字之前往往会有两项或两项以上的列举项,常见的如"京、津等地"、"篮球、足球、羽毛球等球类项目"。而在《非法证据排除规定》第一条中"等"之前仅有一个列举项——"刑讯逼供",那么,为什么《非法证据排除规定》要采取这样一种不尽符合汉语用语习惯的用法呢?

不得不说其中实有不得已的苦衷。1997 年《刑事诉讼法》第四十三条明确规定:"严禁刑讯逼供和以威胁、引诱、欺骗以及其他非法的方法收集证据。"最高人民法院《关于执行〈中华人民共和国刑事诉讼法〉若干问题的解释》第六十一条也规定:

"严禁以非法的方法收集证据,凡经查证确实属于采用刑讯逼供或者威胁、引诱、欺骗等非法的方法取得的证人证言、被害人陈述、被告人供述,不能作为定案的根据。"最高人民检察院《刑事诉讼规则》第二百六十五条也有类似规定。由此可见,在《非法证据排除规定》之前的立法和司法解释,无一例外均将"威胁、引诱、欺骗"性取证,与"刑讯逼供"并列为非法取证手段之一,予以明文禁止。

但是,从诉讼法理上讲,这一做法显然过于绝对,因为,基于打击严重刑事犯罪的需要,各国法律和司法实务中对于"威胁、引诱、欺骗"性取证,都采取了一定的"容忍"态度,除了那些极端反人性的、突破基本社会道德底限的威胁、引诱、欺骗性取证手段之外,一般情况下侦查机关采取威胁、引诱、欺骗性取证,并不视为违法,因而,没有必要在立法上一概禁止。正是考虑到这一点,在《非法证据排除规定》制定过程中,主导意见认为:对于以威胁、引诱、欺骗的方法搜集的证据,应综合多种可能损害公正审判的因素决定是否排除,考虑司法实践需要,对此问题不必苛求严格,因此暂不作出规定。

由此可见,从规则制定的原意上讲,《非法证据排除规定》第一条对"等"字的使用之所以不尽符合汉语的用语习惯,实乃回避威胁、引诱、欺骗性取证的合法性问题所致。但是,"暂不作出规定",并不意味着该类取证行为即一律合法,从刑事诉讼法保障人权这一目的出发,运用历史解释和目的解释的方法,对于那些极端反人性、突破基本社会道德底限的威胁、引诱、欺骗性取证手段,仍应将其纳入"等"字的解释范畴予以禁止。

例如,司法实践中,侦查机关往往以追究近亲属的法律责任为名对被追诉人进行威胁,常见审讯用语如"你不说,就追究你妻子(丈夫)的刑事责任。我们有证据表明,她(他)也参与你的犯罪行为"。这种以追究家人的刑事责任相威胁的审讯方式,伤害了一个社会最基本的家庭人伦,属于突破基本社会道德底限的威胁性取证,应属法律禁止的非法手段取证,在法解释上应纳入"等"字所指范畴。

再如,司法实务中曾有警察知晓犯罪嫌疑人颇为迷信,遂利用这一点将嫌疑人在晚间带至已死亡的被害人灵堂前,命令嫌疑人在该处向被害人道歉或跪拜,并告诉嫌疑人若不承认犯罪,被害人断不会放过他,试图以神鬼迷信影响嫌疑人的心神,逼其供述。此种做法,系利用嫌疑人的迷信心理施加欺骗和威胁,本质上违反了反对强迫自证其罪的国际公理,理论上也认为属于以非法手段获取的口供。

比较法解释:药物审讯、催眠审讯是否属于"等"字范畴

从世界范围看,主要法治国家,如德国、日本、法国等,都在其刑事诉讼法甚或宪法中明文设定了禁止违法取证的条款。我国属于法制后发展国家,法律移植与借鉴是我们建设法制的基本路径,《非法证据排除规定》第一条的制定,毫无疑问也借鉴了法治国家的相关立法经验,因此,在法解释上探讨"等"字内涵及其所指范畴时,实有必要从比较法解释的角度进行分析。

例如,关于药物审讯和催眠审讯的合法性问题。部分神经类药物对人的中枢神经系统有抑制作用,服用类似药物,会使人进入一种假眠状态,但又不影响其下意识活动。侦查实践中,有侦查人员利用这一点而在审讯前要求犯罪嫌疑人服用"迷幻剂"或注射"吐真剂"、"诚实剂"等类似药物,而嫌疑人在服用药物进入假眠状态后往往会不由自主地供述自己所知道的一切。此外,不借助药物而采用催眠术,侦查人员也可使嫌疑人进入催眠

状态进而获取其供述。但问题是,这种借助药物和催眠术进行的审讯是否合法?

域外立法例来看,大多数法治国家如德国、法国等均明文禁止以"服用药物"或"催眠"的方式取证,例如,德国刑事诉讼法第136条即明确规定,以虐待、疲劳战术、伤害身体、服用药物、折磨、欺诈或者催眠等方法,或者有损被指控人记忆力、理解力的措施,获得的被指控人的陈述,禁止使用。

可见,从比较法解释的角度讲,药物审讯在程序上极不人道,且违背国际公约关于被追诉人享有反对强迫自证其罪的特权,自属非法取供,可纳入"等"字所指范畴。

但是,对于催眠取证来说,因为目前的科学研究并未表明,实施催眠必定会对人的肉体或精神造成损害,因而,不宜将催眠认定为刑讯逼供而一概禁止。但是,一方面,科学研究已经表明,人在被催眠时,处于高度的受建议、暗示的精神恍惚状态,在此状态下的陈述,很难保证真实性和可靠性,另一方面,未经当事人同意而强行催眠违反"反对强迫自证其罪"的国际公理。因而,对于催眠证据也不宜一概肯定其证据能力。折中而言,笔者建议,目前可以允许侦查机关在征得犯罪嫌疑人同意的前提下,为获取侦查线索或排查嫌疑人,而在侦查中使用催眠,但应禁止催眠证据作为定案根据使用。

检察日报/2011年/7月/11日/第003版

撤回起诉效力三问

　　所谓撤回起诉,是指检察机关提起公诉后,发现该起诉实际并不符合起诉条件、不应当起诉的,撤回对该案件的起诉。撤回起诉,作为检察院公诉权裁量性和客观性的体现,为各法治国家刑事诉讼法所普遍认同。我国刑事诉讼法虽然并未明确规定检察机关的撤回起诉权,但是"两高"的司法解释均肯定了检察机关有权在人民法院宣告判决前撤回起诉;更为重要的是,我国刑事诉讼法既已明确赋予检察机关起诉裁量权,那么公诉之提起或放弃,则完全属于检察机关的职权范围,检察机关既然有权在起诉前以不起诉的方式放弃起诉,那么在起诉后,发现案件实际上并不符合起诉条件、不应当起诉的,检察机关当然亦可以撤回起诉的方式放弃起诉,这符合当然解释的法理。因此,实践中我国检察机关行使撤回起诉权并无合法性争议。然而,近年来发生的一些撤回起诉的案例表明,理论上和实践中对于撤回起诉的法律效力,仍存在一些误解,致使实务操作中出现一些违背法理之处,有必要予以探讨。

问题一：撤回起诉后是否还需要作出不起诉决定？

[**案例 1**]　在震动全国的胥敬祥冤案中，河南省鹿邑县农民胥敬祥因涉嫌抢劫、强奸罪于 1992 年 4 月被逮捕，后被"屈打成招"以抢劫罪、盗窃罪被判处有期徒刑十六年。该案于 2005 年 1 月被河南省高级法院裁定发回原审法院鹿邑县法院重新审理。后河南省人民检察院指令鹿邑县检察院申请撤回起诉后，鹿邑县法院裁定准许撤回起诉。此案撤回起诉后，检察机关对胥敬祥作出了存疑不起诉处理。

该案引发的相关问题是检察机关在作出撤回起诉的决定后，是否还需要再对被告人作出不起诉决定？笔者认为，从法理上讲，撤回起诉权作为公诉权裁量性的体现，性质上本属不起诉权在审判阶段的延伸，因此，撤回起诉决定，与不起诉决定具有相同的法律效果———禁止再次起诉。对此，《人民检察院刑事诉讼规则》第三百五十三条明确规定：撤回起诉后，没有新的事实或者新的证据不得再行起诉。《关于执行〈中华人民共和国刑事诉讼法〉若干问题的解释》第一百一十七条也规定：人民法院准许人民检察院撤诉的案件，没有新的事实、证据，人民检察院重新起诉的，人民法院不予受理。这表明，撤回起诉决定的效力与不起诉决定的效力是完全相同的，撤回起诉决定书，即相当于不起诉决定书。既然撤回起诉决定已经具有了不起诉决定相同的法律效力，那么，检察机关在作出撤回起诉的决定后，就完全没有必要再对被告人作出不起诉决定，否则，相当于对同一被告人反复作出了两次不起诉决定，反倒影响了司法文书的权威性。

问题二：撤回起诉后还能否退回公安机关补充侦查？

[**案例2**] 2011年1月，河南禹州市农民时建峰因在8个月内套用假军车牌照免费通行高速公路2361次，偷逃过路费368万余元，被平顶山市中院一审以诈骗罪判处无期徒刑。后平顶山市中院以该案出现"新的证据"为由，对该案启动再审，并以该案事实、证据发生重大变化为由，建议平顶山市人民检察院撤回起诉。旋即，平顶山市人民检察院以同案犯罪嫌疑人时军锋（时建锋之弟）向公安机关投案为由，决定对该案撤回起诉，交由公安机关补充侦查。

该案引发的相关问题是，检察机关撤回起诉之后，还能否退回公安机关补充侦查？相关司法解释对此并未作出明确规定，理论上对该问题的认识也不一致，司法实践中的做法亦不相同。笔者认为，从法理上讲，撤回起诉的效力相当于不起诉，具有终结诉讼程序的功效，一经撤回起诉，本案的所有诉讼程序（包括侦查、起诉、审判程序）即告一段落，公、检、法机关不得再作出任何诉讼行为，包括侦查行为。因此，检察机关在撤回起诉后，不得再将案件退回公安机关补充侦查。试问，在不起诉案件中，检察机关在作出不起诉决定后，还能将案件退回公安机关补充侦查吗？

答案显然是否定的，因为，不起诉具有终结诉讼的效力，一经作出，案件诉讼流程即告终结。撤回起诉既然与不起诉具有相同效力，那么，撤回起诉一经作出，亦具有终结诉讼程序的效力，不应再退回公安机关补充侦查。

但要注意区别的是，撤回起诉的效力所拘束的系"同一个诉"。所谓"同一个诉",是指"同一个被告人的同一犯罪行为",即检察机关在撤回起诉后,若无新证据、新事实,不得针对同一被告人的同一犯罪行为再行起诉(即无新证据、新事实情况下,不可对时建峰补充侦查、再次起诉)。如果案件中出现被告人转换的情况,如时建峰案中,出现了"替身犯"(哥哥替弟弟顶罪),因为被告人发生改变,检察机关在撤回对被告人时建峰的起诉后,针对另一名被告人(时建峰之弟)退回补充侦查则是可以的,因为此时已经是一个全新的诉,而非撤诉后对原被告人的再行起诉。

问题三:撤回起诉后能否反复多次起诉?

[案例3] 2008年10月14日,某县检察院起诉指控陈某等8人涉嫌构成非法采矿罪、招摇撞骗罪和非法拘禁罪,某县法院开庭审理之后,在等待法院作出判决前,检察院要求对该案进行撤诉。2009年1月19日,检察院重新对陈某等人向法院提起公诉。2009年3月16日,某县法院判决陈某犯非法采矿罪、招摇撞骗罪和非法拘禁罪,合并执行有期徒刑四年,并处罚金5000元。与此同时,该判决对邓某等其他8名被告人亦作了相应的有罪判决。某县法院上述判决下达后,陈某等人不服,遂向某市中级法院提出上诉。某市中级法院裁定该案一审判决事实不清,证据不足,发回某县法院重新审判。在案件发回重审过程中,某县检察院对全案进行了第二次撤诉。撤诉后不久,某县检察院又决定,不再对其中6名被告人起诉,而仅对陈某等两人以非法拘禁罪第三次起诉。

该案引发的相关问题是,检察机关在撤回起诉后,能否反复多次起诉？针对这种反复"撤回起诉——再行起诉"的现象，有人提出，应对检察机关撤回起诉权及其再行起诉权从次数上进行限制，即检察机关就同一事实、同一被告人只能有最多一次的撤诉权和由此引起的第二次起诉与否的决定选择权。换言之，撤回起诉只能限定为一次，撤诉后的再行起诉也以一次为限。但是，笔者认为，这一观点缺乏法理上的依据。从撤诉权的性质来看，本属检察机关公诉权裁量性和主动性的体现，只要案件尚在审判过程之中，在人民法院判决宣告之前，检察机关都有权掌握撤诉与否的主动性，依据案件事实和证据的变化，自行决定是否撤诉；撤诉之后，如发现新事实、新证据的，检察机关认为重新具备了起诉条件的，当然可以再行起诉。可以说，撤诉权以及撤诉后的再行起诉权，均为检察机关公诉权裁量性的体现，不宜通过限定提起次数的方式予以限制。

那么，不限定提起次数，是否会导致前述案例中反复"撤回起诉——再行起诉"现象的发生，进而使人们质疑检察机关滥用撤诉权？笔者认为，相关司法解释对检察机关撤诉后的再行起诉权并非毫无节制，《人民检察院刑事诉讼规则》第三百五十三条要求撤诉后无新事实、新证据不得再行起诉。《关于执行〈中华人民共和国刑事诉讼法〉若干问题的解释》第一百一十七条也规定：人民法院准许人民检察院撤诉的案件，没有新的事实、证据，人民检察院重新起诉的，人民法院不予受理。上述规定本身就是对撤诉后再行起诉权的限制，实践中，只要严格执行上述规定，要求撤诉后只有发现新事实、新证据的方能再行起诉，没有新的事实、证据，人民检察院重新起诉的，人民法院不予受理，就可以达到防止检察机关滥用撤诉权的目的。至于实践中之所以会发生反复"撤回起诉——再行起诉"的现象，关键还在于检、法两院对于"新事实、新证据"的把握、审查不严格，以前述案例为例,检察院在第二次撤诉后,在全案事实、证据无任何变化的情况下,仅以减少被告人人数、改变指控罪名(减少罪名)为由即再行起诉,根本不符合司法解释规定的"新事实、新证据"这一再行起诉条件,而人民法院也不严格审查即予以受理,由此导致两次撤诉、两次再行起诉的不正常现象发生。笔者认为,所谓"新事实、新证据",是指撤回起诉后才发现的足以影响本案定罪的事实和证据,单纯增加或减少被告人人数,或者仅仅改变(增加、减少或变更)指控罪名,均不构成"新事实、新证据",检察机关不能以此为由再行起诉。

检察日报/2011 年/4 月/4 日/第 003 版

天价过路费案再审撤诉的法理研判

2011年1月,河南禹州市农民时建锋因在8个月内套用假军车牌照免费通行高速公路2361次,偷逃过路费368万余元,被平顶山市中院一审以诈骗罪判处无期徒刑。此案(以下称"天价过路费案"或"时建锋案")经报道后引发社会舆论和法律界人士的广泛关注。

本案有这样一个细节:自媒体对该案报道后,平顶山市中院遂以该案出现"新的证据"为由,启动再审,并以该案事实、证据发生重大变化为由,建议平顶山市人民检察院撤回起诉。旋即,平顶山市人民检察院检察委员会以同案犯罪嫌疑人时军锋(时建锋之弟)向公安机关投案为由,决定撤回起诉,交由公安机关补充侦查。

撤回起诉权本是检察机关公诉权裁量性和客观性的体现,在我国《刑事诉讼法》明文赋予检察机关起诉裁量权的背景下,检察机关行使撤回起诉权并不违法,况且最高人民法院和最高人民检察院的相关司法解释中均肯定了检察机关有权在人民法院宣告判决前撤回起诉。但问题在于:当案件已经处于再审程序时,检察机关是否还能撤回起诉?

法解释角度：不符司法解释

从法解释的视角看，最高人民法院《关于执行〈中华人民共和国刑事诉讼法〉若干问题的解释》第 177 条规定，在宣告判决前，人民检察院要求撤回起诉的，人民法院应当审查人民检察院撤回起诉的理由，并作出是否准许的裁定。最高人民检察院《人民检察院刑事诉讼规则》第 351 条也规定，在人民法院宣告判决前，人民检察院发现不存在犯罪事实、犯罪事实并非被告人所为或者不应当追究被告人刑事责任的，可以要求撤回起诉。

相关司法解释均规定，检察机关撤回起诉的时限应当在人民法院宣判之前。联系上下文，运用体系解释的方法可知，这里的"在人民法院宣判之前"应当是指在第一审判决宣告之前。而在时建锋案中，虽然平顶山市中级人民法院依照审判监督程序对该案启动了再审，此时，案件又回到了第一审，应当按照第一审程序重新进行审判，但这种程序倒流属于再审程序中的特别处置。所谓"按照第一审程序进行审判"，不过是指该案的审判程序参照第一审程序进行，而不是说该案真正处于第一审程序之中，该案实际上已经并仍然处于再审程序之中，此时检察机关再作出撤回起诉的决定，并不符合司法解释关于撤回起诉时限的规定。

法理角度：有悖保障人权

从法理的角度讲，任何公权力的行使都应当以保障人权为依归，而检察机关在再审中撤回起诉，忽视了被告人的权利。案件几经反复，被告人可能看到了被无罪释放的"曙光"，但检察机关撤回起诉无需征得被告人同意，因而可能剥夺了被告人诉求无罪判决的权利。

值得注意的是,无罪判决和撤回起诉在法律后果上的反差相当大:无罪判决作出后,被告人即受"一事不再理原则"保护,检方不得以同一事实对该被告人再次起诉;而撤回起诉在效果上等同于不起诉,检方可以发现新事实、新证据为由再次起诉该被告人,重开审判。

　　对于时建锋案而言,上述反差效果可能还不够明显,更为典型的是震惊全国的胥敬祥冤案,在该案中,被告人胥敬祥因涉嫌抢劫、强奸于1992被捕,后被"屈打成招",判处有期徒刑16年。该案于2005年即被告人被羁押13年、刑罚即将执行完毕之际,经启动再审程序被发回重审,后一审检察机关撤回起诉。同样是检察机关在再审中撤诉,但对于该案被告人而言,在被无辜关押13年后,可能更希望获得一纸"还我清白"的无罪判决,但检察机关的悍然撤诉,使被告人的这一希望彻底破灭。更为令人沮丧的是,理论上撤回起诉后,检察机关随时可以新事实、新证据为由对他重新起诉,这意味着被告人随时可能再次坐上被告席。

法政策角度:有损法律监督者形象

　　从法政策的角度讲,检察机关在再审程序中撤回起诉,有损检察机关客观公正的法律监督者形象。法律赋予检察官客观公正义务。检察官的客观公正义务要求检察官应当超越为求胜诉而不择手段的当事人立场,兼顾被告方利益。

　　从客观公正的法律监督者立场出发,在再审程序中,如果检察机关认为原审法院的定罪量刑不当,应当在再审程序中明确要求再审法院依法改判,再审法院不采纳的,应当在再审判决作出后提起抗诉;如果检察机关认为自己当初的起诉有误,更应当基于客观公正义务,为维护被告人的利益而主张改判被告人无罪,而不应当以撤回起诉的方式回避问题的实质。

尤其是像时建锋案这类受到社会大众广泛关注的争议案件,检察机关更应当以清晰的法律行为表明自己明确的价值立场,平息社会争议,以引导今后类似案件的处理。

中国社会科学报/2011 年/4 月/12 日/第 009 版

"隐蔽性证据"规则及其风险防范

所谓"隐蔽性证据",是指含有隐蔽性信息的证据。所谓"隐蔽性信息",则是指不为外人所知而只有作案人才知晓的案件细节。

实践中的隐蔽性证据,主要包括两种类型:一是证据的来源具有隐蔽性。例如,甲故意杀人后,将凶刀埋藏在其屋后第二棵树下1米处,因藏匿地点隐蔽,外人难以发现,公安机关反复勘查现场和搜查甲住处均未能查获,后根据甲的供述才起获该凶刀。该凶刀的藏匿地点隐蔽,除非作案人本人,否则不可能知晓,故该凶刀(物证)属于来源具有隐蔽性的证据;二是证据本身在内容上蕴含了隐蔽性信息。例如,乙因涉嫌受贿被立案侦查,后乙供述,受贿地点是在其私车上,时间为傍晚7点左右,行贿人当时是用两张报纸包裹着5万元现金,因受贿人当时开着车,所以接过赃款后随手丢在了车的后排座上,等等。乙的上述供述,即蕴含着隐蔽性信息,因为受贿的时间、地点以及具体过程,属于只有作案人(受贿人)才知晓的隐蔽性信息,证据(供述)蕴含上述隐蔽性信息,即构成隐蔽性证据。

由于隐蔽性证据本身蕴含着不为外人所知而只有作案人才知晓的隐蔽性信息,据此可以在犯罪嫌疑人与案件事实之间建立起直接联系,因此,司法实务中往往利用证据中的隐蔽性信息判断该证据本身的真实性或者印证其他证据的真实性。

我国司法实务中被告人翻供、证人翻证的比例一直居高不下,在被告人"时供时翻"、"反复自白"的情况下,如何认定证供的真实性,一直是证据实务中的棘手难题,而隐蔽性证据因为在判断证据真实性方面的独特优势,成为处理翻供、翻证问题的"杀手锏"。对此,2010年6月颁布的《关于办理死刑案件审查判断证据若干问题的规定》第34条明确规定:"根据被告人的供述、指认提取到了隐蔽性很强的物证、书证,且与其他证明犯罪事实发生的证据互相印证,并排除串供、逼供、诱供等可能性的,可以认定有罪。"这一规定明确建立了"隐蔽性证据"规则,赋予了隐蔽性证据较高的证明力,即只要隐蔽性证据的合法性得到保证且能够与其他证据相互印证,即可据此直接认定被告人有罪。

但是,"隐蔽性证据"虽然证明力较高,但在司法实务中仍要注意规避错案风险:

一是防止"孤证定案"。正因为隐蔽性证据本身的证明力较高,司法实务中部分侦查人员往往将工作的重心放在对隐蔽性证据的收集上,有意无意地忽视了对其他相关证据的收集、调查,结果导致隐蔽性证据因为缺乏其他证据的相互印证而成为"孤证"。以前述某乙受贿案为例,若该案仅有某乙的有罪供述,而缺乏行贿人的证词以及起获的赃款等其他证据相印证,则该案即使有隐蔽性证据,亦不得定罪,因为,该隐蔽性证据因为缺乏其他证据的相互印证已经构成"孤证",而孤证不得定案。

二是防止"替身犯"。所谓"替身犯",即冒名顶罪之人。如果案件存在"替身犯",则过于强调隐蔽性证据的运用,反倒可能导致错案,因为,作案人与"替身犯"完全可以联手布局,以所谓

"隐蔽性证据"诱使侦查机关"入彀"。识破迷局、防止"替身犯"，关键是加强对证据真实性的审查、判断，尤其是要注重从经验法则的角度对案件细节进行甄别。

　　三是防止"隐蔽性证据"因为隐蔽性信息的泄露而失效。何谓"隐蔽性证据"，本身也有一个如何认定的问题，认定不当同样可能导致错案。例如在一起投毒案中，被害人发现自家食用油中含有农药，因怀疑毒药系与自己有隙的邻居所投，随即在自家院坝中大声谴责邻居，并引来大量群众围观，案件信息（投毒时间、地点以及所投毒药）基本曝光。后公安机关将邻居列为犯罪嫌疑人展开侦查，犯罪嫌疑人很快认罪，虽然并未进一步搜集到其他证据（如装农药的容器），但公安机关认为犯罪嫌疑人供述的作案过程（投毒时间、地点、所投农药的种类等）与案发情况基本一致、能够相互印证，且作案时间、地点以及所投农药种类等皆属案件的隐蔽信息，非作案人本人一般不可能知晓，因此，尽管没有进一步的证据，仍决定对其移送审查起诉。该案中，作案时间、地点以及所投农药种类等固属案件的隐蔽信息，但因为该案被害人曾在院落中大声叫骂并引来大量群众围观，导致案件信息曝光，因此，原本的隐蔽信息已经不再具有隐蔽性，不能据此认定被告人有罪。

　　由此可见，实践中在运用隐蔽性证据定案时，一定要谨慎小心、注意规避错案风险，绝不能仅仅因为隐蔽性证据的存在，就不再进一步收集、调查其他证据，而是要对证据进行全面收集、审查、判断，综合权衡能够形成证据锁链后方能定案。

检察日报/2012 年/6 月/6 日/第 003 版

定、保管和送检环节存在问题，则控方精心构筑的物证防线将不攻自破。

笔者认为，上述实务问题的存在，一定程度上可以归咎于传统证据学对物证概念的狭义定义。在我国传统证据学理论体系中，往往在狭义上将"物证"定义为"以其外部特征、存在场所和物质属性证明案件事实的实物和痕迹"。站在静态的学理层面而言，这一定义并无任何不当之处。然而，若从动态的、实务的角度而言，这一定义却因为过于关注实物或痕迹本身，忽略了实物和痕迹的提取、固定、保管和送检环节的重要性，而容易在司法实务中形成一种错误导向：负责取证的侦查机关及其工作人员，往往只重视对实物和痕迹的收集，而忽略了物证提取、固定、保管和送检环节的规范性，结果导致物证因为来源不明或被污染而产生瑕疵，证明价值严重受损。

基于此，笔者在此尝试提出"大物证"的概念。所谓"大物证"，就是将物证理解为一个"证据群"，而不单单是实物或痕迹。"大物证"的概念，强调将物证理解为是一个由多个法定证据种类组合而成的大证据单位。除了用作证据的实物或痕迹本身外，记录其提取、固定、保管和送检环节的证明性文件，如勘验笔录、检查笔录、提取笔录、搜查笔录、扣押清单等，本身是为证明实物或痕迹的客观性、真实性而设。因此，事实上亦构成了物证概念的一部分，在实务运作（取证、举证、质证和认证）中应当将其与实物或痕迹视作一个整体单元或单位看待。

客观地说，"大物证"概念的提出，并非学理上的独创，而是有着实在法（刑事诉讼法）上的依据。刑事诉讼法第 48 条之所以将"勘验、检查笔录"以及"搜查、扣押笔录"等列为一项法定证据种类，其目的正是为确保物证来源的真实性和客观性。因为，无论是勘验、检查笔录还是搜查、扣押笔录等，本身在证据学上并没有独立的证明价值，刑事诉讼法之所以将其单列为一项法定证据种类，一方面旨在昭示立法者对物证来源真实性、客观性和合法性问题的重视，为此，立法者不惜将记录和反映物证提取、固定、保管和送检过程的勘验、检查笔录、搜查、扣押笔录等单列为一种法定证据种类，以此确证物证来源的真实性、客观性和合法性；另一方面立法者将勘验、检查笔录、搜查、扣押笔录等单列为一种法定证据种类，也是在提示司法实务部门，不仅应当重视对物证的收集，亦应当重视对物证提取、固定、保管和送检过程的记录和证明，因为两者事实上是一体的、不可分割且缺一不可。这一立法理念与"大物证"概念的宗旨和主张无疑是完全契合的。

之所以提出"大物证"的概念，根本目的是希望在司法实务中提倡并形成一种指导调查、收集、审查、判断证据的新观念：

其一，对于取证环节而言，"大物证"的概念和观念，要求侦查机关在侦查作业时，以"大物证"为单位或单元进行取证。不仅应当重视对实物和痕迹的收集、提取，更应当注意对物证提取、固定、保管和送检环节的记录，准确、及时、合法地制作勘验笔录、检查笔录、提取笔录、搜查笔录、扣押清单等，形成以物证为中心的"证据群"。

其二，对于举证环节而言，"大物证"的概念和观念，要求公诉部门在举证和示证时，以"大物证"为单位或单元进行作业。为此，公诉方不仅应当出示作为证据的实物、痕迹本身，而且应当出示物证的勘验、检查笔录、提取笔录、搜查笔录、扣押清单等，以证明物证来源的真实性和合法性；在辩护方提出异议的情况下，公诉方还应当出示物证的保管和送检手续，以证明物证在保管和送检流程中的规范性，以确证物证未被污染。

其三，对于质证和认证环节而言，"大物证"的概念和观念，要求办案部门在审查、判断证据时,以"大物证"为单位或单元进行作业,将"大物证"作为一个"证据群"从整体上展开审查、判断。为此,办案部门不仅应当注意对实物和痕迹(包括鉴定意见)的审查,更应当重视对物证来源和保管、送检环节的审查,只有来源明确,保管、送检手续规范的物证,才能作为定案的根据。对来源不明或者保管、送检环节不规范的物证,应当要求侦查机关予以补正或者作出合理解释,无法补正或作出合理解释的,该物证不得作为定案根据。

检察日报/2013 年/6 月/24 日/第 003 版

"排除合理怀疑"并未降低证明标准

修改后刑诉法首次在立法中引入了"排除合理怀疑"的概念。对于司法实务界来说，"排除合理怀疑"虽不陌生，但要真正在实务中正确运用，在理解上尚需澄清若干问题。

"排除合理怀疑"是否降低了刑事诉讼证明标准

"排除合理怀疑"这一英美化的、主观性证明标准的引入，是否会在司法实务中造成一定的认识混乱并导致原有证明标准的降低？这是修改后刑诉法实施后人们担心的一个问题。全国人大常委会法制工作委员会曾经明确指出："本条使用'排除合理怀疑'这一提法，并不是修改了我国刑事诉讼的证明标准，而是从另一个角度进一步明确了'证据确实、充分'的含义，便于办案人员把握。"

笔者认为，其一，在法理解释上，立法者已经说明引入"排除合理怀疑"的概念仅仅是对"证据确实、充分"作进一步明确，那么，两者在司法实务中的操作标准就应当是一致的，不存在证明标准"谁高谁低"的问题；其二，在证据法理上，"证据确实、充分"，是积极、肯定的评价方法，而"排除合理怀疑"是排除、否定的评价方法，两者是同一判断的表里关系。在逻辑和经验上，两者的要求也都是一致的：证明构成犯罪,必须"达到不允许相反事实可能存在的程度"。在这个意义上讲,全案证据达不到"确实、充分"的程度,也就无法"排除合理怀疑",反之,综合全案证据,对所认定事实无法排除合理怀疑,也就达不到"证据确实、充分"的标准。

基于此,笔者认为,那些认为"排除合理怀疑"的引入将会降低证明标准的观点,并无依据。我国奉行的"证据确实、充分"标准并非高过英美法系国家"排除合理怀疑"标准或大陆法系国家"高度盖然性"标准。值得注意的是,我国实务中历来强调关键事实的认定必须有证据相互印证,若无印证就不能认定事实存在,这一事实认知模式是存在缺陷的。换言之,法律并没有规定只有证据之间相互印证,才能认定事实,才能认定为"证据确实、充分"。本次立法修改引入"排除合理怀疑"概念的积极意义,就在于改变了传统的事实认知模式,使我们认识到认定事实并不只有"印证"这一机制或模式,相反,即使单个证据,只要证据本身优质,能够排除合理怀疑,那么,也可以作为认定案件事实的基础。

"排除合理怀疑"与死刑案件"唯一性"标准的关系问题

修改后刑诉法第53条并未针对死刑案件设立特殊的证明标准,因此,"证据确实、充分"的证明标准,既适用于普通刑事案件,也适用于死刑案件。但是,2010年颁布的《关于办理死刑案件审查判断证据若干问题的规定》第5条曾规定:"办理死刑案件,对被告人犯罪事实的认定,必须达到证据确实、充分。证据确实、充分是指:……根据证据认定案件事实的过程符合逻辑和经验规则,由证据得出的结论为唯一结论。"据此,死刑案件实行结论"唯一性"标准。问题是：该标准与"排除合理怀疑"标准之间是什么关系？

所谓"唯一性"标准,亦称"排他性"标准,意即对案件事实不具有其他解释的可能性。"唯一性"或"排他性"标准,是我国司法实务中长期以来实行的证明标准,由于"证据确实、充分"的表述过于抽象,在司法实务中难以操作,因此,实务中长期以来以"唯一性"或"排他性"作为刑事案件定罪量刑的证明标准。"唯一性"标准要求对案件事实不具有其他解释的可能性,实际上就是"不允许相反事实可能存在",这与"排除合理怀疑"的内涵要求完全一致。因此,所谓"唯一性"与"排除合理怀疑",仅是表述方式的不同,并没有本质上的差异。

"排除合理怀疑"在司法实务操作中应当注意的三个问题

无论如何,对于我国司法实务部门来说,"排除合理怀疑"都可谓是一个"舶来"词,正确理解和运用这一概念,实践中还应当注意以下几个问题：

第一,"证据确实、充分"的证明标准本身包含了对证据质和量两方面的要求,而"排除合理怀疑"仅仅是对证据"量"（充分）的解释和认定标准。因此,在实务操作中,认定"证据是否确实、充分"一定要建立在"定罪量刑的事实都有证据证明"和"据以定案的证据均经法定程序查证属实"这两项要件的基础之上,然后综合全案证据进行判断是否能够"排除合理怀疑",而不能孤立地适用。在实务操作中,应当强调作业流程上的先后次序,即应当先审查证据的"质"——据以定案的证据是否均经法定程序查证属实？确信后方能进入证据"量"的审查、判断：定罪量刑的事实是否都有证据证明？然后据此判断综合全案证据,对所认定事实是否能够排除合理怀疑。

第二，强调"排除合理怀疑"，并不意味着所有细节都必须排除合理怀疑。每个案件都有很多情节和细节，强调所有情节和细节都必须排除合理怀疑，既做不到，也无必要。因此，所谓"排除合理怀疑"，是指重要的、关键性的、涉及到定罪量刑的事实必须能够排除合理怀疑。

第三，所谓"排除合理怀疑"，根据全国人大常委会法制工作委员会的解释，是指"对于事实的认定，已没有符合常理的、有根据的怀疑，实际上达到确信的程度。"因此，排除合理怀疑，实际上是一项经验标准，它强调对案件事实的认定以及对证据的审查、判断，必须符合逻辑和经验规则。实务操作中，要避免对案件事实进行无根据、妄加推测、吹毛求疵等不合理怀疑。

检察日报/2013年/12月/13日/第003版

非法证据争议　学者法理破题

　　本版 8 月 10 日刊登的"非法证据争议,期待修法破题"一文,引起读者热议。四川大学法学院教授、博士生导师万毅的观点仅是一家之言,但新的视角有助于对非法证据问题认识和讨论的深化——

　　南京市建邺区检察院践行非法证据排除规则的过程中所遇到的问题及思考,彰显出基层检察实务部门贯彻落实《排除非法证据规定》,以人权保障为导向指导办案、规范侦查取证活动的决心和智慧,殊值褒扬。但同时,文中所举个别案例与观点,可能还需要在法理上进一步推敲。

关于非法物证：47 克毒品不能做证据的真正原因

　　文中观点:黎某非法持有毒品案中,侦查机关搜查得到 47 克毒品,但由于搜查时黎某被戴头套,47 克毒品来源不明、收集程序存在重大疑点不能排除,难以保证其真实性、客观性的物证,属于《排除非法证据规定》第十四条所指"可能影响公正审判"的非法物证,应予排除。

　　作者评论:《排除非法证据规定》第十四条所指"可能影响公正审判"一语,应当从保障被追诉人"公正审判权"的角度进行理解。凡是侦查机关的违法取证行为侵犯被追诉人的"公正审判权"的,无论所获物证是否真实,均应当果断排除。

"公正审判权"是程序公正理论的核心和底限。从公正审判权的角度讲,"人们至少有理由期望,在作出关系他们的判决之前,法院听取其意见,即他们拥有发言权"(贝勒斯语),此即参与原则。这一原则延伸到侦查程序中,就意味着侦查机关强制处分被追诉人的重要权益时,除有碍侦查的情形之外,被追诉人都有权在场并陈述意见,我国刑事诉讼法及相关司法解释之所以要求扣押应当有见证人在场,并应当场出具扣押清单,其目的也正是为保障被追诉人的"在场权"。因此,在前述黎某非法持有毒品案中,真正导致该物证被排除的事由,并非物证来源不可靠、证据真实性难以保证,而是侦查机关的违法扣押行为侵犯了作为被追诉人的公正审判权的重要内涵之一的"在场权"。此外,在司法实践中,因为违法取证行为侵犯被追诉人的公正审判权而应当排除其所获物证的情形,亦不仅限于所谓物证来源不明的情形,还包括侦查人员应当回避而未回避时所收集的物证、整体侦查方式违法(违法诱惑侦查)所获物证,等等。

相关案例:某地公安机关采用诱惑侦查中的"双套引诱"打击假发票犯罪。所谓"双套引诱",即既为行为人提供"上家",又为行为人提供"下家"。在假发票犯罪中实施双套引诱,属于违法的诱惑侦查行为,以双套引诱实施侦查取证,虽然所取得的物证(如假发票)本身是真实、客观的,但却属于整体侦查方式违法所取得的非法物证,且在双套引诱中,行为人本无犯意,侦查机关对本无犯意之无辜公民实施诱惑侦查,等同于国家"制造"了一个犯罪,国家在制造了一个犯罪之后,又对行为人进行审判,这无疑是欠缺正当性基础的,也是极为不公正的。因此,即使证据是真实的、客观的,但如果整体侦查取证手段或程序严重违法、侵犯了被追诉人的公正审判权,其所获物证同样应视为非法物证而予以排除。

关于言词证据:刑讯逼供证据"一排到底"更妥当

文中观点:文中以季某遭刑讯逼供案为例,引出了关于刑讯逼供获取的多次口供即所谓"反复自白",是否应当一体排除、"一排到底"的问题。文章在介绍了当前实务部门存在的"适时排除"、"一排到底"和"同一主体排除"等不同观点的基础上,倾向于"同一主体排除"的观点,即认为侦查机关刑讯逼供所获取的口供固然应当排除,但当由另外一个不同的讯问主体如检察机关讯问时,则因为不同的主体而产生"隔断效应"能够消除其恐惧心理,所以此时的供述可以作为定案根据。

作者评论:域外如日本等国确实在实践中对反复自白采取"同一主体排除"的观点,但在我国司法实践中处理反复自白的效力问题,必须考虑我国的司法体制、司法文化和办案模式。

我国公、检、法三机关之间奉行的是"分工负责、互相配合、互相制约"的原则,实践中,前一阶段(侦查)诉讼主体的行为和结果,容易为后一阶段(起诉、审判)诉讼主体所认同,单纯变更取证主体,恐无法有效切断先前刑讯逼供行为的持续影响。因此,对于反复自白,可能采取"一排到底"的态度更为妥当,即只要能够证明存在刑讯逼供行为,其后获取的多份口供均应一体排除。

至于有人提出,"一排到底"可能会影响对犯罪的打击的问题,笔者认为,这一观点其实混淆了"证据排除"与"重新取证"的关系,"一排到底"不等于"零口供",如果在批捕或起诉环节查实存在刑讯逼供事实,排除非法口供后,检察机关自可重新取供。但是,为防止前面侦查机关的刑讯逼供行为对被追诉人产生持

询问前告知证人应当如实提供证言和有意作伪证或者隐匿罪证要负法律责任,主要目的是为了保障证人的权利,即证人应当在充分知悉自身权利义务的情况下作证。既然该规范的目的在于保障证人的权利,证人自可以处分(主张或放弃)该权利,即使侦查机关先前询问时遗忘未及告知证人相关权利义务,事后证人在得到补充告知后,也可以明示同意的方式补正先前笔录的瑕疵。

但在前述单人提审笔录中,情形则有所不同,刑诉法之所以规定必须由两名侦查员提审,其规范目的不仅在于确保嫌疑人供述的真实性、自愿性,还在于规范侦查机关的取证行为和证据格式,而在单人提审笔录中,嫌疑人虽可在事后追认供述的真实性和自愿性,但却无法据此"修补"侦查机关在取证行为和证据格式上的瑕疵,因此,单人笔录的瑕疵,并不能仅仅通过嫌疑人事后认可的方式予以补正。

关于威胁、引诱、欺骗性取证:通过反人性手段获取证据应排除

文中观点:文中有人认为,引诱未达严重危害人权的违法程度,而且基于某种诱因所作的供述,一般情况下是真实意思表示,实践中也不太容易区分盘问技巧与诱供,因此主张引诱获取的证言在有其他证据印证时,可以作为定案证据使用。但也有人认为,威胁、引诱、欺骗性取证,属于《排除非法证据规定》第一条"刑讯逼供等"中的"等"字的范畴,因而主张予以对其所获证据作为非法证据予以排除。

作者评论:虽然我国刑事诉讼法第四十三条明文禁止威胁、引诱、欺骗性取证,但是,从诉讼法理上讲,这一规定过于绝对,因为,基于打击严重刑事犯罪的需要,各国法律和司法实务

中对于"威胁、引诱、欺骗"性取证,都采取了一定的"容忍"态度,除了那些反人性的、突破基本社会道德底限的威胁、引诱、欺骗性取证手段之外,一般情况下侦查机关采取威胁、引诱、欺骗性取证,并不视为违法,因而,没有必要在立法上一概禁止。正是考虑到这一点,在《非法证据排除规定》制定过程中,主导意见认为:对于以威胁、引诱、欺骗的方法搜集的证据,应综合多种可能损害公正审判的因素决定是否排除,考虑司法实践需要,对此问题不必苛求严格,因此暂不作出规定。但这并不意味着威胁、引诱、欺骗性取证即一律合法,而是应当根据威胁、引诱、欺骗性取证手段的性质和强度,进行具体分析,对于那些反人性、突破基本社会道德底限的威胁、引诱、欺骗性取证手段所获证据,仍然应当视为非法证据予以排除。例如,实践中,常见侦查人员利用犯罪嫌疑人的生理弱点进行引诱取证,如允诺提供香烟给有烟瘾的犯罪嫌疑人吸食,以此引诱其作出供述等。这种引诱取证并不违法。但是,如果侦查人员利用犯罪嫌疑人是吸毒者的生理弱点,在其毒瘾发作时,允诺提供毒品供其吸食,以引诱其作出供述,则为非法取证,所获证据应予排除,因为,身为国家执法人员,竟然采用突破法律底限的违法(教唆、引诱吸毒违法)方式进行引诱取证,该取证手段不具有正当性,所获证据为非法证据,理应排除。

相关案例:在赵某行贿一案中,犯罪嫌疑人赵某面对审讯拒不认罪。后侦查人员了解到,就在嫌疑人赵某被采取强制措施后,其丈夫高某就主动到纪检部门交代了自己的一些违纪行为。由于赵某与其丈夫关系较好,侦查人员在审讯中向赵某打出"亲情牌",告诉她如果不如实交代自己的犯罪事实,检察院将会对其丈夫的违纪行为进行进一步调查。如果其丈夫确实存在违法行为被检察机关查处,这样的后果就都是赵某自己造成的,这不仅毁了一个好不容易建立起来的家庭,还毁了其丈夫的名誉和仕途。在该案中,侦查人员以追究犯罪嫌疑人家人的法律责任对犯罪嫌疑人实施威胁性取证,以一个社会最基本的家庭人伦亲情相威胁,属于反人性的、突破社会基本道德底限的不当取证,所获证据应视为非法证据予以排除。

检察日报/2011 年/8 月/17 日/第 005 版

转变观念优化程序　完善"两法衔接"机制

自国务院颁布施行《行政执法机关移送涉嫌犯罪案件的规定》以来,"两法衔接"即行政执法与刑事司法的衔接工作得到了高度重视,机制建设稳步推进。

"两法衔接"的实务困境

时至今日,行政执法机关立案查处多、移送司法机关处理少的问题仍未能得到有效解决。尤其是在资源破坏、环境污染和食品药品安全等关系民生、公众关注高的领域,人民群众对相关行政执法领域违法轻罚、有罪不究、以罚代刑、打击不力等问题反映强烈。

造成"两法衔接"工作机制不畅的原因很多,但观念陈旧是其中一个非常重要的原因。当前,部分行政执法机关及其工作人员还存在着严重的部门主义、本位主义思想,将行政执法工作看成"自留地",自觉不自觉地抵触、排斥检察机关的法律监督,导致一些地方行政执法机关对"两法衔接"工作消极对待、简单应付。另一方面,实践中,部分检察机关工作人员也存在着监督底气不足、不愿监督、不敢监督的现象,究其原因就在于部分检察人员认为,行政执法权是法律赋予行政执法机关的专属权力,因而,行政执法机关对于案件是否构成刑事案件、是否需要移交公安机关处理,可以有自己的裁量、判断,对此,检察机关不宜过多干涉和介入。上述观念的存在,说明理论上和实务中对于"两法衔接"工作的性质和意义还存有一定的模糊甚至是错误的认识,已经成为阻碍"两法衔接"工作机制建设的"绊脚石",实有必要予以澄清。

"两法衔接"的法理基础:检察机关刑事法律司法适用解释权的优先性

实践中,之所以出现各种抵触、排斥、应付"两法衔接"工作的现象,说明很多人并未真正认识到"两法衔接"机制内在的机理即法理合理性。"两法衔接"机制构建的前提和基础实际上是检察机关刑事法律司法适用解释权的效力优先性。

一起案件是否构成刑事案件,归根结底是涉及刑法和刑事诉讼法在具体适用中的解释问题。对此,行政执法机关、公安机关和检察机关在执法司法办案活动中当然都有权各自作出解释,但问题在于当三机关的观点不一致时,谁的意见更具优先性? 这才是"两法衔接"机制的本质和功能所在。从法理上讲,检察机关对刑事法律司法适用的解释权更具效力优先性,这是由检察机关的司法机关地位所决定的。根据法律解释的原理,司法解释权应由司法机关专享,因此,是否构成犯罪,亦应由司法机关作出判断。在我国现行司法体制下,唯有检察机关与法院属于司法机关,有权在具体司法实践中就具体法律适用问题进行解释,故相对于行政执法机关、公安机关而言,检察机关才是对刑法和刑事诉讼法在实践中如何具体适用进行解释的适格主体,其作出的判断和解释,才是有权解释和有效解释。至于行政执法机关,本非司法机关而系行政机关,公安机关虽然有权参与刑事诉讼活动但性质上仍属行政机关而非司法机关。因此，对于立案标准有不同理解的，以检察机关的解释为准；对于证据标准有不同认识的，应以检察机关的判断和认定为准。是故，当行政执法机关和公安机关在执法办案活动中遭遇案件是否构成刑事案件、是否需要移交公安机关处理的问题时，应该听取身为司法机关的检察机关的意见。

此外，检察机关作为司法机关的刑事法律适用解释权之所以更具优先性，还在于刑事法律之适用解释，依赖于专业化的解释方法和技术。比较而言，检察官本身受过严格、专业、系统的法律训练并通过司法考试，精通法律之精义与内容，并熟稔法律解释之方法与技术。因此，在案件究竟是否构成刑事案件、是否需要移交公安机关处理的问题上，检察机关的判断和解释显然更具专业性。同理，检察机关之所以可以对公安机关的刑事立案活动进行立案监督，也是因为检察机关对刑事法律的适用的解释权优先于公安机关，故而检察机关认为应当立案的，公安机关应该立案。由此可见，检察机关刑事法律具体适用解释权所具有的专业性、优先性，正是"两法衔接"工作机制以及刑事立案监督制度内在的法理基础和实质合理性所在，对此，不可不明察。其实，检察机关在刑事诉讼活动中很多时候都是以一个专业化的刑事司法机关的身份和形象出现的，我们在推进相关制度改革时，不仅要强调检察机关法律监督机关的角色，还应当重视和突出检察机关作为一个专业化的刑事司法机关的身份和属性。

需要说明的是，肯定检察机关刑事法律适用解释权的优先性，并不会冲击或动摇行政执法机关对行政执法权的专属性及其常规执法办案活动。因为，检察机关的刑事法律适用解释权只有在行政执法案件涉嫌刑事犯罪时，才会启动和适用。换言之,检察机关刑事法律适用解释权的优先性,只有在行政执法机关处理的案件涉嫌犯罪时,才会发生效力,而这部分涉嫌犯罪的案件,准确地说,事实上已经不属于行政执法机关的职权范围了。因此,行政执法机关及其工作人员不应再囿于部门主义和本位主义思想,抵触、排斥检察机关的法律监督,更不应以所谓"对立案标准有不同理解""对证据标准有不同认识"等为由拒绝移交或消极应付。而检察机关也不应当再在观念上将行政执法视为行政执法机关的"自留地",以致监督底气不足、不愿监督、不敢监督,而是应当积极履行对行政执法行为的法律监督职责。

"两法衔接"的程序设计

有人将目前"两法衔接"工作机制运作不畅的原因归咎于立法的缺失,即法律未明确规定"两法衔接"机制的效力,亦未明确行政执法人员的责任,遂使"两法衔接"制度的刚性不足,进而影响到"两法衔接"工作推进的力度。对于该观点,笔者不敢苟同,因为我国现行法律虽然并未明确规定检察院对行政执法行为实施法律监督的制度和程序。但是,如前所述,"两法衔接"机制的本质与检察院的刑事立案监督职能类同,都是以解决刑事立案的最终决定权为依归,都是以检察机关刑事法律适用解释权的效力优先性为前提和基础,故而完全可以将检察机关对行政执法行为的监督,解释为是对公安机关刑事立案监督职能的适当向前延伸,因而在整体上可以将"两法衔接"工作纳入检察机关的立案监督职能的范畴予以规范和调整,其操作程序在法律逻辑上当然可以适用我国刑事诉讼法第 111 条关于刑事立案监督权的规定。

具体而言,按照我国刑事诉讼法第 111 条的规定:"人民检察院认为公安机关对应当立案侦查的案件而不立案侦查的,或者被害人认为公安机关对应当立案侦查的案件而不立案侦查，向人民检察院提出的，人民检察院应当要求公安机关说明不立案的理由。人民检察院认为公安机关不立案理由不能成立的，应当通知公安机关立案，公安机关接到通知后应当立案。"据此，刑事立案监督权在结构上实际上可以分解为如下权能：（1）要求说明理由；（2）通知立案。从法理上说，在实务中，"两法衔接"工作也可以依据上述规定，对于最初由行政机关依行政执法程序处理的案件，经查涉嫌犯罪的，检察机关有权要求行政执法机关对该案是否属于刑事案件说明理由，检察机关认为行政执法机关的理由不能成立的，应当通知行政执法机关将案件移交公安机关，行政执法机关接到通知后应当及时移交。对于行政执法机关接到检察机关通知而移交的案件，公安机关应当视同为检察机关通知立案的情形而必须予以立案。

检察日报/2016年/10月/31日/第003版

职务犯罪侦查若干"新问题"释疑

修改后刑诉法的实施,给职务犯罪侦查工作带来了新的挑战。在该法适用过程中,一些"新问题"不断涌现,成为职务犯罪侦查工作中的难点和争议问题,在一定程度上困扰着职务犯罪侦查实践,实有必要从诉讼法理上答疑解惑,以确保职务犯罪侦查工作在修改后刑诉法背景下顺利开展。

关于"侦查谋略运用的底限"问题

修改后刑诉法第 50 条规定:"严禁刑讯逼供和以威胁、引诱、欺骗以及其他非法方法收集证据。"由于立法上明确将"威胁、引诱和欺骗"认定为是以"非法方法"收集证据,有人认为,这就意味着职务犯罪侦查实践中不得再运用带有"威胁、引诱、欺骗"性质的侦查谋略。

事实上,除德国等少数国家外,很多国家在立法上对威胁、引诱、欺骗性取证采取"容忍"的态度,即,立法上并不明确禁止威胁、引诱、欺骗性取证,而是交由司法实务根据"两分法"来权衡、判断,政策上仅对那些严重违反现行法律,有违宗教传统、职业道德和家庭伦理,或者可能导致犯罪嫌疑人违背意愿供述的威胁、引诱和欺骗性取证,才视为非法证据并予以排除。笔者认为,我国刑诉法第50条禁止的仅仅只是那些严重侵犯人权的威胁、引诱、欺骗性取证,而非禁止所有带有威胁、引诱、欺骗性因素的侦查谋略。为此,笔者建议,实务中应当划定侦查谋略运用的四项底限:第一,不得严重违反法律。例如,可以用吸烟引诱,但却不得以吸毒引诱,因为教唆、引诱他人吸毒严重违反法律。第二,不得违背宗教、职业、家庭伦理。例如,侦查人员不得化装成律师与嫌疑人见面,借机套问口供,因为这有违律师职业伦理。第三,不得有损那些具有社会公信力的基本制度面。例如,侦查人员可以谎称"现场遗留的指纹经鉴定就是你的",但却不得伪造鉴定意见文书,因为鉴定意见是具有社会公信力的法律文书,伪造鉴定意见会破坏社会公信力。第四,不得导致犯罪嫌疑人违背意愿作出供述。例如,侦查人员不得以家属相威胁:"你不说,就把你老婆抓起来",因为,在心忧亲人安危的巨大心理压力之下,犯罪嫌疑人极有可能违背自身意愿作出虚假的有罪供述。

关于"初查证据的效力"问题

修改后刑诉法实施后,初查证据能否在刑事诉讼中直接用作证据?笔者认为,不能对法条作僵化的理解和解释。

第一,我国证据法理论和实务一直以来排斥和否定行政执法证据等作为司法证据的资格,主要是基于"取证主体合法性"理论,即认为刑事诉讼证据,必须是由公安、司法机关等法定取证主体在正式立案后依据法定程序所收集,非法定取证主体收集的证据材料(如行政执法证据、纪检监察证据)或者在正式立案前收集的证据材料(初查证据),都不具有证据能力,不能直接在刑事诉讼中作为证据使用,而必须经过"转化"才能在刑事诉讼中使用。但是,刑诉法第52条既然肯定了行政执法证据的效力,那就表明,立法者已经摒弃了传统的"取证主体合法性"理论。换言之,证据材料的证据能力(资格)问题,不再取决于取证主体是否合法,亦不再局限于时间上是否已经立案,据此,初查证据作为检察机关在正式立案前收集的证据材料,同样具有证据能力,可以在刑事诉讼中作为证据使用。

第二,从法解释学的角度讲,"举重以明轻、举轻以明重"是体系解释的基本原则和方法。初查证据,本系作为司法机关的检察机关所收集。作为参与刑事诉讼的国家专门机关,检察机关较之行政执法机关,在证据调查和收集业务上更专业亦更有技术优势,由检察机关来收集证据,更能确保证据来源的客观性、真实性,更能确保证据收集的合法性。因此,检察机关收集的初查证据较之行政机关收集的行政执法证据,在证据的客观性、真实性和合法性上显然更有保障,更有资格作为诉讼证据使用。刑诉法第 52 条既然连行政执法证据的证据能力都予以了肯定,那么,举重以明轻,检察机关的初查证据也可以作为刑事诉讼证据来使用。

关于"指定居所监视居住的适用条件"的解释和适用问题

修改后刑诉法第 73 条规定了指定居所监视居住制度,但职务犯罪侦查实践中围绕指定居所监视居住的适用条件,产生了一些困惑:一是犯罪嫌疑人在本地有固定住处,但侦查机关基于案情考虑,指定异地管辖该案,结果造成嫌疑人在异地(管辖地)无固定住处,那么,这种情况能否适用指定居所监视居住?二是所谓"特别重大贿赂犯罪",根据最高人民检察院《人民检察院刑事诉讼规则(试行)》第 45 条的规定,是指"涉嫌贿赂犯罪数额在 50 万元以上,犯罪情节恶劣的"。但如果嫌疑人受贿 30

万,又行贿 20 万,合计 50 万,能否适用指定居所监视居住?

笔者认为,从本次修法的精神来看,指定居所监视居住,是监视居住的例外而非常态,因此,在把握指定居所监视居住的适用条件时应当严格解释,据此:第一,犯罪嫌疑人在本地有固定住处,只是因为侦查机关指定异地管辖造成在管辖地无固定住处的,不符合刑诉法第 73 条的立法原意,不能适用指定居所监视居住。因为,如果容许这种情况发生,那么,刑诉法第 73 条所设定的指定居所监视居住的条件,就将被指定管辖制度所架空。第二,所谓"涉嫌贿赂犯罪数额在 50 万元以上",应当是指一罪50 万。此处的"一罪",是指狭义上的一罪,即受贿 50 万或行贿50 万,而非指同一类罪,如行贿 20 万,又受贿 30 万。虽然两罪皆属贿赂类犯罪,但并非狭义上的一罪,因此,亦不能适用指定居所监视居住。

关于"拘传 24 小时"的解释和适用问题

修改后刑诉法第 117 条对案情特别重大、复杂,需要采取拘留、逮捕措施的,将传唤、拘传持续时间延长至 24 小时,并规定应当保证犯罪嫌疑人的饮食和必要的休息时间。这一规定在职务犯罪侦查实务中产生了两个问题:一是实践中如何理解和把握"保证犯罪嫌疑人的饮食和必要的休息时间"? 二是初查中的协助调查期间能否类推适用刑诉法第 117 条第 2 款的规定而将其顺延至 24 小时?

对此,笔者认为:适用刑诉法关于拘传的规定要注意以下两个问题。

第一,法律和司法解释都未明确规定所谓"饮食和必要的休息时间"的标准,因此,实务中只能按照条文的字面含义进行解释、操作:所谓"饮食",当按照中国人的生活习惯解释为"一日三餐";所谓"必要的休息时间",应当根据人的生理需要,解释为用餐、喝水、上厕所、服药等时间。实践中侦查机关应当根据犯罪嫌疑人的具体情况,本着人性化和人道主义原则进行具体操作和把握。

第二,目前实务中在初查环节掌握的"协助调查"期间,并没有统一的规定,一般是比照刑事诉讼法上的"拘传"期间,控制在12小时以内。这是因为,从法理上讲,对犯罪嫌疑人、被告人的讯问都只能限制在12小时以内,举重以明轻,对在法律地位上并非犯罪嫌疑人而仅相当于证人的被查对象来说,谈话或询问的持续时间显然不能超过12小时。但问题在于,刑诉法第117条第2款将拘传的期间延长至了24小时,那么,初查环节的"协助调查"期间,是否也可以顺延至24小时?笔者认为不能。因为按照立法原意,24小时的拘传期间是在原12小时基础上再追加12小时,是法律的例外而非常态,且有"案情特别重大、复杂,需要采取拘留、逮捕措施的"这一法定条件的限制。初查环节的协助调查只是常规调查,而非正式侦查,实不宜将其期间延长至24小时。

检察日报/2013年/9月/25日/第003版

信息化侦查尤需注重人权保障

《假冒伪劣犯罪侦查总论——中国假冒伪劣犯罪侦查的理论与实践》(马海舰著)即将付梓,先睹为快后,颇有感想。

马海舰被戏称为"编外学者",盖因他长期在外企从事知识产权、品牌保护、安保工作,是一位名声显赫的"打假专家",本职工作并非学术,但他多年来醉心学术、笔耕不辍,已陆续在《法学》《诉讼法论丛》等学术刊物上发表论文 50 余篇,并独著或主编了《刑事侦查措施》《中国侦查主体制度》《秘密侦查的理论与实践》等,著述颇丰。

该书中,海舰用了近 50 万字的篇幅,从静态和动态两个角度精细描绘了"假冒伪劣"类犯罪案件的特点及其侦查手法,并从理论上概括、总结、提炼出了"假冒伪劣"类犯罪案件的侦查模式和侦查原则,其中一些提法是有创新性的,并具有学术上的启发意义。例如,在侦查结构论的指导下,引入了"控方双轨侦查"理念,主张依据有关法律法规由知识产权权利人、知识产权调查机构协助公安机关维权打假。这一所谓"控方双轨侦查"理念,不同于我们通常译介的英美法系对抗制侦查模式下控、辩双方基于各自不同立场而展开对抗式调查这一意义上的"双轨制侦查",而是指在"大控方"的立场下,国家侦查机关和被害单位(知识产权权利人、知识产权调查机构)协力合作展开调查取证工作(在这个意义上,与其称其为"控方双轨侦查",毋宁称之为"并轨制侦查",意即"大控方"即国家侦查机关和被害单位协力合作展开调查)。这一概念的提出,有一定的创新性和学术价值,不失为破解当前此类犯罪侦查实务困境的有效对策之一。我始终坚持认为,学术研究的基本使命和目的是创新,每一篇论文、每一部著作,都应当力争提出一些具有启发性的新概念或新命题,或者对一个问题作出全新的阐释,或者就一个问题的解决提出全新的对策方案,无论如何,创新都是前提。从这个角度讲,海舰的新书,书如其人,虽然从书名到内容,都用语朴实、文风简洁,但却能于无声处听清音,开卷有益、有所创新、给人启迪。

当然,笔者认为,侦查学学科本身在研究内容和研究范式上的局限性,限制了该书在内容上的进一步展开和拓展。长期以来,我国的侦查学学科一直存在着定位问题。传统的侦查学学科,内部一直存在着"技术"(鉴定)与"策略"两个分支。所谓"技术",偏重于技术性鉴定,现在一般将其归为"法庭科学"的范畴;而所谓"策略",则主要研究各类犯罪的侦查方法即所谓"技战法"问题,地位比较尴尬,因为,所谓侦查,本系刑事诉讼的一道程序、一个环节,所谓"技战法"即侦查策略,其实就是各种侦查措施如何运用的问题,而对于这一问题,刑事诉讼法学科和犯罪学学科本身也在进行相关研究,学科之间存在着交叉,侦查学研究的优势和特点并不明显。当然,法定侦查措施如何策略化地具体运用,本身可能并不是一个法律问题而是一个技术问题,因此,侦查学对侦查措施的研究,可能角度和方法有所不同,但问题在于,单纯地研究侦查"技战法"即法定侦查措施具体如何运用,能否构成一个独立的学科?不无疑义。更重要的是,将法定侦查措施的具体运用问题单纯地视作一个技术问题进行研究,实务中可能造成侦查与诉讼脱节、侦查与法治脱轨的弊端。

笔者因为长期研究侦查制度，并担任着中国行为法学会侦查行为研究会的理事，有机会经常参与侦查学界的学术会议。在这类会议中，我最常听到的一个观点就是："侦查的目的在于破案抓人，一切侦查'技战法'的运用，都应当服务于此。"这一观点反映到侦查学研究中，就是长期以来侦查学对侦查"技战法"的研究偏重于侦查的实效性，而对侦查的法治化问题及其成果转化（证据）问题关注不够。例如，在一次关于信息化侦查的研讨会上，笔者提出信息化侦查在实施中一方面应当注意对相关当事人个人信息自主权的保障，不能仅从打击犯罪的角度考虑授权侦查机关无节制地全面收集公民个人信息；另一方面在运用信息化侦查手段的过程中应当注意对相关证据及时进行收集和固定。但部分侦查学界的学者不以为然，认为侦查学对信息化侦查的研究，主要是将其作为一种"技战法"来研究的，即如何破案抓人。言下之意，信息化侦查中的人权保障及其衍生的证据问题，不在侦查学学科研究范围之内。然而，从逻辑上讲，侦查本身仅仅只是刑事诉讼的一个环节，侦查的目的是为后续的公诉和审判服务，因而侦查的任务包括查获犯罪嫌疑人和查获罪证，若侦查环节只考虑破案抓人，而不考虑证据的收集和固定，将使侦查与刑事诉讼完全脱节。更重要的是，将侦查措施的运用仅仅视作一个"技战法"问题来研究，实务中将会合乎逻辑地推论出"为打击犯罪，可以不择手段、不辨是非、不计成本"的观点，而这极易导致侦查脱离法治的轨道而自行其是，甚至严重侵犯公民的基本人权。显然，这种脱离诉讼和法治轨道的侦查学，在研究内容和研究范式上都存在着一定的局限性。

作为侦查学领域的一本新著，侦查学学科所存在的上述问题，在该书中也有一定程度的反映。例如，该书在内容上对我国假冒伪劣犯罪案件的侦查理论和实践包括各种新型"技战法"如信息化侦查等进行了较为详细的介绍和研讨，然而却只字未提在这类罪案的侦查中尤其是在大量运用新型侦查手段的背景下如何切实保障当事人的基本人权不受侵犯，以及在灵活运用各种侦查"技战法"打击犯罪的同时如何及时有效地收集和固定相关证据……而这些恰恰是该书作为一本侦查学力作应当涉猎并深入研讨的问题。当然，瑕不掩瑜，该书在侦查学理论上的探索与创新仍然是有目共睹的，值得一读。

（本文为万毅为《假冒伪劣犯罪侦查总论——中国假冒伪劣犯罪侦查的理论与实践》一书所作的序，刊发时略有删节）

检察日报/2015 年/5 月/21 日/第 003 版

防止司法干预，司法人员要"守土有责"

中共中央办公厅、国务院办公厅近日印发了《领导干部干预司法活动、插手具体案件处理的记录、通报和责任追究规定》（下称《规定》）。舆论普遍认为，《规定》的发布旨在建立防止司法干预的"防火墙"和"隔离带"，是为领导干部干预司法划出"红线"，并为司法机关依法独立公正行使职权提供制度保障。

然而，如果细心解读《规定》的内容，就会发现《规定》所规范的对象，实际上并不仅限于领导干部，而是包括司法人员自身在内。笔者特别注意到，《规定》第4条明确规定："司法机关依法独立公正行使职权，不得执行任何领导干部违反法定职责或法定程序、有碍司法公正的要求。"第5条紧接着规定："对领导干部干预司法活动、插手具体案件处理的情况，司法人员应当全面、如实记录，做到全程留痕，有据可查。以组织名义向司法机关发文发函对案件处理提出要求的，或者领导干部身边工作人员、亲属干预司法活动、插手具体案件处理的，司法人员均应当如实记录并留存相关材料。"这意味着，防止司法干预，不仅是领导干部的义务，也是司法机关以及司法人员自身的义务。

长期以来，当我们谈论司法干预导致冤假错案时，总是更多地批评领导干部违法干预案件处理结果，责任似乎是单方面的，但实际上,"一个巴掌拍不响",司法机关以及司法人员自身在职业伦理上的缺位,即司法人员缺乏正义感和责任感,尤其是缺乏对抗上级领导"违法指令"的勇气和魄力,同样是造成冤假错案发生的重要原因。在之前媒体曝光的多起冤假错案中,有司法人员发现案件证据存在疑点,却无人敢于坚持自己的判断,也无人敢于对抗和挑战上级领导的不当指令,而是选择服从甚至是盲从,以致最后酿成冤假错案。部分司法人员这种明哲保身的态度,虽然有某种身在"体制内"的无奈,但却是司法职业伦理道德的滑坡,至于个别司法人员为求个人升迁而刻意迎奉上级领导,不惜出入人罪,就更是司法职业伦理的沦丧。

司法,作为一个特殊的职业,对于从业人员有着特殊的要求。这就是,司法人员不仅应当具备专门的法律知识,更应具备高尚的职业道德水平:司法人员应当以实现公平正义、尊重和保障人权为使命,忠诚于司法事业、忠诚于人民,而不得因个人升迁、尊荣或私利而妥协。为此,司法人员必须依法独立、客观、公正地行使职权。这既是司法人员的法定义务,也是其职业伦理责任。对此,《法官职业道德基本准则》第8条规定:"坚持和维护人民法院依法独立行使审判权的原则,客观公正审理案件,在审判活动中独立思考、自主判断,敢于坚持原则,不受任何行政机关、社会团体和个人的干涉,不受权势、人情等因素的影响。"《检察官职业道德基本准则》第15条也规定:"依法履行检察职责,不受行政机关、社会团体和个人的干涉,敢于监督,善于监督,不为金钱所诱惑,不为人情所动摇,不为权势所屈服。"问题是如何使上述义务真正落到实处。

毋庸讳言,作为一个组织化的国家机构,司法机关内部存在着一定的上、下级领导或指导关系。在我国现行体制下,司法机关与地方党政领导之间事实上也存在着一定的上、下级领导关系。基于上、下级领导关系，作为下级司法机关，有责任和义务服从上级的指令，这是作为下级应尽的"服从义务"。但是，"服从"并不等于"盲从"。对于办案中的正常意见分歧，下级司法机关以及司法人员要勇于提出与上级不同的观点；对于上级不合法的指令，下级更要勇于抵制，敢于说"不"。这同样是司法人员的义务。这是因为上级的违法指令背离了法律的要求，悖逆公平与正义，服从这种违法指令，违背了司法人员的法律职责和职业伦理。由此可见，要确保司法人员依法独立、客观、公正地行使职权，就必须要求司法人员谨守"独立（于违法指令）"的义务、"不服从（违法指令）"的义务。

较之于《法官职业道德基本准则》和《检察官职业道德基本准则》，《规定》的一个进步之处就在于，将司法人员"独立（于违法指令）"的义务、"不服从（违法指令）"的义务进一步细化、明确为"拒绝执行（违法指令）"的义务。如《规定》第4条的规定实际上是赋予了司法机关以及司法人员对于上级领导干部干预司法的违法指令，有拒绝执行的义务。这种拒绝执行上级领导违法指令的义务，就是司法人员"独立（于违法指令）"的义务、"不服从（违法指令）"的义务的具体要求和体现。《规定》通过赋予司法人员"拒绝执行（违法指令）"的义务，将《法官职业道德基本准则》和《检察官职业道德基本准则》对司法人员独立、客观、公正行使职权的要求，真正落到了实处。据此，就司法人员而言，对于上级领导干部的违法指令，不仅要敢于说"不"，而且是必须说"不"；如果对于上级领导干部的违法指令，司法人员不愿抵制或无力抵抗，选择盲从、跟从并予以执行，那么，司法人员将被追责。

不仅如此，《规定》还要求司法人员对领导干部干预司法活动、插手具体案件处理的情况，应当全面、如实记录，做到全程留痕，有据可查。如果司法人员不记录或者不如实记录领导干部干预司法活动、插手具体案件处理情况的,予以警告、通报批评;有两次以上不记录或者不如实记录情形的,将被给予纪律处分。主管领导授意不记录或者不如实记录的,依纪依法追究主管领导责任。这表明,《规定》不仅赋予了司法人员拒绝执行上级领导干部违法指令的消极义务,还赋予了司法人员全面、如实记录领导干部干预司法活动、插手具体案件处理情况的积极义务。据此,对于上级领导干部的违法指令,司法人员不仅有义务拒绝执行,而且有义务对此予以记录。

对于《规定》的上述内容,笔者非常赞成,因为防止司法干预,司法机关首当其冲、守土有责。《规定》已经为领导干部干预司法划出了"红线",但要真正确保司法机关依法独立行使职权,还需要司法机关自身"硬"起来,需要每一位司法人员在上级领导干部跨越"红线"发出违法指令时,有胆量、有骨气、有底气说"不"。而要做到让每一位司法人员有骨气、有底气,应从两方面努力。一方面需要加强对司法人员的保障。对此,《规定》第6条专门规定,司法人员如实记录领导干部干预司法活动、插手具体案件处理情况的行为,受法律和组织保护。领导干部不得对司法人员打击报复。非因法定事由,非经法定程序,不得将司法人员免职、调离、辞退或者作出降级、撤职、开除等处分。另一方面,需要加强司法人员的职业伦理建设,塑造司法人员的独立品格,形成司法人员敢于"不服从"的风气。对于敢于坚持己见、坚守底线,有勇气和魄力对抗上级领导不当指令的司法人员,应当保持尊重、致以敬意,而不应将之视为"不谙世事"的"刺头"予以排斥、打压,必要时,全体司法人员应当秉持"心理一体"的原则予以同情和声援,借此构筑防止司法干预和冤假错案的伦理防线。

检察日报/2015 年/4 月/3 日/第 003 版

律师独立辩护原则：并非绝对

　　时至今日，曾经喧嚣一时的"李庄案"渐渐淡出公众视野。然而，该案在中国法治进程中的标本意义，以及由其所引发的关于中国刑事辩护律师的法律地位、执业保障、与被告人的关系等深层次问题，仍值得我们长期关注。

　　在"李庄案"的二审程序中，发生了一件有趣的事：被告人李庄与其辩护律师意见不一致，在法庭上"各说各话"，被告人当庭认罪，但辩护律师却坚持为被告人作无罪辩护。事后，辩护律师的这一做法在法律界引发了广泛讨论，人们在认识上产生了较大分歧：一种观点认为，辩护律师是在接受被告人委托、接纳被告人律师费的前提下从事辩护活动的，辩护律师置委托人的想法于不顾，提出与委托人不一致的辩护观点，是不忠诚于委托人利益的表现；另一种观点则认为，辩护律师的地位具有独立性，应当根据事实和法律进行辩护，其不受被告人自己陈述有罪还是无罪的限制。至此，两种观点各执一端，争执不下，遂使辩护律师能否在被告人意思表示之外独立辩护的问题陷入理论上的困惑。

　　笔者认为，辩护律师独立辩护的原则并非绝对，辩护律师能否在被告人的意思表示之外独立辩护的问题，不能一概而论，而必须区分不问情形讨论。

辩护律师固有权利可独立行使

在法理上，一般将辩护律师的权利分为继受权利与固有权利。继受权利，即该权利本为犯罪嫌疑人、被告人所有，而由辩护律师代为行使，如申请回避的权利、提起上诉的权利等；固有权利，是指辩护律师基于其辩护人地位而特别拥有的权利，如阅卷权、会见交流权、调查取证权等。这两种权利在具体行使方式上存在重大差异：辩护律师行使继受权利时，因该权利本为被告人所有，所以律师不得违背被告人明示之意思表示。例如，辩护律师有权为被告人利益而提起上诉，但若被告人明确表示不愿意上诉的，则辩护人不得提起上诉。相比之下，辩护律师行使固有权利，因系基于其自身辩护地位而特别拥有，而不受被告人明示或默示的意思表示的拘束，可以自己名义完全独立行使。例如，被告人可能认为现有证据已经能够证明自己无罪，而明确要求辩护律师不要再调查取证，但因调查取证权是辩护律师的固有权利，辩护律师认为无罪证据尚不充分的，可继续调查取证。

辩护律师出庭提出无罪或罪轻的辩护意见，此即出庭辩论权，是法律为保障辩护人履行其辩护职能和任务而特别赋予辩护人的固有权利，并非被告人所有而交由辩护律师代为行使的继受权利。因此，该权利的行使不受被告人意思表示的拘束。在"李庄案"二审程序中，被告人虽当庭作出认罪的意思表示，但辩护律师基于对案情的掌握和对法律的理解，认为被告人的行为不构成犯罪，仍可坚持作无罪辩护，这正体现了辩护律师固有权利独立行使的特点。

独立辩护不得损害被告人利益

辩护律师对被告人负有忠诚义务,即辩护律师应基于保障被告人的合法利益而行使辩护权,若其在行使时有损被告人的利益,则不得以"独立辩护"为名置被告人的想法于不顾,提出与被告人不一致的辩护观点。例如,被告人当庭拒不认罪,但辩护律师却坚持作罪轻辩护,即使出庭辩论权系辩护律师的固有权利,但此时独立行使该权利,将导致不利于被告人的法律后果,有悖于辩护律师的忠诚义务,因此,在这种情形下,辩护律师不得以独立辩护为名坚持作罪轻辩护。相反,在"李庄案"中,二审辩护律师在被告人认罪的情况下坚持无罪辩护,从主观目的和客观效果来看,均未损及被告人的利益,而是有利于被告人的,并不违背辩护律师对被告人所负的忠诚义务。

被告人对辩护策略选择更主动

当然,辩护律师毕竟只是被告人参与诉讼的"辅助人",应居于"配角"地位,并尊重被告人的"主角"地位。若非情不得已,在具体辩护策略的选择上,辩护律师仍有义务与被告人的意见协调一致,"喧宾夺主"可能会动摇双方的信赖关系,甚至导致委托关系的解体。

值得玩味的是,在"李庄案"二审程序中,在辩护律师坚持作无罪辩护时,被告人却并未表示任何异议,亦未要求解除委托关系,这是不是意味着被告人默认了辩护律师的举动? 如果真是这样,那么,双方"各说各话",可能只是被告方的一种辩护策略,其合法性就无可厚非了。

中国社会科学报/2011 年/7 月/5 日/第 011 版

解读"并案管辖"四个关键词

虽然修改后刑诉法对管辖制度并未作出实质性修改,但基于办案实践的需要,最高人民法院、最高人民检察院、公安部、国家安全部、司法部、全国人大常委会法制工作委员会联合发布的《关于实施刑事诉讼法若干问题的规定》(以下简称"六部委《规定》")第1条第3项对并案管辖制度进行了细化:"具有下列情形之一的,人民法院、人民检察院、公安机关可以在其职责范围内并案处理:(一)一人犯数罪的;(二)共同犯罪的;(三)共同犯罪的犯罪嫌疑人、被告人还实施其他犯罪的;(四)多个犯罪嫌疑人、被告人实施的犯罪存在关联,并案处理有利于查明案件事实的。"然而,对于并案管辖制度的确切含义和内容,理论界和实务界存在不少争议,实有必要围绕并案管辖制度的若干关键词进行有针对性的分析和探讨。

关键词:并案处理

所谓"并案处理",是指并案管辖,即将原本应由不同机关管辖的数个案件,合并由同一个机关管辖。

并案管辖在性质上属于管辖权的合并,系对法定管辖制度的变通和突破。其在诉讼法上将产生一种"绑定"效果,即管辖机关可以突破法定的地域管辖和级别管辖制度的规定,将原本应由不同机关管辖的数个案件,在程序上合并处理(立案、侦查、起诉和审判)。

并案管辖,对于法院、检察院、公安机关而言,具有不同的意义:对于公安机关而言,并案管辖意味着公安机关可以对原本应由其他公安机关管辖的数个案件合并立案及并案侦查。对于检察院而言,并案管辖意味着检察院可以对原本应由其他检察院管辖的职务犯罪案件合并立案、并案侦查,也意味着检察院可以对公安机关移送审查起诉的数个案件并案起诉。对于法院而言,并案管辖意味着法院可以对原本应由其他法院管辖的案件合并立案、合并审判,也意味着法院可以对检察院分案起诉的数个案件合并审判。此外,并案管辖,还意味着法院可以对由同一被告人实施的但分别由检察院提起公诉和自诉人提起自诉的数个案件合并审判。对此,《最高人民法院关于适用的解释》第267条明确规定:"被告人实施两个以上犯罪行为,分别属于公诉案件和自诉案件,人民法院可以一并审理。"

关键词:职责范围

根据六部委《规定》,法院、检察院、公安机关只能在其"职责范围内"对关联案件进行并案处理。所谓"职责范围",根据刑诉法第3条规定:"对刑事案件的侦查、拘留、执行逮捕、预审,由公安机关负责。检察、批准逮捕、检察机关直接受理的案件的侦查、提起公诉,由人民检察院负责。审判由人民法院负责。除法律特别规定的以外,其他任何机关、团体和个人都无权行使这些权力。"据此,并案管辖,只能在公、检、法三机关上述法定职权范围内进行,并案管辖的结果不能超越刑诉法对公、检、法机关的法定授权范围。例如,对于检察院而言,因为其法定侦查职权限于职务犯罪案件,因而并案侦查的案件范围亦应局限于职务犯罪案件,即检察院在侦查职务犯罪案件时,不得对本属于公安机关立案侦查的案件进行并案侦查。

此外,并案管辖也不能突破专门管辖制度的规定。例如,现役军人和非军人共同犯罪的,地方公安司法机关不能并案管辖,原则上应分别管辖,即现役军人由军队保卫部门立案、侦查,并由军事法院审判,非军人则由地方公安机关立案、侦查,并由地方法院或其他专门法院审判。

综上所述,并案管辖虽然可以突破法定的地域管辖和级别管辖制度,但不能突破职能管辖和专门管辖制度的规定。

关键词:关联案件

根据六部委《规定》,可以并案处理的案件限于关联案件。至于何谓关联案件? 根据六部委《规定》第 1 条第 3 项的明确列举,包括:一人犯数罪的;共同犯罪的;共同犯罪的犯罪嫌疑人、被告人还实施其他犯罪的;多个犯罪嫌疑人、被告人实施的犯罪存在关联,并案处理有利于查明案件事实的。

所谓"一人犯数罪",指的是一人犯实质的数罪,而不包括实质的一罪、法定的一罪和处断的一罪。所谓"共同犯罪",包括数人共犯一罪和数人共犯数罪。所谓"共同犯罪的犯罪嫌疑人、被告人还实施其他犯罪的",是指共犯中有人还单独犯有他罪的。例如,共同杀人案的犯罪嫌疑人甲某除涉嫌(共同)杀人罪外,还涉嫌曾单独实施盗窃罪。

至于所谓"多个犯罪嫌疑人、被告人实施的犯罪存在关联,并案处理有利于查明案件事实的",亦称"诉讼法上的共犯",即其并不符合刑法上的共犯概念,但因为在程序法上往往将其视同为共犯而实行并案审理,故称之为"诉讼法上的共犯"。实务中,"诉讼法上的共犯"具体指三种情形:一是上游犯罪与下游犯罪,如贪污罪与洗钱罪、盗窃罪与销赃罪。二是本罪及其派生犯罪,如杀人罪与窝藏、包庇罪等。三是"连环共同犯罪",是指犯罪嫌疑人甲某与乙某共犯一罪或数罪、乙某又与丙某共犯一罪或数罪,但甲某与丙某之间却并无共同犯罪行为,这种作案手法和案件情形类似于一环套一环、互相接续的"连环",故称之为"连环共同犯罪",常见于一些比较松散的犯罪团伙之中。

关键词:可以

根据六部委《规定》,对于关联案件,公、检、法机关"可以"并案处理。这里的"可以"一语,笔者认为,应作两个层面的解读。

所谓"可以",意味着对于关联案件并非一律必须并案处理,只有能够并案处理的关联案件才作并案处理。例如,一人犯盗窃、抢劫、强奸三罪,如果三罪皆处于同一诉讼阶段(如侦查阶段),那么,公安机关自然可以对这三罪并案处理(合并立案、并案侦查)。但如果其中的盗窃、抢劫两罪已处于审判阶段,公安机关才发现被告人还犯有强奸罪,那么此时因为该罪与其他两罪并未处于同一诉讼阶段,故无法径直对三罪并案处理,而只能对强奸罪按照漏罪处理,由公安机关另行立案侦查,再由检察院追加起诉或者补充起诉,之后法院才能并案审理。

所谓"可以",并不意味着公、检、法机关享有并案处理的裁量权。有人认为,此处的"可以"一词,表明并案处理是公、检、法机关的一项裁量权,可根据自身情况和案件情况,权衡、裁量是否并案处理,即,公、检、法三机关既"可以"决定并案处理,也"可以不"决定并案处理。

对此,笔者不敢苟同,从法理上讲,"可以"一词在公法上表示对公权力机关授权时,原则上不能轻易地将其解释为裁量权,因为对于公权力机关而言,法律的授权既是职权也是职责,而职责是不能任意放弃的。例如,刑诉法第 191 条规定:"法庭审理过程中,合议庭对证据有疑问的,可以宣布休庭,对证据进行调查核实。"该条确立了法官依职权调查取证原则,但该条中的"可以"一词,并不表示调查取证是法官的一项裁量权,并不意味着法官"可以不"依职权调查取证,而是说在法庭审理过程中,合议庭对证据有疑问的,法官有权力也有职责调查取证。同理,此处的"可以"一词,也应当解释为并案处理是公、检、法机关的一项职权和职责,原则上只要案件符合六部委《规定》第 1 条第 3 项规定的并案处理的条件,公、检、法机关就应当作出并案处理的决定,而不能随意放弃。

检察日报/2014 年/3 月/5 日/第 003 版

相关规定中窃电时间推定的合法性质疑

司法实践中,关于窃电量的计算,一直是办理盗窃电能案件的难点之一。由于我国刑法将犯罪的结果、数额作为定罪和量刑的基本依据,窃电量的计算便成为直接关系到被告人定罪量刑的关键事实,侦查起诉工作必须注意收集相应证据予以举证和证明。但是,窃电量的计算,需要以查明窃电时间为前提,而实务中受制于现行供电体制和电量计量技术等客观条件,除非犯罪嫌疑人主动供述,有时侦控机关根本无法收集到相关证据证明窃电的时间,这种情况下,窃电量的计算与认定遂成为问题。

正是为解决这一实践中的疑难问题,前电力工业部制定的《供电营业规则》(1996 年)第一百零三条曾规定:"窃电时间无法查明时,窃电日数至少以 180 天计算,每日窃电时间:电力用户按 12 小时计算;照明用户按 6 小时计算。"此后,这一规定被各地司法机关普遍采纳,将之作为实践中窃电时间无法查明时,计算窃电量的依据,例如《四川省高级人民法院、四川省人民检察院、四川省公安厅关于办理盗窃电能违法犯罪案件有关问题的意见》(川高法〔2000〕218 号)即规定:"窃电时间无法查明的,窃电日数以 180 日计算。每日窃电时间:电力用户按 12 小时计算,照明用户按 6 小时计算。"

从性质上看,所谓"窃电时间无法查明时,窃电日数和每日窃电时间以……计算"的表述,显然属于一种推定,即,对某一待证事实(窃电时间)并无直接证据予以证明,而是借助其他已经证明的基础事实(窃电行为)来推认该事实的存在。推定,本为诉讼中为解决证明困难问题而广为采用的一种证明技术,本身无可厚非,但另一方面,推定的创设也不是恣意的,由于推定减轻了检控方的举证负担,甚至可能将原本应由检控方承担的举证责任转移由被告方承担,构成了常规证明机制的例外,为避免冲击和抵触无罪推定原则,推定的创设往往又受到了严格的限制,必须综合考虑创设推定的必要性、举证的困难性、基础事实与推定事实之间的合理关联性、反证的难易程度等因素后,方能最终决定是否创设某一推定,否则,该推定的设置即可能因为恣意而面临合法性质疑。

以上述标准来衡量,笔者认为,司法实践中关于窃电时间的推定系一不合法推定。

第一,关于窃电时间的推定,缺乏逻辑和经验基础。推定无论是可反驳的推定,还是不可反驳的推定,其设置都必须充分考虑基础事实与推定事实之间的合理关联性,只有基础事实与推定事实之间存在盖然性上的合理、常态联系,才能在两者之间建立起一个推定,这是设置推定的逻辑和经验基础。例如,刑法规定未满十四周岁的人不负刑事责任,这属于不可反驳的推定,立法上设置这一推定的逻辑和经验基础在于,从社会一般观念来看,未满十四周岁的人心智发育未臻成熟,通常缺乏完全的辨认能力和控制能力,因而,由行为人未满十四周岁这一基础事实即可推定其不负刑事责任。再如,刑法规定的巨额财产来源不明罪,对于国家工作人员的财产或支出明显超过合法收入,且差额巨大,本人不能说明其合法来源的,差额部分将被推定为是非法所得。这是典型的可反驳的推定,其设置的逻辑和经验基础在于,正常情况下,合法收入都是能够说明来源的,官员不能说明其收入的合法来源,概率上更可能是违法所得的"灰色"收入。相反,在关于窃电时间的推定中,我们却看不到基础事实(窃电行为)与推定事实(窃电时间)这两者之间的合理关联性,我们总不能说,经验事实或客观概率上,国人窃电一般都是 180 日,每天窃电时间都是 6 小时! 显然,设置这样的推定,缺乏逻辑和经验基础,太过恣意。

第二,关于窃电时间的推定,缺乏法政策上的依据。某些特殊的推定,其设置可能更多是法政策上考量的结果,例如,无罪推定原则规定,凡是涉讼公民皆被推定为无罪之人。无罪推定,系一种可反驳之推定,之所以设置该推定,更多的并非基于经验,相反,经验上可能大多数被告都是有罪的,而是基于在法政策上保障人权的考量。再如,《联合国打击跨国有组织犯罪公约》第十二条(没收与扣押)第七款明确规定:"缔约国可考虑要求由犯罪人证明应予没收的涉嫌犯罪所得或其他财产的合法来源……"据此,有组织犯罪的被告人应对其财产系合法所得承担举证责任,否则,其财产即应被推定为违法所得,之所以设置这一推定,除了在经验上有组织犯罪的被告人实际上并无其他合法收入来源,其财产概率上更可能是违法犯罪所得外,更主要是因为在法政策上要体现出对有组织犯罪的从严打击,通过剥夺其财产而剥夺其继续犯罪的能力。而对于窃电行为来说,盗窃电能,不过是普通的盗窃犯罪,按照常规追诉程序处理即可,实无必要通过设置推定而在法政策上体现出某种特殊性和倾向性。

行文至此,或许有人会问,如果不设置关于窃电时间的推定,又如何解决司法实践中窃电时间无法查明时,窃电量的计算问题,因为,一旦因为无法查明窃电时间进而无法计算窃电量,就意味着无法对被告人提起指控。对此,笔者认为:

其一,从价值层面来说,推定的设置,需要综合权衡多种因素,尤其忌讳仅仅为了减轻控诉方的举证负担即随意创设某一推定,因此,我们不能说因为窃电时间无法查明,控方无法成功起诉指控,就要求设置相应的推定来减轻控方的举证负担,这种做法对于被告方来说是非常不公平的;

其二,从功利角度说,实践中办理窃电案件,无法查明窃电时间的案件比例并不高,一般情况下,通过其他证据均可查明窃电的具体时间。因此,不设置关于窃电时间的推定,并不影响对大多数窃电行为的处罚。即使偶有因此而"漏网"者,也应视之为厉行法治与保障人权的必要代价;

其三,从策略角度而言,对于因为窃电时间无法查明而从刑事法网中"漏网"者,可加大行政处罚和民事追偿的力度,以弥补被害方的损失。笔者建议,为规避此类风险,供电单位应与每位用户签订合同,合同中明确约定:"如用户出现窃电行为,而窃电时间无法查明的,窃电日数以 180 日计算。每日窃电时间:电力用户按 12 小时计算,照明用户按 6 小时计算。"这样,就可以在技术上将刑事法上的推定问题转化为民事法上的约定问题,借以回避窃电时间推定的合法性问题。

检察日报/2011 年/8 月/10 日/第 003 版

增设犯罪所得推定制度的构想

　　应借鉴相关国际公约的规定，明确规定对组织、领导、参加黑社会性质组织犯罪、毒品犯罪的犯罪分子参加犯罪组织后或一定时间内（如六年内）所获得的财物设立违法所得推定，将证明该财物系合法所得的证明责任转移由被告方承担，若被告人无法证明其财物系合法所得，则推定为犯罪所得，并予以没收、追缴。

　　在有组织犯罪、毒品犯罪以及贪渎职务犯罪等案件中，犯罪人的谋利动机非常明显，经济利益是诱发此类犯罪案件发生的重要原因，同时，对于有组织犯罪和毒品犯罪而言，财产也是其继续实施犯罪的基础，要根除此类犯罪，不仅需要对犯罪行为人施加刑罚，更需要剥夺其继续犯罪的能力。为此，在严厉打击此类严重犯罪的同时，必须通过对违法犯罪所得予以没收和追缴，消除此类犯罪的主要刺激因素、剥夺其继续犯罪的能力。对此，《联合国禁止非法贩运麻醉药品和精神药物公约》总则部分非常明确地指出："意识到非法贩运可获得巨额利润和财富，从而使跨国犯罪集团能够渗透、污染和腐蚀各级政府机构、合法的商业和金融企业，以及社会各阶层，决心剥夺从事非法贩运者从其犯罪活动中得到的收益，从而消除其从事此类贩运活动的主要刺激因素，希望消除滥用麻醉药品和精神药物问题的根源，包括对此类药品和药物的非法需求以及从非法贩运获得的巨额利润。"

我国刑法第六十四条规定"犯罪分子违法所得的一切财物，应当予以追缴或者责令退赔；对被害人的合法财产，应当及时返还；违禁品和供犯罪所用的本人财物，应当予以没收。没收的财物和罚金，一律上缴国库，不得挪用和自行处理。"据此，对于有证据证明系犯罪分子违法所得的一切财物，均应当予以追缴。但在打击有组织犯罪、毒品犯罪的司法实践中，这一措施的运用遭遇到一定障碍，这是因为：一方面，犯罪总是有黑数的，不是犯罪分子的每一次犯罪行为都会被查获，因此，侦查机关在查获犯罪分子后，虽然同时起获大量财物，怀疑均系违法犯罪所得，但侦查机关要通过所查获的这一次或几次犯罪，证明其财产均系此前犯罪所得（否则不得没收），几乎是一个"不可能完成的任务"；另一方面，在这类犯罪中，犯罪分子的财物往往与其组织或家人的财物相混同，甚至有些犯罪分子刻意通过这种财产混同来转移犯罪所得。在这种情况下，司法机关要对犯罪分子犯罪所得的财物与其组织或家人所有的财物明确加以区分，并单独证明某部分财物系犯罪所得，在证据上确有困难。

基于同样的原理，我国刑法才针对贪渎犯罪设立了巨额财产来源不明罪，将被告人明显超出合法收入的巨额财产系合法所得的证明责任转移由被告人承担，如果被告人无法举证证明该部分巨额财产系合法所得，那么就推定其为犯罪所得，以解决这一证明难题。但是，因为缺乏刑事法律的明确规定，类似的犯罪所得推定机制，在有组织犯罪、毒品犯罪等严重刑事犯罪领域却并不能适用，这就导致实践中问题丛生。例如，在毒品案件中，侦查机关常常会在查获犯罪分子的同时起获大量现金，如果最后认定的犯罪事实是犯罪分子仅贩卖过海洛因数克，就算因此而量处犯罪人重刑，但因为证据所限（如犯罪人否认系犯罪所得,但又无法交代其合法来源),通常也无法认定在现场查扣的巨额款项全部都是犯罪所得,但这些被查扣的现金,常常不但是藏匿的方式奇特(例如放在花盆中、洗衣机中),而且依照犯罪人日常从事的工作(通常都是无业)、生活状态(通常其本人就吸食毒品成瘾)等,无疑都会使人怀疑这些高达数万元、数十万元甚至更多的现金确系犯罪人此前犯罪所得,但仅凭这一次被查获的贩卖毒品行为(数克),检控机关实在无法证明这些现金全系犯罪所得,因此无法予以没收,结果,即便犯罪人被判重刑,但这些现金仍然必须发还,犯罪人在出狱后仍然能继续享用其犯罪所得。这种现象和困境的存在对于严厉打击毒品犯罪等严重刑事犯罪、发挥刑法的威慑功能是非常不利的。"

其实,同样的难题在国外法治国家也曾存在,为解决这一证明难题,法治发达国家的普遍做法是通过设定法律推定,将证明财物系合法所得的举证责任转移由被告方承担,从而减轻检控方的证明难度。例如,在英国,政府通过调研发现近年来实践中在没收犯罪所得上遇到一些困难,运输毒品的定罪率不到20%,从而能没收的毒品犯罪所得之比例更低;而即使是发出了没收命令,其强制执行成功率也不到 50%。除此之外,英国政府从过往实际经验中发现,无法有效没收犯罪所得的原因,往往是因为起诉或定罪的犯罪,仅是被告整个犯罪的一小部分,如果仅仅没收这一小部分的财产,对被告根本不具威慑作用。因此,为解决这一问题,英国政府特别在 2002 年制定了一部法律:《犯罪所得法(The Proceeds of Crime Act 2002)》,这部法律有许多特色,其中之一便是设立犯罪所得推定。该法的第十条设立了三个推定:(1)在侦查发动前 6 年内移转给被告的财产;(2)在判决后被告持有的财产;(3)被告在侦查发动前 6 年内的花费,以上三者,除非被告能提出反证,否则都将被推定为是被告因犯罪所得之财物,而得以没收。换言之,被告人在一定时间内取得之财产及生活花费,均被推定是犯罪所得,除非被告人能够举出反证推翻。在实际的案例中,以他人名义购买的房屋、在犯罪现场查获的现金等都会被推定为是被告犯罪所得之财物。

对于在有组织犯罪、毒品犯罪领域设立犯罪所得推定这一做法,相关国际公约实际上也是认可的,《联合国打击跨国有组织犯罪公约》第十二条(没收与扣押)第七款明确规定:"缔约国可考虑要求由犯罪人证明应予没收的涉嫌犯罪所得或其他财产的合法来源……"换言之,对于财物的非法性实行法律推定,即推定犯罪人的财物及其与组织和家人相混同的财物系违法所得,应予追缴、没收,为免于财物被追缴,被告人必须举证证明其财物的合法来源。再如,《联合国禁止非法贩运麻醉药品和精神药物公约》第五条第七款也规定:"各缔约国可考虑确保关于指称的收益或应予没收的其他财产的合法来源的举证责任可予颠倒……"上述两个国际公约均将证明财产系合法所得的证明责任转移由被告人承担,从而减轻检控方的举证难度。

为贯彻宽严相济刑事政策,严厉打击有组织犯罪、毒品犯罪等严重刑事犯罪,消除此类犯罪的主要刺激因素、剥夺其继续犯罪的能力。笔者建议,采行上述国际公约的规定,通过立法(修订刑法或制定单行法)的方式,明确规定对组织、领导、参加黑社会性质组织犯罪、毒品犯罪的犯罪分子参加犯罪组织后或一定时间内(如六年内)所获得的财物、生活花费及其所参加的犯罪组织的财物设立违法所得推定,将证明该财物系合法所得的证明责任转移由被告方承担,若被告人无法证明其财物系合法所得,则推定为犯罪所得,并予以没收、追缴。

检察日报/2011年/6月/15日/第003版

实现量刑规范化需要完善自首制度

阿基琉斯,是希腊神话中的著名英雄,据说他出生后,母亲为了使他能刀枪不入,便把他浸入冥河水里,但他被母亲捏住的脚后跟未能浸到冥河水,成了他的致命弱点。在特洛伊战争中,阿基琉斯大败特洛伊人,杀死特洛伊主将赫克托尔,但却被太阳神阿波罗的暗箭射中脚踵而死。后来,人们便用"阿基琉斯之踵",来比喻事物的致命缺陷……

本文的话题要从近期媒体报道的"药家鑫案"和"李昌奎案"两起故意杀人案谈起。在上述两起案件中,涉案被告人均有自首情节,但法院在量刑时却作出了完全不同的认定和处理,遂引发了社会舆论的广泛争议。人们质疑的焦点是,同样是自首,李昌奎奸杀少女并摔死男童、数罪并罚、手段残忍、一身两命,犯罪情节比药家鑫更恶劣,可为何药家鑫被判处死刑立即执行,而李昌奎却被改判死缓? 尤其是,在李昌奎案的一审判决中,云南省昭通市中级人民法院曾认定:李昌奎虽有自首情节,但依法不足以从轻处罚,所以判死刑;而云南省高级人民法院在二审判决中却认定:李昌奎虽然罪恶极大,但有自首、积极赔偿情节,所以判处死缓。同样的事实、同样的证据,为何云南省两级法院却作出了完全不同的认定？

　　要回答公众的上述疑问，必须回到刑法规定的自首制度本身。自首，本为我国刑法确立的一项量刑制度，其目的是通过鼓励犯罪行为人投案自首、真诚悔罪，来实现刑法的特别预防目的。自首制度在立法模式上有"必减"主义与"得减"主义之别：所谓"必减"主义，即刑法规定凡自首者皆从宽；而所谓"得减"主义，则是指自首并非一概从宽，是否从宽，须由法官审酌、裁量后决定。在司法实践中，犯罪分子自首的动机不一而足，有的是出于内心真诚悔悟，有的则是由于情势所迫，还有的是在犯罪前即已预谋犯罪后自首，企图以此规避法律、逃避处罚；真诚悔悟者，自应以量刑上的从宽体现奖励，但企图以此脱罪者，政策上不应再从宽，否则岂非等同鼓励人犯罪。因此，对于自首者，若不加区分一概从宽，并不公平，而必须有所甄别，如此则"得减"主义更为允当。

　　我国刑法第 67 条第 1 款规定，对于自首的犯罪分子，可以从轻或者减轻处罚；对于犯罪较轻的，可以免除处罚。从文义解释出发，刑法的这一规定明确了我国的自首制度实行"得减"主义而非"必减"主义，即，对于自首的犯罪分子，并非一概从轻或减轻处罚，是否从轻或减轻处罚，由法官根据具体案情裁量决定。至于法官具体如何裁量，最高人民法院在 2010 年 12 月 22 日制定的《关于处理自首和立功若干具体问题的意见》中明确规定，对具有自首情节的被告人是否从宽处罚、从宽处罚的幅度，应当考虑其犯罪事实、犯罪性质、犯罪情节、危害后果、社会影响、被告人的主观恶性和人身危险性等。自首的还应考虑投案的主动性、供述的及时性和稳定性等。……虽然具有自首情节，但犯罪情节特别恶劣、犯罪后果特别严重、被告人主观恶性深、人身危险性大，或者在犯罪前即为规避法律、逃避处罚而准备自首的,可以不从宽处罚。据此,对于自首是否从宽,我国刑法和司法解释授权法官自由裁量,法官应综合考虑其犯罪事实、犯罪性质、犯罪情节、危害后果、社会影响、被告人的主观恶性和人身危险性等后权衡决定。我国司法实践中,各级司法机关包括前述两起案例中负责审判的法院,均是按照上述模式和原则处理自首的量刑问题的。

　　既然各级司法机关均是按照同一模式和原则处理自首的量刑问题,那么,为何实践中还会出现前述案例中的同案不同判的现象呢? 笔者认为,这正是我国现行自首制度的结构性缺陷。对于自首,立法上采取"得减"主义,委诸法官自由裁量,并无异议,然而,法官究竟应当在何种范围内、根据哪些因素进行裁量,却是一个值得探讨的问题。我国现行的自首制度,对法官自由裁量的授权范围过宽,要求法官在决定自首是否从宽时,应综合考虑犯罪事实、犯罪性质、犯罪情节、危害后果、社会影响、被告人的主观恶性和人身危险性等多种因素,实际上使得自首的司法适用缺乏明确的、可操作的标准,并导致自首制度的运作背离了刑法上创设自首制度的目的和初衷,出现了自首"异化"的现象:即法官依据其宽泛的自由裁量权,任意决定自首是否从宽。

　　从自首制度的目的来看,刑法上创设自首制度的主要目的在于鼓励犯罪行为人悔悟迁善,以实现刑法的特别预防目的。由这一目的出发,自首从宽的适用对象应当限于内心真诚悔罪进而投案自首者,因为唯有对真心悔悟迁善者适用自首从宽,方能真正实现刑法的特别预防目的。至于为情势所逼而投案自首者,或者恶意利用自首规避法律制裁者,均不宜成为自首从宽的适用对象。换言之,对于自首者,尚需进一步查清、区分其究竟是否因内心真诚悔罪而投案自首,对于因内心悔悟而投案自首者,量刑上应给予其从宽的奖励,而对于非出自内心悔悟而自首者,量刑上则不应予以从宽。与此相关,立法上之所以授权法官对自首进行自由裁量,也正是希望通过法官的审查,对被告人自首的动机进行甄别,以作出符合自首制度目的的从宽裁判。据此,法官在对自首是否从宽进行权衡、裁量时,其裁量范围应当限于对自首动机的查明,而其裁量的标准和权衡的因素,亦应当限于自首是否确系出自被告人的内心悔悟。若法官查明被告人确系因内心真诚悔悟而投案自首,则在量刑时予以从宽,若否,则不予从宽。除此之外,不应再附加诸如犯罪事实、犯罪性质、犯罪情节、危害后果、社会影响等任何其它因素或标准,否则,自首即可能背离其立法目的而"异化"为法官恣意量刑的工具。

以李昌奎案为例,据媒体报道,被告人李昌奎并不是犯罪后就到公安机关投案,而是逃窜到西昌等地躲藏了三天,案发后第四天在想逃跑时被公安机关四处追捕,走投无路的情况下才去投案的,这种情势所迫下的投案,虽然根据司法解释仍成立自首,但这种情势所迫下的被动自首显然区别于因内心悔罪而投案的主动自首,从自首制度的目的出发,对于李昌奎的被动自首情节,法官在量刑时不应予以从宽。

此外,之所以反对将犯罪事实、犯罪性质、犯罪情节、危害后果等列为决定自首是否从宽的参考因素,也是基于刑法上禁止重复评价原则的要求。犯罪事实、犯罪性质、犯罪情节、危害后果等,本身皆为酌定量刑情节之一,法官在对被告人量刑时已经对其予以了充分考虑,而今在审酌、议决自首是否应当从宽时,又重复以此进行衡量、评价,这岂不是公然违背禁止重复评价的量刑原则?以药家鑫案为例,据媒体报道,法官认定被告人"药家鑫开车将被害人张妙撞伤后,不但不施救,反而因怕被害人记住其车牌号而杀人灭口,犯罪动机极其卑劣,主观恶性极深;被告人药家鑫持尖刀在被害人前胸、后背等部位连捅数刀,致被害人当场死亡,犯罪手段特别残忍,情节特别恶劣,罪行极其严重;被告人药家鑫仅因一般的交通事故就杀人灭口,社会危害性极大,……。"在该案中,法官正是充分考虑到被告人犯罪动机极其卑劣、主观恶性极深、犯罪手段特别残忍、情节特别恶劣、罪行极其严重、社会危害性极大等酌定量刑情节,才决定对被告人适用死刑,但在决定是否对被告人适用自首从宽时,法官又以上述情节为由决定对其不予从宽,这显然属于重复评价。

我国司法实践中,自首制度"异化"的问题已经相当严重,甚至已经成为量刑制度中的"阿基琉斯之踵",冲击到整个刑事司法体系的正当性基础,到了刻不容缓、不得不改的地步。笔者认为,要真正矫正司法实践中的自首"异化"问题,就必须在精神上回归自首制度的立法目的,并在具体制度设计上修正目前司法解释中规定的自首裁量标准,以此限制法官的自由裁量权。

注:本文发表于检察日报 2012 年 2 月 13 日第 003 版,刊发时略有删节,现恢复原文。

以审判为中心的诉讼制度改革：
三重困境及其破解

2015 年 2 月 4 日最高人民法院发布了《关于全面深化人民法院改革的意见——人民法院第四个五年改革纲要（2014—2018）》，明确提出要推动建立以审判为中心的诉讼制度，促使侦查、审查起诉活动始终围绕审判程序进行，确保庭审在保护诉权、认定证据、查明事实、公正裁判中发挥决定性作用。随后各地法院陆续展开了以审判为中心的诉讼制度改革。但从目前各地改革试点的情况来看，在取得明显成绩的同时也暴露出背景冲突、制度冲突以及技术冲突等深层次问题，亟待解决。

背景冲突

当前，案多人少已经成为我国法院审判工作中的主要矛盾。根据最高人民法院发布的数据显示，2014 年，全国法院刑事一审收案 104 万件，比上年上升 7.09%，占刑事一审、二审、再审案件总数的 89.32%；审结 102.3 万件，上升 7.24%；判决生效被告人 118.5 万人，上升 2.24%。法院系统的这种案多人少的矛盾，越到基层表现越突出。以笔者调研的 C 市中级人民法院刑二庭为例，该庭主要承办职务犯罪、经济犯罪、毒品犯罪的一审案件以及二审案件,2014年该庭共有承办法官15人,收案491件,平均每人32.7件,其中一审案件177件,平均每人11.8件,二审案件277件,平均每人18.5件;其他37件,平均每人2.5件。以一年240天的有效工作日计算,7天左右就要办结一起案件,而这中间还要包括开庭时间、案管系统录入办案信息的时间以及撰写法律文书的时间等等,工作强度和压力相当大。该市部分城区基层法院案多人少的矛盾更为突出。

这就带来一个现实的悖论:随着社会转型的加剧,人民法院受理的案件数多年以来逐年递增、高位运行,已经成为新常态,这一因素是客观存在且不受法院主观因素影响的;而另一方面,法官的员额数又受到严格控制,至少在一个较长时期内法院都不大可能大规模扩编。在这样的背景下,法院和法官为解决案多人少的矛盾,不能不采取简化办案流程的方式来"挤"时间、"压"工作量。但是,以审判为中心的诉讼制度改革,必然要求庭审实质化,而庭审实质化无疑将变相加大法官的工作量。各地法院的改革试点表明,实行以审判为中心的诉讼制度改革后,庭审持续的时间明显拉长,原本1个小时可以审结的案件,现在可能需要4个小时甚至更长;同时,因为要当庭宣判,法官开庭审理时的心理压力比以前更大,庭审的工作强度亦明显加大,法律文书质量的要求也更高。这些新要求、新常态都与法院案多人少的现实之间形成了一个不可调和的矛盾。

在这一现实矛盾下,以审判为中心的诉讼制度改革要取得成功,就必须首先解决审判程序的"入口"问题,即必须对案件实行繁简分流,将庭审实质化改革适用的对象限制在那些案情相对复杂、疑难、重大的案件,而对于案情简单、双方争议不大的案件则应当通过简易化的程序流程予以解决。当前可以考虑的选择性方案包括:一是加大简易程序的适用比例,增强其分流案件的能力；二是强化"轻刑快处"程序的适用，简化办案方式、缩短办案周期、加快程序流转。

制度冲突

以审判为中心的诉讼制度改革，是一个系统工程，牵一发而动全身，改革的成功依赖于相关制度资源的协助、支撑与配套。否则，单纯的庭审制度改革将如同"孤军深入"，战略上被动而战术上亦难以为继。从各地法院改革试点的情况来看，一些相关制度的配套缺位已经严重影响到改革的成效，问题主要集中在三个方面：

一是庭前会议制度的功能和效力不明确。以审判为中心的诉讼制度改革，核心是庭审实质化，但在当前案多人少已经成为法院审判工作主要矛盾的背景下，庭审实质化改革必须以庭审高效化为前提，实质化的庭审只能针对案件双方争议的焦点进行集中审理，而不能事无巨细、"眉毛胡子一把抓"。为此，各地法院在推行以审判为中心的诉讼制度改革时，不约而同都提出必须充分发挥并突出庭前会议解决程序性事项、展示证据并整理争点的功能。但问题在于，我国刑事诉讼法虽然规定了庭前会议制度，但却并未明确其功能及效力，诸如庭前会议中被告人是否到场、庭前会议中控辩双方就证据和事实达成的共识究竟有无拘束力、是否允许反悔等问题规定不明。实践中，因为被告人方反悔而导致庭审"炒冷饭"或程序倒流的现象一再出现，不仅打乱了庭审节奏，更降低了庭审效率。实践中的另一大难点还在于在庭前会议中究竟能否处理非法证据排除的问题。各地法院的试点情况表明，在庭审程序中处理非法证据排除问题，庭审效果似乎并不好，因而有观点主张在庭前会议中处理非法证据排除的问题。但在庭前会议中处理非法证据排除的问题，又缺乏明确的法律依据。因而，推进以审判为中心的诉讼制度改革，迫切需要通过立法解释或司法解释的形式对庭前会议的功能和效力予以明确。

二是证人出庭保障制度缺位。人证出庭作证是审判中心主义的核心要义，也是庭审实质化改革的重点和难点所在。在我国司法实务中，依法应当出庭作证的证人、鉴定人、侦查人员等人证出庭率低，已经是长期以来的一项痼疾，违背了刑事诉讼法上的直接言词原则，广为人所诟病。证人等不出庭、大量使用案卷中的证据替代品（如证人询问笔录），是造成书面审判盛行的重要原因。以审判为中心的诉讼制度改革必然要求证人等出庭作证，但证人出庭作证又需要建立相关保障制度。对此，刑事诉讼法第六十一条专门规定："人民法院、人民检察院和公安机关应当保障证人及其近亲属的安全。"第六十三条又规定："证人因履行作证义务而支出的交通、住宿、就餐等费用，应当给予补助。证人作证的补助列入司法机关业务经费，由同级政府财政予以保障。"但问题在于，新刑事诉讼法实施以来，上述立法似乎从未真正落到实处。改革试点中证人出庭费用补助的标准和经费承担主体无法明确、统一，只能各行其是，而保障证人人身安全的主体和具体措施也无法到位。下一步改革能否顺利推进，相当程度上依赖于立法上的证人出庭保障制度能否真正"落地"。

另一方面，实践中法官们比较关心的问题是，证人出庭作证后，是不是就不允许法官查阅、使用案卷中的书面证词（证人询问笔录）了呢？以审判为中心的诉讼制度改革，固然反对"侦查中心主义"即法官完全以侦查阶段所形成的各种书面笔录作为裁判基础，提倡"四个在庭"：诉讼证据质证在法庭、案件事实查明在法庭、诉辩意见发表在法庭、裁判理由形成在法庭。但并不能就此理解为完全排斥法官查阅和使用案卷中的证据材料包括书面证词。实践中,证人尽管已经出庭作证并接受了控辩双方的交叉询问,但有的情况下,尤其是在证人翻证的情况下,法官基于查明事实真相的考虑,仍须查阅证人在审前程序中所作陈述,以便对证人证言的连续性和稳定性进行审查,进而对翻证的合理性作出判断,在这种情况下,查阅、使用案卷中的书面证言,实际上是辅助法官进行证据审查、判断的一种必要手段,若一味禁止法官查阅、使用案卷中的书面证言,可能并不合乎实际。因此,实务中迫切需要的是通过司法解释的方式明确规定书面证言等使用的条件和方式,并建立相应的证据规则。

三是法律援助制度缺位。以审判为中心的诉讼制度,并不是法官的"独角戏",而是建立在控、辩、审三方良性互动基础上的制度设计,只有控辩双方尤其是辩护律师提出有质量的质证意见和法律适用意见,才有利于法官全面查清案情、正确适用法律。因而,辩护制度是以审判为中心的诉讼制度改革不可或缺的一个面相。然而,我国当前的刑事辩护实践情况却并不能令人满意。虽然 2012 年刑事诉讼法修正时,将指定辩护适用的案件范围扩展到可能判处无期徒刑以上的案件,但与实践中的刑事案件量相比而言实属杯水车薪。根据 C 市法院的初步统计,其市、区(县)两级法院刑事案件辩护律师的参与率只有 1/3 左右。换言之,有 2/3 的刑事案件是没有辩护律师参与的。这说明我们的刑事法律援助制度还远远不能适应以审判为中心的诉讼制度改革的需要,下一步改革如何扩大法律援助的适用范围,是一个症结点。

四是法院现行分案制度与改革有抵触。"审判中心主义"一词实际上舶来自日本。日本学界曾反思其司法实务中之所以形成书面审判、依赖书证的"侦查中心主义"倾向,实际上与法院通常对多数案件并行审理的方式密切相关,在需要开庭两次以上的案件中,开庭间隔时间很长,通常是以周为单位,有时甚至以月为单位。由于法官同时承办多起案件,只能对案件实行交叉开庭,而无法做到连续、集中审理,导致对同一案件前后两次开庭间隔时间较长。因而,法官对前一次庭审中当事人和证人的陈述内容可能会有所遗忘或产生混淆,为防止事实认定错误,法官只能反复核阅当事人和证人在侦查阶段所作陈述,由此导致书面审判即侦查中心主义。其实,对多数案件并行审理的方式在我国同样存在,由于大多数法院对案件实行轮分制,每一位承办法官可能需要同时承办多起案件,而每一起案件都有审限限制,为防止案件审理超审限,法官只能采取交叉开庭、轮流开庭的方式,即就甲案开完一次庭后,又就乙案开庭审理,而无法做到对同一起案件连续、集中审理,为防止案件事实的遗忘或混淆,法官只能在庭后反复核阅卷宗,从而造成侦查中心主义。基于此,推行以审判为中心的诉讼制度改革,还需要法院在分案制度上进行配套改革,即在对案件繁简分流的基础上,合理控制每位承办法官同一时期承办案件的数量。

技术冲突

以审判为中心的诉讼制度改革,实际上是一种倡导技术理性的制度,它强调的是密集开庭、集中审理、当庭认证、当庭宣判,这是一种高度重视和强调司法技术的庭审制度设计,它要求控、辩、审三方都要具备高超的诉讼技艺:对于法官而言,控庭能力要强,要能恰当地引导双方围绕争点展开攻防,要熟悉证据规则,具备当庭认证的能力;对于控辩双方来说,要具备突出的举证、示证和质证能力,要能熟练地运用交叉询问规则展开对人证的盘诘和调查。

但从笔者了解到的一些法院改革试点的情况来看,控、辩、审三方的司法技术和诉讼技艺,距离上述要求还有较大的差距,这突出表现在对人证的交叉询问上,控、辩双方明显缺乏对人证如何有效展开交叉询问的经验和技巧,不知该如何正确运用反对权,法庭上经常是反对声此起彼伏,却不着要领;而作为审判者的法官对于交叉询问制度中的禁止诱导性询问等规则也是一知半解,当控辩双方行使反对权时,不知是该裁决反对有效还是反对无效,从而使得整个庭审在人证调查环节显得有些忙乱无序;而部分法官在法庭上对人证频繁发问,又使得庭审更像是大陆法系的轮替询问而非交叉询问。这些情况表明,控、辩、审三方在交叉询问上的技巧和能力都有待提高,下一步改革进程中,实有必要组织控、辩、审三方人员进行相关司法技术和诉讼技艺方面的专门培训和实战训练。

人民法院报/2016 年/2 月/24 日/第 005 版

对院庭长审判监督权的若干思考

为贯彻中央关于深化司法体制改革的总体部署,2015 年 9 月 21 日最高人民法院发布了《关于完善人民法院司法责任制的若干意见》(以下简称《意见》)。较之其他或以前的类似规定,《意见》的一个突出特点就在于将院庭长的审判监督职权(责)制度化和程序化。

院庭长审判监督权的制度化和程序化

首先,《意见》明确将"以审判权为核心,以审判监督权和审判管理权为保障"确立为人民法院审判责任制改革的基本原则,并将院庭长的审判监督权纳入了审判权力运行机制的范畴和框架内予以规范,从而将院庭长审判监督权的运行程序正式嵌入了审判权力运行机制之中,成为审判权运行的常规机制和基本流程之一。

其次,《意见》明确赋予了院庭长审判监督职责。按照《意见》第二十一条的规定,院长除依照法律规定履行相关审判职责外,还应当从宏观上指导法院各项审判工作,组织研究相关重大问题和制定相关管理制度,综合负责审判管理工作,主持审判委员会讨论审判工作中的重大事项,依法主持法官考评委员会对法官进行评鉴,以及履行其他必要的审判管理和监督职责。同时,《意见》第二十二条还规定,庭长除依照法律规定履行相关审判职责外,还应当从宏观上指导本庭审判工作,研究制定各合议庭和审判团队之间、内部成员之间的职责分工,负责随机分案后因特殊情况需要调整分案的事宜,定期对本庭审判质量情况进行监督,以及履行其他必要的审判管理和监督职责。上述两个条文,均明确提出院庭长除依照法律规定履行相关审判职责外,同时还应当承担一定的审判监督职责。

再次,《意见》明确规定了院庭长实施审判监督的具体程序。《意见》第二十四条明确规定,对于有下列情形之一的案件,院长、副院长、庭长有权要求独任法官或者合议庭报告案件进展和评议结果:(1)涉及群体性纠纷,可能影响社会稳定的;(2)疑难、复杂且在社会上有重大影响的;(3)与本院或者上级法院的类案判决可能发生冲突的;(4)有关单位或者个人反映法官有违法审判行为的。院长、副院长、庭长对上述案件的审理过程或者评议结果有异议的,不得直接改变合议庭的意见,但可以决定将案件提交专业法官会议、审判委员会进行讨论。据此,院庭长对于特定案件有权进行"过问",他可以要求独任法官或者合议庭报告案件进展和评议结果,并有权"干预"办案流程,即在与合议庭意见相左的情况下,院庭长有权决定将案件提交专业法官会议、审判委员会进行讨论。虽然《意见》同时规定院庭长不得直接改变合议庭的意见,但允许院庭长"过问""干预"在办案件,本身就表明院庭长享有对法官在办案件的审判监督权。

从《意见》的上述规定来看,院庭长的审判监督职权(责)实际上包含两个方面的内容:一是院庭长对本院或本庭内部行政事务的监督职权(责),又可进一步再分为:(1)对纯粹的法院行政事务的监督职权(责);(2)对有关审判的行政事务的监督职权

（责）。前者如对法官的考核，后者如调整分案以及对办案质量的监督、评查等；二是院庭长对本院或本庭内部审判业务的监督职权（责）。如前所述，基于防错纠错、统一法律适用或防止违法审判等目的，院庭长有权对独任法官或合议庭承办的案件进行审核，并在意见相左的情况下，有权将案件提交专业法官会议、审委会讨论。

对院庭长审判监督权的思考

从司法原理上讲，法院的院长和庭长一职，本为法院内部的行政职级和职务，故而，兼任院长或庭长者，基于其行政职务而对本院或本庭其他法官享有一定的行政事务监督职权（责），这无可厚非。但问题在于，院庭长与法官（合议庭）之间是否还存在着一种审判业务上的监督关系，院庭长能否对法官（合议庭）行使审判业务监督权？

我国人民法院组织法第十六条第二款规定："下级人民法院的审判工作受上级人民法院监督。"据此，我国上、下级人民法院之间是审判业务监督关系，但法律并未明确规定我国法院院庭长与法官之间是审判业务监督关系。再从诉讼法原理上看，在应然状态下，作为自主审判、独立行权的办案主体，"法官是法律世界的国王，除了法律就没有别的上司"（马克思），故而享有"指令自由"，即法官执行职务时，享有不受上级指令的自由。《意见》赋予院庭长的审判业务监督权，虽然名为"监督权"而非"指令权"，院庭长也不直接决定案件，但笔者认为，从院庭长有权否决法官（合议庭）的意见并将案件移转至专业法官会议、审判委员会讨论的角度来看，这种审判业务监督权仍然应当归属于指令权的范畴。

然而，客观地评价，在我国当前一定时期内保留院庭长的审判业务监督权,又确有其现实合理性。这是因为,当前在法院一线办案的法官,整体司法能力确实良莠不齐,即使员额制实行之后,会淘汰、裁撤部分能力不足的法官,但在一定时期内仍会有部分法官在办理一些疑难、复杂、重大的案件时感觉力不从心、力有不逮,在这种情况下,由司法能力更强、司法经验更为丰富的资深法官即院庭长从案件质量管控的角度对案件进行"把关",就确有必要。加上在我国当前社会环境下,法院的司法权威和公信力还不太高,如果有关单位或者个人反映法官有违法审判行为,而作为法院领导的院庭长对此不闻不问、听之任之,可能会进一步加剧社会公众对法院的不满情绪,也不利于案件的最终处理。因此,《意见》在废除办案层级审批制的同时,保留了院庭长的审判业务监督权,这是基于我国司法现实而作出的一项有针对性的制度安排,有其现实合理性基础。

但是,另一方面,不能否认的是,院庭长的审判业务监督权,若在实务中操作不当,也确有可能对办案法官的独立办案权造成某种妨害,因而,必须考虑从制度上严格规范、在操作层面严格规制。

院庭长审判业务监督权的规范

首先,院庭长的审判业务监督权既是职权又是职责。对于院庭长而言,审判业务监督首先是一项职权,这意味着院庭长有权对独任法官或合议庭的承办案件实施监督,而独任法官或合议庭不得拒绝。同时,审判业务监督对于院庭长而言,又是一项职责,若院庭长因故意或者重大过失,怠于行使审判监督权,导致裁判错误并造成严重后果的,院庭长应当承担相应的责任。对此,《意见》第二十七条明确规定,负有监督管理职责的人员等因故意或者重大过失,怠于行使审判监督权导致裁判错误并造成严重后果的,应当承担监督管理责任。

其次,院庭长的审判业务监督权只能针对特定案件情形才能启动。根据《意见》的规定,院庭长的审判业务监督权,只能针对四种案件情形而启动:(1)涉及群体性纠纷,可能影响社会稳定的;(2)疑难、复杂且在社会上有重大影响的;(3)与本院或者上级法院的类案判决可能发生冲突的;(4)有关单位或者个人反映法官有违法审判行为的。除非基于上述四种情形,否则,院庭长的审判业务监督权应当保持静默。在上述四种情形之外,皆应由法官(合议庭)独立办案、独立定案,院庭长不得以审判业务监督为名,行干涉案件之实,否则,将构成不当行权而承担相应的责任。对此,《意见》第二十七条规定,负有监督管理职责的人员等因故意或者重大过失,不当行使审判监督权,导致裁判错误并造成严重后果的,依照有关规定应当承担监督管理责任。追究其监督管理责任的,依照干部管理有关规定和程序办理。

再次,院庭长的审判业务监督权本质上是一种审核权,而不是审批权。根据《意见》的规定,院庭长有权要求法官(合议庭)报告案件进展和评议结果,即对案件处理结果进行审核,但院庭长并不能直接决定案件,他即使不同意法官(合议庭)的意见,也无权改变法官(合议庭)的意见,更不得指令法官(合议庭)按自己的意见办,而只能将案件提交专业法官会议、审委会讨论决定。这意味着院庭长最多只能在审核后否决法官(合议庭)的意见,却不能直接定案。这是院庭长的审判业务监督权与过去的案件审批权在权限内容上的最大区别。

传统审判模式下,承办法官(合议庭)作出判决之前,必须将裁判文书层报院庭长审批,由此造成"审理者不裁判、裁判者不审理"的程序倒挂现象,背离了"审理者裁判"的司法规律和法官的办案主体地位,造成权责不明。正因为如此,《意见》才通过废除裁判文书院庭长审核签发制度，"叫停"了实务中实行多年的办案层级审批制。对此，《意见》第六条明确规定，除审判委员会讨论决定的案件以外，院长、副院长、庭长对其未直接参加审理案件的裁判文书不再进行审核签发。因为裁判文书院庭长审核签发制度只是一种形式，其实质是院庭长借由裁判文书审核签发权变相行使了指令定案权，动摇了法官的办案主体地位，造成审判权运行的过度行政化。而《意见》赋予院庭长的审判业务监督权，仅仅只是一种审核权，而非审批权，院庭长即使对法官（合议庭）的意见有异议，也不能直接决定案件，这一制度设计较之传统审判模式下的案件审批制，显然更有利于突出法官的办案主体地位、彰显审判的独立性。

第四，院庭长的审判业务监督权只是一种程序启动权，而非实体处分权。根据《意见》的规定，院庭长的审判业务监督权，只是一种程序启动权，院庭长审判业务监督权行使的后果，并非决定案件的处理结果，而是分别启动两项程序：一是听取报告程序。即要求（法官）合议庭报告案件进展和评议结果；二是移转案件程序。即在与法官（合议庭）的意见相左的情况下，启动专业法官会议、审委会讨论案件。据此，院庭长的审判业务监督权实际上仅仅只是一种程序启动权，而非实体处分权，最终决定案件的是审判委员会。

这里特别需要指出的是，实务中应当要求院庭长在对法官（合议庭）的意见有异议时，必须将案件提交专业法官会议、审委会讨论，即院庭长不同意法官（合议庭）意见时，必须强制性开启案件移转程序，而不能允许院庭长将法官（合议庭）的意见发回重议。原因很简单，实务中如果允许院庭长在否决法官（合议庭）意见的同时将案件发回重议，法官（合议庭）有可能会顺着院庭长的意思重新拟具处理意见，从而使院庭长的意见得以贯彻。

因而,实务操作中,应当要求院庭长在不同意法官(合议庭)意见时强制性开启案件移转程序。

最后,院庭长审判业务监督权的行权流程和结果,应当全程留痕。对此,《意见》规定,院长、副院长、庭长针对上述案件监督建议的时间、内容、处理结果等应当在案卷和办公平台上全程留痕。实务中要落实《意见》的上述规定,还必须配套性地要求院庭长审判业务监督权行使贯彻书面化原则,即院庭长必须以书面方式下达审判业务监督的指令,实现审判业务监督权行使的书面化。院庭长的书面指令,应当载入法院内卷,并作为事后评判院庭长是否不当行使审判业务监督权以及是否承担责任的依据。

人民法院报/2016 年/5 月/25 日/第 005 版

检察改革"三忌"

摘　要：在"确保检察机关依法独立公正行使检察权"的司法体制改革热潮中,全国检察机关以办案组织司法化和办案方式司法化为出发点,以期建立公正、高效、权威的检察机制。因检察机关同时兼具司法和行政双重属性,检察权运行也需要兼顾检察一体和检察独立的原则,避免改革走入歧途。但就目前改革试点来看,突出存在三方面问题:一是在检察机关办案组织和办案方式司法化改革的口号下,盲目引入法院的合议制工作机制,造成"检察官法官化";二是错误理解和定位检察长负责制,排斥、否定检察官独任制,抹杀了检察官独立行使检察权的主体地位,造成"检察官手足化";三是面对犯罪形势发展专业化的趋势,匆忙成立各类专门化的办案机构,固定检察官的办案类型,导致"检察官专门化"。

关键词：检察改革;"检察官法官化";"检察官手足化";"检察官专门化"

自中共十八大提出深化司法体制改革、确保检察机关依法独立公正行使检察权的检察改革目标以来,检察体制改革正以加速度的节奏展开。然而,由于检察权在性质和功能上的特殊性,检察制度在整个国家司法体制中的地位相对特殊,这就要求检察体制改革必须遵循检察权运行的基本规律和原理,否则,检察改革的结果可能违背我们改革的初衷,南辕而北辙。然而,从目前各地检察机关正在试点、推行的若干检察改革措施来分析,部分检改措施确实在一定程度上存在着背离检察制度原理之处,比较突出地表现为"三化":一是在检察机关办案组织和办案方式司法化改革的口号下,盲目引入法院的合议制工作机制,造成"检察官法官化";二是错误理解和定位检察长负责制,排斥、否定检察官独任制,抹杀了检察官独立行使检察权的主体地位,造成"检察官手足化";三是面对犯罪形势发展专业化的趋势,匆忙成立各类专门化的办案机构,固定检察官的办案类型,导致"检察官专门化"。上述"三化"之现象,同时亦为检察改革不能突破之三条底线,是为检察改革之大忌。

一忌:"检察官法官化"

检察机关办案组织和办案方式的司法化改造,是近年来检察改革的一个热点问题。这一改革以确立和强化检察权是司法权、检察官是司法官为出发点,主张对检察机关现行的以"科、处、局"为办案单位的组织形式以及"检察人员承办,办案部门负责人审核,检察长或者检察委员会决定"的"三级审批制"办案模式进行彻底改造,使检察权的运行符合司法工作独立、亲历、兼听、公开和"谁办案、谁决定、谁负责"的要求。①

之所以倡导和推行检察机关办案组织和办案方式的司法化

---

① 陈旭:"探索建立科学的检察办案组",载《检察日报》2013 年 8 月 9 日。

改革,目的在于祛除我国检察体制长期以来所形成的"过度行政化"的痼疾,使检察权按照司法权的规律运作。客观地讲,这一改革的出发点和目的并无问题,符合检察制度改革发展的基本原理和方向。然而,目的并不能决定手段的正确性,在各地检察机关大力推行办案组织和办案方式司法化改造的同时,一些具体的改革主张和举措却遭遇学理上的争议与质疑,焦点问题在于:检察机关办案组织和办案方式的司法化,是否意味着检察机关对法院办案组织和办案方式的"照搬照抄",甚至连法院实行的合议制工作机制也"照单全收"?

例如,上海市检察机关从 2011 年起以检察权的司法化运行为目标开始探索实行主任检察官制度,2013 年这项制度已在多个基层检察院推广试行。上海市检察机关在推行主任检察官制度改革的同时,亦提出借鉴法院的合议制工作机制,主张建立专门的法律监督办案组,并将法律监督办案组的内部管理模式分成独任制和合议制两种:对于口头的监督建议及一般的法律监督事项,可以授予检察官独立行使;对于重大法律监督事项,应当由法律监督办案组以合议的方式来行使。这里所指的重大法律监督事项,主要指那些具有司法救济性质的法律监督事项,如对经过法院审判委员会讨论决定的案件、二审终审后检察机关仍决定提起抗诉的案件以及对外制发检察建议等书面法律文书类法律监督事项等。对于这些监督事项,在主任检察官的主持下,按照少数服从多数的民主合议机制处理,合议结果层报检察长或者检察委员会审核签发。之所以采用合议制,是因为这些监督事项直接关系到案件当事人的重要权益处分或相关诉讼程序的启动和终结,为了确保严肃性和正确性,需要集中办案组人员的集体智慧,防止因主任检察官或检察官个人素质上的某些缺陷而导致监督失误,影响司法的公正与权威。①

　　实际上，主张在检察机关权力运行机制中植入合议制工作模式的观点由来已久。例如，甘肃省兰州市七里河区人民检察院早在 2010 年即开始在主诉检察官制度内试行合议制，即由主诉检察官和检察员或助理检察员 3 人以上组成合议组，内设组长 1 名。对审查公诉的案件，由合议组进行评议。主诉检察官根据评议情况，形成结论性意见，并对合议的案件进行监督和指导。如果意见有分歧，合议结论按多数人的意见作出，少数人的意见写入笔录。如果主诉检察官的意见是少数，主诉检察官可以提请科长提交主诉检察官会议讨论决定。对经主诉检察官会议讨论仍不能决定的，可提请检察长审核，由检察长决定是否提交检委会讨论决定。②

　　此外，四川省人民检察院于 2011 年 10 月 14 日正式出台并实施《关于办理民事行政案件实行合议制的暂行办法（试行）》。该办法明确规定办理民事行政案件实行合议制，并详细规定了合议制的实施范围、种类、程序以及每位合议成员的职责和纪律等。③ 上述改革各有明目，但有一个共同点，即都主张在检察机关内部引入审判机关的合议制办案模式和工作机制。然而，问题在于，合议制工作机制与检察权的运行机制之间究竟是否兼容？在检察权的运行机制中强行嵌入合议制，是否会导致整个检察权运行机制的功能紊乱、运转失灵？这是避免改革陷入盲动而必须深思的问题。

---

① 陈旭："建立主任检察官制度的构想"，载《法学》2014 年第 2 期。
② 七里河区院："试行主诉检察官合议制效果好"，载 http://www.gscn. com.cn/pub/gansu/yuanchuang/2010/09/16/1284606908989.html.
③ 张艳、刘德华："'合议制'为民行办案又开一扇门"，载《检察日报》2011 年 12 月 12 日。

从检察制度原理上讲,检察官与法官虽同为司法官,各执司法天平之一端,但在法治角色和功能上却存在重大差异:一为单纯之审判机关,行使审判权,裁断个案纠纷,维护社会之公平与正义;一为专门之法律监督机关,依托法定之侦查、批捕、起诉等职权,履行"法律守护人"的监督职责,维护国家法制之统一与权威。由于法治角色和功能的差异,审判权与检察权在权力属性和运作原理上亦不尽相同:"法官是法律世界的国王,除了法律没有别的上司",因而,审判权,属单纯之司法权,其运作采审判独立原则;而检察官则处于上命下从的阶层组织构造之中,因而,检察权兼具司法与行政双重属性,其运作须同时奉行检察一体与检察独立原则,虽然亦强调检察官独立办案,但上级检察首长对承办案件的检察官享有指挥、监督之权,换言之,检察官处于其"上司"的指挥、监督之下。

具体而言,根据法律之明确规定,法院的办案组织和工作机制有两种形式:独任制和合议制。前者强调单个法官独自审理案件,并以自己的名义独立作出判决;后者则由数位法官组成合议庭集体审理案件,并按照合议庭多数法官的意见以合议庭的名义作出判决。独任制的特点在于判决结果取决于单个法官的独断,而合议制的判决结果则取决于合议庭成员的民主票决,实行少数服从多数的决策原则。法院作为审判机关之所以采行合议制,根本原因在于审判的独立性,因为"法官除了法律没有别的上司",组成合议庭的每位法官都是独立的审判主体,权利相同且地位平等,相互之间没有上、下级之分,因而,一旦合议庭成员之间出现意见分歧,就无法按意见人的职级大小定案,而只能采用民主票决的方式进行决策、以多数人的意见作为判决结论。在这个意义上,可以说,合议制本身与审判独立原则是相适应并相配套的,法院之所以采行合议制,盖因坚持审判独立原则使然。

与此不同,检察机关虽然也重视和强调检察独立原则,但由于检察机关本身兼具司法和行政双重属性,检察独立原则并非绝对,而是受到检察一体原则的挟制。所谓检察一体原则,即最高检察机关之检察长有权指挥、监督全体检察官,而上级检察首长则有权指挥、监督其下级检察官,全体检察官由此形成一个上下一体、上命下从的阶层组织。至于检察机关为何奉行检察一体原则?根本原因在于检察体系与审判体系之间的结构差异,检察体系由于没有类似于法院审判体系的审级监督机制,为防止个别检察官误断滥权、适用法令和追诉标准不一等问题,检察机关通过"上下一体、上命下从"的一体化机制,可以发挥类似于法院审级监督的功能,在检察体系内部实现对权力的管控;同时,由于检察官手握侦查权,为了有效打击犯罪,全体检察官亦有结成一体、合力侦查的必要,[1]因此,检察体系必须遵奉检察一体的原则。依据检察一体原则,上级检察首长对下级检察官享有指挥监督权和职务收取、移转权,理论上统称为"内部指令权"。实践中,若上级检察首长依法行使内部指令权,则承办案件的检察官有服从的义务,不得以所谓检察独立相抗衡。以我国台湾地区为例,台湾"法院组织法"第64条规定:"检察总长、检察长得亲自处理所指挥监督之检察官之事务,并得将该事务移转于其所指挥监督之其他检察官处理之。"依据该条规定,上级检察首长既可以将下级检察官承办的案件收回由自己亲自处理,亦可以将下级检察官承办的案件收取后移交由其他检察官办理。对于检察长的上述决定,承办案件的检察官有服从的义务。

由此可见,检察权的运作原理与审判权不同:审判权的运

---

[1] 朱朝亮:"检察权之制衡",载《律师杂志》第236期,1999年5月。

行遵循审判独立原则,具体行使审判权的法官,系地位平等的独立主体,除了法律之外没有别的上司,相互之间并无职级高低之分;至于法院内设的院、庭长,仅仅是司法行政事务的领导,而非审判业务的领导,不能干预审判权的运行过程。因而,合议庭法官在审判中出现意见分歧时,并无所谓报请上级决定一途,惟有采用民主票决的方式决定案件结果。而检察权的运作则兼采检察独立与检察一体原则,由于检察官是有"上司"(检察首长)的,且上级检察首长对下级检察官享有内部指令权,因而,若承办案件的检察官在案件处理上犹疑不决时,可请示上级检察首长决策,而上级检察首长一旦发出指令,则承办检察官有服从之义务。亦正因为如此,检察机关的办案模式与工作方式只能采用独任制,而不能采用合议制,盖因合议制与检察一体原则及检察长的内部指令权在运作原理上是相冲突的,若在检察权的运行机制中强行植入合议制,导向的可能并非检察机关"办案组织和办案方式的司法化",而是"检察官法官化",并可能由此造成整个检察权运行机制的功能紊乱、运转失灵。大陆法系国家的检察机关之所以普遍奉行独任制而绝缘于合议制,根本原因也就在于此。①

　　基于上述分析,笔者认为,在我国当前倡导检察机关办案组织和办案方式的司法化改革,固然有其独特的现实价值和国情

---

① 当然,检察机关办案不采用合议制,还有其他方面的原因,例如,从权力运行目标来看,审判权以实现司法公正为最主要目标,虽然也有司法效率的考虑,但无论如何不得突破司法公正的底线。而检察权虽然也以司法公正为目标,在基于其司法权与行政权的双重属性,在权力运行中不得不对效率及应变能力多加考虑,必须根据案件情况作出灵活、迅速的反应,典型如侦查职能的行使。而合议制则会对检察权的效率及应变能力造成阻滞,可能会导致错失办案良机。

意义,但仍需谨守防止"检察官法官化"这一底线,不能因为倡导检察机关办案组织和办案方式的司法化改革,就在检察机关内部不加区分地完全套用法院的办案组织形式和办案方式,尤其不宜在检察体制中强行植入合议制,否则,在"检察官法官化"的同时,检察机关以及检察官自身在国家法治建设中的独特价值和功能也将丧失殆尽,而检察制度本身也将失去存在的必要性和合理性。

二忌:"检察官手足化"

1999 年推行的主诉(办)检察官制度改革,曾经因为赋予主诉(办)检察官一定范围内的办案决定权,而被称作"放权"式改革,主诉(办)检察官也因为享有一定的办案独立性而被人们寄予厚望,一度被称作"放权检察官"。如今新一轮以建立主任检察官制度为主要内容的检察官办案责任制改革,又被人们习惯性地称作"放权"式改革,①主任检察官亦被称为"放权检察官",即"经检察长授权,享有一定范围的办案决定权,同时承担相应责任的检察官。"②检察改革在这一刻似乎陷入了某种宿命般的轮回,令人不胜唏嘘。

类似的检察改革举措之所以一再被人们称作"放权式"改革,归因于我国宪法和检察院组织法规定的检察长负责制,即人民检察院组织法第 3 条之规定:"各级人民检察院设检察长一人,副检察长和检察员若干人。检察长统一领导检察院的工

---

① "司法改革建立办案责任制 突出法官检察官主体地位",载《人民日报》2014 年 7 月 23 日。
② 郑青:"关于检察官办案责任制改革的几点思考",载《检察日报》2014 年 1 月 8 日。

作"。由于立法上明确规定检察长对整个检察机关的工作行使统一领导权,根据权责一致原则,理论上遂称之为"检察长负责制"。对于检察长负责制的内涵,理论上和实践中解读为"检察长作为检察机关的首长,统一领导人民检察院的组织、业务以及人财物等所有工作,对检察机关一切检察活动具有最终决策权并负领导责任。"[①]基于此,检察长对检察机关一切检察活动具有最终决策权,而检察官则只能在经检察长特别授权的情况下,才能代为行使部分检察权(包括办案决定权)。根据这一观点,在我国检察体系中,惟有检察长才是完整、独立的权力主体,其他人员包括主任检察官原本皆非独立的办案主体,其之所以能够成为相对独立的办案主体、享有一定范围内的办案决定权,完全系检察长特别授权之缘故。这也正是当前主任检察官制度改革被人称作"放权"式改革的主要原因,即,主任检察官的权力(办案决定权)来源并非法定,而系检察长之授权,是检察长将自己的权力"下放"(授权)给了主任检察官。

然而,作为一种指导检察改革的基础性理论或学说,上述观点太多含混、模糊之处,诸多前提性问题需要一一展开追问并予以澄清,例如,实行检察长负责制,是不是就意味着只有检察机关的首长即检察长才有行使检察权的资格和权限?检察官包括主任检察官的办案决定权,究竟是法律赋予的,还是检察长授予的?我国检察改革的基本走向究竟是"放权",还是"还权"?上述问题若不厘清,则当前以主任检察官制度改革为核心内容的检察官办案责任制改革终将因为缺乏理论支撑而难以为继、昙

---

① 孔璋、叶成国:"检察长负责制与民主集中制关系论证——以检察机关内部领导体制为视角",载 2011 年《第七届国家高级检察官论坛会议文章》。

花一现。

笔者认为,从检察制度原理上看,检察权本具有行政属性,因而主张检察机关实行检察长负责制并无问题。然而,不应忽略的是,检察权同时亦具有司法属性,检察官依法独立行使检察权,则是检察权司法属性的内在要求。因此,检察权的运行机制,实际上是一种"双轨制",即检察长负责制与检察官独任制并行。传统观点将检察长负责制与检察官独任制对立起来,并以检察长负责制为由排斥检察官独任制,是不符合检察权运作的基本规律与原理的。具体理由论证如下:

第一,检察长负责制并不排斥、否定检察官的办案主体地位和独立办案权。如前所述,传统观点从检察长负责制出发,认为检察长享有检察工作的最高决策权("统一领导权"),故而检察官就不能再行使办案决定权。换言之,该观点认为,检察官处于检察长的指挥、监督之下,因而不具有职务上的独立性。这实际上就将检察长负责制与检察官独任制对立起来了,对此,笔者不敢苟同。

首先,检察长负责制与检察官独任制是检察体制内并行不悖的两套权力运行机制。人民检察院组织法第 3 条规定:"检察长统一领导检察院的工作。"据此,检察长对于检察机关的行政事务和检察业务享有最高决策权,但并不能据此就否定检察官依法独立行使检察权的主体地位。这是因为,检察长在检察业务方面的最高决策权(内部指令权),是一种监督性、干预性权力,它在功能上具有决疑性、纠错性和政策性,在具体行使方式上则具有间接性、或然性,即并不是每个案件都需要检察长动用该权力,只有在必要时(如决策疑难案件、纠正下级错误、实施检察政策),检察长才会依法启动该权力。例如,三人共犯一罪,承办检察官决定对其中两名犯罪嫌疑人起诉,对另一名犯罪嫌疑人作不起诉,但检察长从统一法律适用的角度认为三名犯罪嫌疑人均应当起诉,遂行使个案指令权,指令承办检察官起诉第三名犯罪嫌疑人,或者行使职务收取、移转权,将该案收回由自己亲自承办或转交其他检察官承办。透过该案之运作,我们可以发现,检察长在该案中之所以行使个案指令权或职务收取、移转权,是因为他认为承办检察官对该案的处理意见有违法律统一适用的原则,基于纠错之目的,启动了该权力。相反,若承办检察官正确处理了该案,对三名犯罪嫌疑人一并起诉,那么,检察长的个案指令权即所谓最高决策权就可能"备而不用"。因此,检察长负责制以及检察长行使最高决策权,并不意味着只有检察机关的首长即检察长才有行使检察权的资格和权限,也不意味着每个案件最后都必须层报检察长决定,而是指检察长在必要时拥有监督、干预检察官办案决定的权限。据此,检察机关内部实际上存在着两套权力运行机制:一是常规办案机制,即检察官作为案件承办人,依法独立行使办案决定权,自主决定案件的处理。这是检察官独任制的体现;二是办案监督机制,即检察长在必要时依法对承办检察官行使内部指令权,对承办检察官进行指挥、监督或者对案件作出收取、移转等处分。这是检察长负责制的体现。由此可见,检察官独任制与检察长负责制这两套权力运行机制是并行不悖的,检察长负责制并不排斥、否定检察官独任制。在检察长负责制下,检察官仍然是独立的办案主体,依法独立行使检察权包括办案决定权,检察长仅仅是在法定的必要(例外)情形下才有权通过内部指令权监督、干预检察官的办案决定。因此,我们不能仅仅因为检察机关实行检察长负责制,检察官处于检察长的指挥、监督之下,就单方面否定检察官的办案主体资格和办案独立性。

其次,从比较法的角度讲,大陆法系国家的检察官无一例外都处于检察首长的指挥监督之下,但却并无人因此而否认检察官的独立性。以日本为例,日本检察官在行使检察权上,被置于受上级指挥、监督的地位,但这并不否定每个检察官是行使检察权的意志决定机关的原则。即使是处于上级的指挥和监督之下,但是行使检察权的权限,仍由各检察官自己掌握。因此,上级的指挥和监督权必须和检察官的独立性相协调。①正因为如此,在日本,每个检察官作为政府机关,都有行使检察权的权限,而并非只有检察厅的长官才有这种权限。换言之,在执行检察事务方面,检察官不是惟命是从地行使检察权,而是具有自主决定权和代表国家意志的独立机关,因此,日本检察官又被称作"独任制机关"。② 由此可见,检察长负责制与检察官独任制之间并不冲突、对立,而是并行不悖的,不能因为实行检察长负责制,就认为其必然排斥、否定检察官的办案独立性。

第二,检察官的办案决定权来自法律的直接赋予,而非检察长的授予。检察官法第 2 条明确规定:"检察官是依法行使国家检察权的检察人员,包括最高人民检察院、地方各级人民检察院和军事检察院等专门人民检察院的检察长、副检察长、检察委员会委员、检察员和助理检察员。"根据该法条之明确规定,"检

---

① 在日本,虽然立法上检察长享有指挥、监督权,可以对承办检察官"发号施令"、行使个案指令权。但在司法实务中,出于对检察官独立性的尊重,即使检察长与承办检察官对案件的定性存在不同意见,检察长往往也不会直接行使指令权,强行要求承办检察官服从检察长的决定,而是采取沟通、劝告、说服的方式;如果办案检察官仍然坚持自己的观点、不愿改变,那么,检察长将会行使职务收取权和移转权,将该案件收回由自己承办或转交由其他检察官承办。参见裘索:《日本国检察制度》,商务印书馆 2003 年版,第 29 页。
② 裘索:《日本国检察制度》,商务印书馆 2003 年版。

察官"这一概念在外延上包括了检察首长(检察长、副检察长、检察委员会委员)和普通检察官(检察员、助理检察员)。同法第6条规定:"检察官的职责:(一)依法进行法律监督工作;(二)代表国家进行公诉;(三)对法律规定由人民检察院直接受理的犯罪案件进行侦查;(四)法律规定的其他职责。"根据我国立法的用语习惯,赋予"职责",也就意味着授予"职权",因而,该法条中的"职责"一词,同时亦可表"职权"之意,据此,该法条在本质上系一授权性规范,即授予检察官下列职权:"(一)依法进行法律监督工作;(二)代表国家进行公诉;(三)对法律规定由人民检察院直接受理的犯罪案件进行侦查;(四)法律规定的其他职责。"由于检察官法第2条明确规定检察官是依"法"行使国家检察权的检察人员,这表明检察首长和普通检察官的权力来源其实是相同的,即都来自于法律的授权,因而两者都是行使法定检察职权的合法主体,都有权行使检察官法第6条授予检察官的各项职权。只不过,检察首长(检察长、副检察长、检察委员会委员)"除履行检察职责外,还应当履行与其职务相适应的职责"(检察官法第7条),即检察首长同时具有双重身份:一是作为检察官,履行检察官职责、直接行使法定的检察官职权,如检察长亲自办案、代表国家进行公诉;二是作为检察机关之首长,负有对整个机关工作的指挥、监督之责,为此,法律还赋予检察首长对检察院的"统一领导权",即指挥、监督权和职务收回权、移转权等内部指令权。由上述分析可见,检察官的办案决定权等职权,系来自于法律的直接赋予,而非检察长的授予。这实际上也间接承认了检察官独任制,即每个检察官都是行使检察权的合法主体。

但在我国,立法上习惯于将"人民检察院"而非"检察官"表述为被授权的主体,如检察院组织法第12条规定:"对于任何公民的逮捕,除人民法院决定的以外,必须经人民检察院批准。"同法第13条规定:"人民检察院对于公安机关要求起诉的案件,应当进行审查,决定起诉、免予起诉或者不起诉。"有人正是据此主张,人民检察院作为官厅整体才是检察权主体,检察官作为官员,个人并无行使检察权的主体资格。对此,笔者认为,检察机关本系上命下从、上下一体的整体组织构造,检察院组织法、刑诉法等基于检察一体原则,对检察机关进行整体授权,并无不妥,从检察一体的角度讲,对检察机关的整体授权,就意味着对检察官(包括检察长)的授权,因为,检察权只能由检察官行使。在这个意义上,笔者认为,凡是法律规定由"人民检察院"行使的权,检察官实际上都有权行使。当然,法律明确规定只能由检察长或检委会行使的职权,如逮捕决定权,则检察官不得行使。

第三,我国检察改革的基本方向应当是"还权"而非"授权"。既然检察官的办案权等职权来自法律所直接赋予,那么,检察官就应当是"全权"检察官,既享有办案权又享有定案权(办案决定权)。所谓检察官独任制,就是指承办案件的检察官独立、自主地行使办案决定权。因此,在法理上,承办检察官的办案权和定案权应当是合二为一、不可分割的。然而,由于我国理论界和实务界长期以来对检察长负责制和检察官独任制关系的错误理解和定位,使得我们将办案决定权即定案权误认为是检察长的权力,进而人为地将定案权从办案权中剥离出来,导致办案权与定案权的分离,并形成"承办人办案、领导定案"的行政化办案体制。正是在这个意义上,笔者认为,办案权与定案权的分离,是我国检察机关过度行政化的根源所在,而要实现去行政化的检察改革目标,目前采取的由检察长授权主任检察官行使定案权的方案,显然无济于事,因为,主任检察官行使定案权,意味着主任检察官之外的一般检察官仍然只有办案权而无定案权,办案权与定案权仍然是分离的,"一般检察官办案而不定案,主任检察官不办案却定案"的体制,仍旧是行政化的办案体制,这样的改革,不过是"穿新鞋、走旧路"。因此,笔者认为,我国检察改革的基本走向不应当是"授权",而应当是"还权",即在明确检察官独任制的基础上,将定案权"还"给"承办检察官",由此实现办案权与定案权的统一,由检察官自主、独立地行使办案权和定案权。

在这里,更应该检讨的是,作为一种支撑检察改革的基本理论的"放权论"。在我国,"放权论"是作为指导主诉检察官制度、主任检察官制度改革以及类似检察改革的一个重要支撑理论而被提出的。在相当长的一个时期,"放权论"及其背后的"检察长授权论",都被认为是合理解释、解决我国检察机关内部权限关系及其改革的有效理论。然而,作为一种指导检察改革的基本理论,"放权论"的最大弊端,就在于容易造成"检察官手足化"甚至"鹰犬化"。因为,"放权论"将检察长视为行使检察权的惟一主体,坚持其他检察官的权力均来自检察长的授权,这就抹杀了检察官独立行使检察权的主体地位,使检察官蜕变为检察长的"手"和"足",只能"奉命办案",即按照检察长的意见处理案件,丧失了自身的意志独立性和行为自主性,成为依附于检察长、惟上司之命是从的工具。更甚者,这种丧失了独立性和自主性的检察官,根本无力对抗上级检察首长的违法乱命,可能进一步沦为检察首长或政治权贵的"鹰犬"、"爪牙","主人叫他去咬谁,就去咬谁。"①

---

① 笔者在此借用了台湾地区检察官吴文忠的名言:"检察官不是鹰犬,主人叫他去咬谁,就去咬谁。"

三忌："检察官专门化"

促进检察官的职业化和专业化,是我国检察改革长期以来始终坚持的一个基本目标和方向。最高人民检察院《"十二五"时期检察工作发展规划纲要》中明确提出:"全面实施人才强检战略,以深入推进检察人才队伍专业化、技术化、职业化建设为方向,以强化检察人才需求、提高文化素质、优化检察队伍综合结构为重点,以深化检察人才队伍建设分类管理体制改革为途径,大力加强检察领导人才、检察官人才、检察辅助人才、检察行政人才队伍建设,壮大人才队伍规模,提高人才使用效能,改善人才成长环境,形成人才辈出、人尽其才、才尽其用的生动局面。"

正是在加强检察官职业化和专业化改革的大背景下,全国检察体系陆续开展了一系列以实现检察官职业化和专业化为导向的体制和制度改革。其中最为典型的当属上海检察机关在其内设机构中增设专门办理金融犯罪案件的金融检察处(科)。由于上海处于国内金融中心的地位,金融包括知识产权方面的犯罪案件发案率较高,而办理金融及知识产权犯罪案件又需要具备一定金融领域的专业知识。因应这一状况,2009年3月19日,上海市浦东新区人民检察院设立了全国首个金融检察工作专业部门,即浦东新区人民检察院金融知识产权犯罪案件公诉处后,黄浦、静安、杨浦、徐汇四个区检察院相继设立了金融检察科,未设立专业部门的检察院均设立了金融案件专业办案组。2011年11月30日,上海市人民检察院和第一分院、第二分院获批成立金融检察处。为服务区域金融业发展,浦东新区人民检察院、黄浦区人民检察院先后于2009年3月、11月,分别在金融机构聚集的陆家嘴金融核心功能区、外滩金融集聚带设立了陆家嘴金融检察工作室、外滩金融检察工作室。至此,上海检察机关市、分、区(县)院三级金融检察工作专业机构体系已初步构建。同时,为实现办案专业化,金融检察处(科)实行批捕、公诉、预防一体化的工作模式。① 几乎与此同时,北京、广东等地检察机关也在尝试、推行类似的改革。

对于上述改革举措,实务界和理论界多持肯定意见,认为这体现和彰显了检察机关专业化发展的基本方向和路径。然而,笔者却认为,这一改革及其类似改革,在改革的逻辑起点即"检察官专业化"这一关键概念的理解上犯了一个致命的错误,即将检察官的"专业化",误解为检察官的"专门化",由此导致对检察改革方向和改革路径的错误选择。实际上,所谓检察官的专业化,指的是检察官在职业知识和职业技能方面的专业化,即检察官身为专业的法律工作者,应当具备处理法律(检察)事务的专业知识与技能,为此,检察官应当注重学习、精研法令、精通法律,成为检察业务方面的专家。据此,检察官的专业化,其实指的是检察官在法律知识和法律(检察)业务上的专业化。最高人民检察院之所以提出加强检察机关人才队伍专业化建设的改革目标,也主要是考虑到我国当前检察官队伍数量庞大而素质却参差不齐,部分从未经过正规法律学习、办案技能较差的检察官仍然占据着办案工作岗位,因此需要通过推行主任检察官制度改革、检察官员额制、检察人员分类管理制度改革等来实现优胜劣汰,将专业能力强(精通法律业务、办案技能强)的检察官选拔、充实到办案第一线。这才是检察官专业化改革的真谛。

① 陈旭:"金融之水的治理之道——上海市检察机关探索检察工作与服务金融法治的契合点",载《检察日报》2014 年 9 月 1 日。

然而，上海等地的改革，却将"检察官专业化"这一概念误解为"检察官专门化"，试图通过固定检察官所办案件类型的方式，将检察官培养成为专门办理特定类型案件的专家。以上海为例，之所以成立专门的金融检察部门，就是希望藉此培养一批专门办理金融犯罪案件、熟悉甚至精通金融知识的检察官。这意味着检察官不仅要成为法律专家，同时还要成为相关案件领域的专家即金融专家。问题是，这一改革设想是否符合检察制度发展的基本原理和方向？诚然，基于提高办案技能的需要，检察官不仅需要精研法律，亦应当尽量充实办案所需的其他知识，以掌握社会动向及最新犯罪形态，更好地打击犯罪。但是，客观地讲，人的精力是有限的，作为司法官，法律才是检察官的本业和专业检察官要精通博大精深的法律知识，已经殊为不易，还要检察官精通其他行业领域的专门知识，甚至成为该领域的专家，则实在是有些强人所难了。从世界主要法治国家（地区）尤其是大陆法系国家（地区）的检察官养成制度来看，要培养一位合格乃至优秀的检察官，往往需要经过漫长而艰辛的过程。以我国台湾地区为例，一位年轻人要成为一名检察官，他不仅需要接受系统的法律知识教育，获得法学专业的正式学位（学士或硕士），而且还要通过严格的司法考试（通过率仅为 1％左右），之后还需要在司法研修所经过两年左右密集的司法职业技能培训，经考核合格者方派往基层检察机关担任候补检察官，候补期间为 5 年，候补期满经审查及格者，定为试署检察官，试署期间为一年，试署期间经考核合格者方能最终成为实任检察官，即正式检察官。① 可以说，一名检察官能够通过层层考选、培训、实践，成为

---

① 蒋惠岭、杨奕："台湾治官的'双轨制'"，载《人民法院报》2014 年 7 月 10 日。

一名法律知识和法律（检察）业务上的专家，已经殊为不易，不能再苛求检察官还必须精通其他行业领域的知识，成为该领域的所谓专家。

然而，特定行业知识的缺乏，确实不利于检察官办案，因为法律适用以事实认定为前提，而缺乏相关行业的专业知识，办案检察官在侦查取证、证据审查以及事实认定方面，都会遭遇种种难题和障碍。尤其是随着信息社会的发展以及科技生活时代的来临，犯罪形态也发生了很大的改变，新型犯罪日益向组织化、专业化、企业化、国际化方向发展，罪案调查和证据收集等检察作业也呈现出专业化、技术化的特征。在应付一些新型的专业性犯罪如金融、知识产权、工程技术、电子资讯、国际贸易或财经会计领域的犯罪时，传统上以法律为主业的检察官无论在专业知识、实务经验等方面，都表现出某种不适应，时有力不从心之感，这是事实。但问题在于，解决检察官特定行业知识不足的缺陷，是不是只能靠检察官的专门化？即，如上海等地的改革一般，要求检察官只办理特定行业领域的案件，从而将检察官培养成该行业领域的专家？

其实，域外法治国家（地区）的检察制度发展，已经为解决上述问题提供了可供学习、借鉴的思路甚至具体方案。从日本、韩国以及我国台湾地区的经验来看，为解决检察官行业知识不足的缺陷，专门设立了检察事务官制度，招考特定行业领域如金融财会、工程技术、知识产权等领域的人才，进入检察体系担任检察事务官，作为检察官的专业助手。由于检察事务官本身并非法律专业出身，且具备特定行业领域的专业知识，因而可以在侦查取证、事实认定方面为法律专业出身的检察官提供知识和技术上的辅助、支持，换言之，检察事务官可以利用自身的专业知识来弥补检察官作为法律官在办案知识上的不足。

　　仍以我国台湾地区的检察事务官制度为例,台湾地区"法院组织法"第 66 条之 2 规定:"各级法院及其分院检察署设检察事务官室,置检察事务官,荐任第七职等至第九职等;检察事务官在二人以上者,置主任检察事务官,荐任第九职等或简任第十职等;并得视业务需要分组办事,各组组长由检察事务官兼任,不另列等。"第 66 条之 3 规定:"检察事务官受检察官之指挥,处理下列事务:一、实施搜索、扣押、勘验或执行拘提。二、询问告诉人、告发人、被告、证人或鉴定人。三、襄助检察官执行其它第六十条所定之职权。检察事务官处理前项前二款事务,视为刑事诉讼法第二百三十条第一项之司法警察官。"据此,检察事务官受检察官指挥,得以司法警察官的身份,从事检察核心业务的侦查作业,包括执行搜查、扣押、勘验及拘提,询问告诉人、告发人、被告、证人或鉴定人等。此外,检察事务官还得协助检察官行使法定的提起公诉、实行公诉、协助担当自诉及指挥刑事裁判之执行等职权。由此可见,检察官的几乎所有法律业务,包括勘验证据、分析卷证、开庭调查、公诉莅庭、刑罚执行、撰拟书类、法律倡导、内外勤等作业,都可以由检察事务官协助,或委托检察事务官代为行使。至于检察事务官的遴选,则主要通过专门的检察事务官考试产生。目前,台湾地区司法实务中考选检察事务官时,除一般侦查组之外,另设有财经组、电子组及营缮工程组等专业组,其目的就是考选特定行业领域的专业人才,以其行业专长辅助检察官办案。[1] 可以说,在台湾地区司法实务中,检察事务官,已经成为检察官的"拍档"、"伙伴"甚至是"分身",正因为

---

[1] 朱朝亮:"检察事务官制度之检讨与展望引言稿(二)",载《检察新论》2008 年第 4 期。

如此,台湾民间舆论才将"法院组织法"中关于检察事务官的条款戏称为"王朝、马汉条款",将检察官与检察事务官之间的关系,比喻为"包青天"与"王朝、马汉"的关系。①

之前,国内也曾有部分地区在进行检察人员分类管理制度改革试点时,提出并试行过检察事务官制度,但由于试点单位并未从"检察事务官是检察官的专业助手"这一角度来理解和把握检察事务官制度的价值和功能,而是将检察事务官简单地等同为检察官助理,因而,改革无一例外以失败告终。2013 年国家重启司法体制改革后,检察人员分类管理制度改革也同步启动,但从目前上海等试点地区的改革方案来看,并未采用设立检察事务官的方案,而是准备设立"检察官助理"这一角色,②且按照目前公布的方案来看,改革后的检察官的准入门槛进一步提高,将主要从检察官助理中择优选任。因此,改革后的"检察官助理"这一角色,实质上是一个过渡性角色,即"候补检察官",其在功能上更接近于以前的助理检察员,而非检察官的专业助手。

政法论坛/2015 年/1 月/第 33 卷/第 1 期

---

① 陈瑞仁:"单兵作战的包青天,办得了案吗?",载台湾地区检察官改革协会网站,http://www.pra-tw.org/。
② 林中明:"上海检察改革先行试点工作启动",载《检察日报》2014 年 8 月 1 日。

检察改革"三题"

摘　要： 我国当前的检察改革正走在走向深入，一些关键性的制度变革和设计，应当注意对检察制度原理的遵从和对世界检察制度尤其是大陆法系国家检察制度发展趋势和动向的关注。当前有三个突出的问题需要慎重考量：一是在检察机关办案组织和办案方式改革的问题上，主任检察官办案责任制与检察官员额制的关系如何处理；二是在检察机关内设机构改革的问题上，是坚持部门制，还是改采"大部制"；三是在检察人员分类管理制度改革的问题上，是设立检察官助理制度，还是采用检察事务官制度。

关键词： 检察改革；主任检察官办案责任制；检察官员额制；内设机构；检察事务官

我国当前的检察改革正在走向深入，一些关键性的制度变革和设计，应当注意对检察制度原理的遵从和对世界检察制度尤其是大陆法系国家检察制度发展趋势和动向的关注。当前有三个较为突出的问题需要慎重考虑：一是在检察机关办案组织和办案方式改革的问题上，如何处理主任检察官办案责任制和检察官员额制之间的关系；二是在检察机关内设机构改革的问题上,是坚持部门制,还是改采"大部制";三是在检察人员分类管理制度改革的问题上,是设立检察官助理制度,还是改采检察事务官制度。本文针对上述三个问题略陈管见,惟愿能起抛砖引玉之效,引发学术界和实务界对相关问题的关注和思考。

办案组织和办案方式改革:主任检察官制与检察官员额制如何推进

2013年底最高人民检察院印发《检察官办案责任制改革试点方案》,决定在全国7个省份17个检察院试点开展检察官办案责任制改革,突出检察官办案主体地位,实现检察官责权利相统一。根据试点方案,检察业务部门设若干主任检察官,主任检察官为办案组织的负责人,对案件办理负主要责任。以主任检察官为基数,配备其他检察官和辅助人员若干名,组成办案组织。[①] 由此可见,这项改革的一个突出特征就是强化主任检察官的办案主体地位,依法赋予主任检察官执法办案相应决定权,使主任检察官在司法过程中能够真正做到办案与定案的有机统一。在这个意义上,所谓的检察官办案责任制,实际上也可以称之为主任检察官办案责任制,因为,检察官办案责任,是以检察官享有执法办案决定权为前提的,而在试点方案所推行的主任检察官组(或称办公室)这一办案组织中,真正享有办案决定权的只有主任检察官(组内配备的其他检察官实际上都是主任检察官的"助手",只有办案权而不享有办案决定权),因此,所谓办案责任,实际上指的就是主任检察官的办案责任,是按照"谁定案、谁负责"的追责原则,在授予主任检察官办案决定权的同时,

---

① 徐盈雁、许一航:"依法赋予主任检察官执法办案相应决定权",载《检察日报》2013年12月27日。

要求主任检察官承担起相应的办案责任。

检察官办案责任制改革，名为"办案责任制"改革，实为"办案组织和办案方式"改革，是试图以确立主任检察官的办案独立性和办案主体地位为突破口，改变过去长期以来实行的行政化的"三级审批制"办案机制。

主任检察官办案责任制改革试点后不久，全国新一轮的司法体制改革全面启动，2014 年 6 月，中央全面深化改革领导小组第三次会议审议通过了《关于司法体制改革试点若干问题的框架意见》和《上海市司法改革试点工作方案》，要求就完善司法人员分类管理、完善司法责任制、健全司法人员职业保障、推动省以下地方法院检察院人财物统一管理等四项制度进行改革试点。① 2014 年 7 月，上海召开全市司法改革先行试点部署会，全面贯彻落实中央和上海市委关于司法改革的决策部署。在上海的试点方案中，首次提出将实行司法官"员额制"，并将之作为完善司法人员分类管理制度的一项重要改革内容。具体而言，就是将司法机关工作人员分成 3 类：法官、检察官；法官助理、检察官助理等司法辅助人员；行政管理人员。在上海的改革方案中，3 类人员占队伍总人数的比例分别为 33％、52％和 15％。②

虽然在上海等地的司改方案中，检察官员额制是作为检察人员分类管理制度的一项内容和配套措施而提出的，但检察官员额制的实行，毫无疑问将深刻影响到检察机关办案机制（办案组织和办案方式）的运作。因为，实行检察官员额制的主要目的

① "中央将在 6 省市试点司法体制改革"，载《今日早报》2014 年 6 月 16 日。
② 孟伟阳、郑法玮："上海启动司法改革试点：将实行法官检察官员额制 建立司法权力清单"，载《法制日报》2014 年 7 月 4 日。

就是"精兵简政",即通过缩减现有检察官的人数规模来实现检察官的"精英化"。按照上海的改革方案,检察机关内部现有在编人员中只有33％的人才有机会成为检察官,这意味着通过员额制选拔出来的检察官,应当能够胜任办案主体的角色和任务。

检察官员额制的实行,本身也会影响到检察机关办案机制的运作,并从办案主体的角度实质性地影响到检察机关办案机制改革的走向。正如所述,主任检察官办案责任制改革,其目的是确立主任检察官的办案主体地位,在目标上与检察官员额制是一致的,但在改革路径的选择上却又有所不同,主任检察官办案责任制改革,做的是"加法",基本思路是在检察官之上增设一个办案层级——主任检察官,并按照优中选优的策略,从现有检察机关办案人员中,择优选拔一批办案能力相对较强、办案经验相对丰富的资深检察官担任主任检察官,赋予他们独立的办案决定权和办案主体地位。主任检察官办案责任制的基本权力构造和基本人员组织结构图是"主任检察官—检察官(或检察辅助人员)"。而检察官员额制,做的却是"减法",即先核定一定数量比例的检察官员额,再按照该员额保留部分办案能力较强和办案经验较为丰富的检察人员在办案一线担任检察官,而其他的检察人员(包括原来具备检察官称号的检察员和助理检察员)则将成为检察官助理。检察官员额制的基本权力构造和基本人员组织结构图是"检察官—检察辅助人员"。

笔者认为,从检察制度原理上来讲,从强化办案责任的角度考量,检察官应当是独立的办案主体,检察官独任制才是检察机关的基本办案组织形式,因此,检察官员额制改革更符合检察制度的基本原理和检察制度发展的基本方向,由此亦应当成为我国检察机关办案组织和办案方式改革的未来选择。至于主任检察官办案责任制改革,则更多具有某种过渡性质。实际上,由于两者改革目的的重合性,以及主任检察官办案责任制下的主任检察官与检察官员额制下的检察官在权限和地位上的趋同性,一旦检察官员额制正式施行,所有的主任检察官即可自动转型为员额制下的检察官角色,从而使两项改革在时间和阶段上能够得以衔接。

内设机构改革:大部制,还是部门制

当前,检察机关的内设机构改革,也是检察改革的一个热门话题,各级地方检察机关已经或正在进行各种改革尝试,但并未形成一个公认的、权威的改革方案。目前争议的焦点主要在于:检察机关的内设机构改革究竟是改采"大部制",还是维持现行的部门制("小部制")?

目前我国检察机关内部的机构设置,主要是根据检察机关的业务流程和职责权限,平行分设若干部门(科、处、局),主要业务部门包括反贪局、反渎局、预防科(处)、侦查监督科(处)、公诉科(处)、监所检察科(处)、未检科(处)、控申科(处)等。对于部门制的缺陷,学理上和实务上已经进行了较为充分的研讨,普遍认为其存在以下问题:首先,内设机构设置不科学,影响检察职能的充分发挥,甚至使法律赋予检察机关的某些职权没有机构行使。其次,内设机构职责划分不清晰,影响检察职权的有效行使,容易造成内设机构之间的推诿。再次,内设机构设置不科学,影响检察资源的充分利用,使本来就有限的检察资源更加紧缺。最后,内设机构混乱,影响检察管理水平的提高,使司法规范化建设难以实现。[1] 正基于此,近年来一些地方检察机关逐

---

① 张智辉:"应当重视检察机关内设机构改革",载《检察日报》2011 年 8 月 9 日。

渐开始推行"大部制"改革。所谓"大部制",即大部门体制,特点是扩大某些部门所管理的业务范围,把多种内容有联系的事务交由一个部门管辖。正是在"大部制"改革思路的指引下,一些地方检察机关陆续创新出"三局两部一办""四局两部"等多样化的"大部制"运作模式。

对于改革的决策者来说,检察机关内设机构的改革,似乎成为一个两难选择:现有的部门制不改,部门林立、效率低下的问题得不到解决,检力下沉的目标无法实现;但改采"大部制",又拿不出一个公认、权威的方案,尤其是哪些检察职能可以合并,哪些检察职能该当独立?往往是观点分歧、莫衷一是。笔者认为,在回答这一问题之前,首先必须厘清若干前提性问题:

第一,现行的部门制究竟是否存在法理上的根本缺陷或问题,以至于必须予以废弃进而改采大部制?我国目前实行的部门制,主要是依据检察机关的业务流程和职责权限平行分设若干部门的做法,是大陆法系国家检察机关内设机构的普遍做法和经验。在德、日等大陆法系国家,检察机关主要承担着刑事侦查、公诉和刑罚执行等职能,因而其内设机构基本上就是围绕上述主要职能而设立的。例如,日本最高检察厅、东京高等检察厅设有总务、刑事、公安、公审四个部,东京、大阪、名古屋地方检察厅设有总务、刑事、交通、公安、公审、特别搜查等六个部,其他地方检察厅也设有总务、刑事、交通、特别刑事、公审等部门。[①] 其中,除总务部属于后勤部门外,刑事、交通、公安、特别刑事、特别搜查等部门均属于履行侦查职能的部门,而公审部门则履行公诉及刑罚执行职能。再如,韩国的最高检察机关"大检察厅"下设有企划调整部、中央搜查部、刑事部、强力部(暴力犯罪部)、麻

---

① 裴索:《日本国检察制度》,商务印书馆2003年版,第23页。

药暨组织犯罪搜查部、公安部、公判讼务部、监察部及事务局等部门，并设置若干"实验室"，韩国共有 8 个地检厅，其内设机构包括总务部、公安部、公判部、外事部、刑事部、少年部、调查部、特别搜查部、强力部、麻药暨组织犯罪搜查部、尖端犯罪搜查部等。① 其中，公安部、外事部、刑事部、强力部、少年部、调查部、麻药暨组织犯罪搜查部、尖端犯罪搜查部等都属于侦查部门，而公判部则履行公诉和刑罚执行功能。由此可见，根据检察机关的业务流程和职责权限，平行分设部门的做法，并无大的问题，只不过，由于我国检察机关所承担的职责和权限，与德、日等大陆法系国家检察机关有所区别，因而在内设机构上也存在差异。例如，我国检察机关并不承担一般刑事案件的侦查，因而并未设立所谓"刑事部"，而德、日等国检察机关并不承担羁押审查职能，因而并无类似于我国审查批准逮捕部门。正基于此，笔者认为，我国现行的部门制在法理上并无太大问题，没有必要完全废除而改采大部制。

第二，现有的部分职能部门应当进行整合、合并。虽然笔者认为现行的部门制在法理上并不存在根本缺陷，但这并不意味着现有的部门制就不需要改革。从原理上讲，检察机关设立内设机构，不仅应当依据法定的职责权限，还应当考虑业务流程，换言之，不同的职能可以根据业务流程的需要，合并由同一个部门行使。尤其是考虑到检察机关作为司法机关，其业务类型主要是"办案"，因而，其部分职能原则上应当依托办案职能来行使。例如，关于检察机关的诉讼监督职能，一些地方检察机关在改革中采取了单设诉讼监督局以专门履行诉讼监督职能的做

① 黄裕峰："韩国检察制度之特色——以地检为中心"，载《检察新论》2008年第 4 期。

法,其目的是希望加强诉讼监督职能的发挥,但实践表明,单设诉讼监督局容易导致监督与个案脱节、监督线索来源不足等问题,值得斟酌。实际上考虑到检察机关办案业务流程的特点,将诉讼监督职能分解为侦查监督、审判监督和执行监督职能,并分别交由审查批准逮捕部门、公诉部门和刑事执行检察部门来行使,由上述部门依托个案来开展诉讼监督工作,可能更为合理、有效。

基于上述分析,笔者认为,我国检察机关的内设业务机构,可以大致分为:司法行政部门、职务犯罪侦查部门、审查批准逮捕部门、公诉部门、民事行政检察部门和执行监督部门。当然,实践中的机构设立还必须考虑一些具体因素,例如,有的地方检察院人数较多、案件基数大,则可以考虑在上述部门内再下设二级机构,如可以在公诉部门下分设公诉一处、二处。有的地方案件类型有特色,也可以在上述部门内设立专门的二级办案机构,如在审查批准逮捕部门下设金融检察处、毒品犯罪检察处等。

其实,检察机关内设机构和部门的多少并不是问题。从比较法上看,其他国家检察机关内设机构数量可能更多,以韩国首尔中央地方检察厅这一基层检察院的组织结构来看,其内设机构达到 23 个之多,其中仅是刑事部,就分为八个部,特别搜查部分为三个部,公安、公判部分别分为两个部。但首尔中央地方检察厅的每个刑事部有 7 至 9 名检察官,而每个特别搜查部则有 5 至 6 位检察官,机构人力资源充足,且从办案数量来看,刑事部的每位检察官每个月需要处理约 300 件案件,而公判部的每位检察官需要对应法院 3 至 4 位法官,案件饱和度亦较高。[1] 由

---

① 徐盈雁、许一航:"依法赋予主任检察官执法办案相应决定权",载《检察日报》2013 年 12 月 27 日。

此可见内设机构和部门的多少并不是问题,关键在于每个内设机构的人力资源和案件饱和度是否充足。我国当前部门制之所以饱受非议,很大程度上是因为部分地方检察机关的内设机构在人力资源和案件饱和度上严重不足,"一人科室""官多兵少"的问题十分突出。因此,对于我国检察机关内设机构改革而言,问题的关键并不是合并部门、实行"大部制",而是充实内设机构的人力资源和案件饱和度,具体可考虑借鉴我国台湾地区"法院组织法"的规定,修改人民检察院组织法,由立法对内设机构的设置作出硬性规定"检察官6人以上方可设科(处),并设科(处)长一名指挥监督该科(处)工作。"

人员分类管理制度改革:检察官助理,还是检察事务官

根据目前已经出台的上海、广东等地的司法体制改革试点方案,在人员管理制度改革方面,检察院工作人员将被分为检察官、检察辅助人员和司法行政人员三大类,其中检察辅助人员包括检察官助理、书记员、司法警察、检察技术人员等。

检察人员分类管理制度改革,一直是检察改革的"重头戏"之一,这是因为,只有实现了检察人员的分类管理,才能根据不同的职业角色建立不同的职务序列管理制度,即,对检察官按照单独的职务序列管理,与行政职级相对脱钩,实行不同于普通公务员的管理制度;而检察辅助人员则是按国家规定管理,司法行政人员则按综合管理类公务员管理。但是,从目前试行的检察人员分类管理制度来看,检察官缺失了一个重要的辅助角色:检察事务官。目前试点方案中采行的是"检察官助理"这一角色,而对"检察事务官"角色只字未提。

客观地评价,目前改革方案中试行的检察人员分类管理制

度中所设计的检察官助理这一角色定位与检察人员分类管理制度改革的目标需要进一步协调。检察官助理,在目前的改革试点方案中,是一个过渡性角色,类似于候补检察官。对于检察官助理来说,"助理"一职仅仅是一个过渡性职业或角色。但如此一来,就与检察人员分类管理制度改革的终极目标相悖,因为,之所以试行检察人员分类管理制度改革,其目的就是对不同职业的检察人员实行单独的职务序列管理,使每一类人员都有各自的晋升渠道和职业发展空间。因此,专业化、职业化是检察人员分类管理制度改革的目的和初衷。换言之,在检察人员分类管理制度下,一旦你选择成为书记官,那就永远是书记官,只能按照书记官的既定职务序列往上发展,而你一旦选定检察官助理这个职业,也就只能按照检察官助理的职务序列往上发展,而不应允许随意变更职务序列和职业类型,否则,所谓分类管理即无实际意义。但在目前的改革试点方案中,检察官助理这一角色,却被设计为一项过渡性的职业或角色,只是年轻检察官职业发展过程中的一个"板",不具有职业性、终身性,显然,这是有违检察人员分类管理制度改革的目的和初衷的。当然有人可能会质疑:刚刚进入检察机关工作但已经具有检察官资格的年轻人,因为能力、资历等原因,尚不符合检察官选任条件而无法担任检察官,如果不让其暂时担任检察官助理,那么其在检察机关内部如何安置? 对此,笔者认为,从检察人员分类管理制度的目的来说,已经通过司法官资格考试具有检察官资格的年轻人,因为其本身已经具备检察官资格,那就应当按照检察官的职务序列管理和发展,虽然因为能力、资历等原因尚无法担任检察官,但其身份应当是明确的,即"候补检察官"。"候补检察官",不同于检察官助理,候补检察官虽然不能独立办案,但仍然属于检察官职务序列,应当按照检察官的职务序列进行管理;而检察官助理,则属于检察辅助人员的职务序列,而非检察官职务序列,应当按照检察辅助人员的职务序列进行管理。换言之,已经通过司法考试、具备检察官资格的年轻检察人员,其职务发展路线应当是"候补检察官—检察官",而不是"检察官助理—检察官",这才符合检察人员分类管理制度改革的真谛。基于此,笔者认为,我国的检察人员分类管理制度改革方案,除了规划"检察官、检察辅助人员、司法行政人员"这一基本的"三分法"之外,还应当进一步建立上述三类人员各自、单独的职务发展序列,以"检察官"这一职务序列为例,应当增设"候补检察官"这一序列,从而形成从而形成"候补检察官—检察官—高级检察官—大检察官—首席大检察官"的专业化职务序列等级。

　　检察官助理这一角色设计本身的合理性也值得怀疑,尤其是与检察事务官这一角色设计相比,后者显然更具功能优势。由于检察事务官与检察官助理,都属于检察官的辅助人员,都为检察官办案承担着辅助性工作,因此,在很多人的认识中,往往把检察事务官简单地等同于检察官助理,认为两者只是名称不同,并无实质性差异。这其实是一个误解。实际上,虽然同为检察官的辅助人员,检察事务官和检察官助理在司法角色和功能上却存在着重大差异,代表着两种完全不同的检察制度发展模式。检察官助理,如前所述,更多是检察官的"人力助手",协助检察官处理办案业务和行政事务性工作;而检察事务官则是检察官的"专业助手",为检察官办案提供专业知识和技术方面的协助。

　　检察事务官这一角色的出现,是现代检察制度发展的产物。检察事务官是检察机关内部的专业技术人才,通过专门的检察事务官资格考试公开考选。考选检察事务官,并不要求其具备法律方面的专业知识和技能,但必须精通办案所需的专业领域的知识,如财经、电子、建筑、商贸等其目的就是考选特定专业领域的人才,以其专业特长辅助检察官办案。① 检察事务官与检察官助理,同为检察官的辅助人员,但两者的角色和功能差距甚远,检察官助理,仅仅是检察官的"人力助手",只能分担检察官的事务性工作,而检察事务官,则是检察官的"专业助手",不仅可以分担检察官的事务性工作,还可以弥补检察官在专业领域知识不足的缺陷,为检察官办案提供专业知识方面的辅助和支持,可谓是检察官办案时的专业"智库"。正是由于检察事务官较之检察官助理,在功能上更具多样性,因而,在日本、韩国以及我国台湾地区的检察制度中,都选择设立检察事务官制度而非检察官助理制度。对于这一趋势和动向,我国当前正在进行的检察人员分类管理制度改革应当予以认真审视和关注,慎重作出决策。

人民检察/2015 年/第 5 期

---

① 以我国台湾地区的做法为例,其司法实务中考选检察事务官,除设有一般侦查组之外,另设有财经组、电子组及营缮工程组等专业组,其目的就是考选特定专业领域的专门人才。

主任检察官制度改革质评

　　摘　要：当前各地检察机关推行的主任检察官制度改革试点方案，在主任检察官的定位、地位、权限等基本问题的设计上，均程度不同地存在着背离检察制度原理之处：第一，主任检察官组并非一级办案组织。我国的主任检察官制度改革，将主任检察官组定位为一级办案组织的方案和思路，从根本上讲是对日本、韩国以及我国台湾地区主任检察官制度的一种误读、误解；第二，主任检察官不应再行使定案权，否则，有违检察独立原则并违背该项制度改革的目的和初衷；第三，主任检察官制度缺乏"润滑剂"、"平衡器"，导致检察一体与检察独立原则的硬冲突。主任检察官制度改革的关键是在检察独立和检察一体之间寻求平衡，为此，应当通过修改《人民检察院组织法》和《检察官法》赋予检察长职务收取权和移转权，并在此基础上对承办检察官、主任检察官和检察长三者的关系进行重塑。

　　关键词：检察改革；检察官；主任检察官；办案组织；检察长

　　"主任检察官制度改革"，是我国当前检察改革的热词之一。自 2013 年 12 月最高人民检察院发布《检察官办案责任制改革试点方案》以来，主任检察官制度改革试点工作已经正式在全国范围内推开。据媒体报道,目前有 7 个省份 17 个检察院参与了此次改革试点工作。① 可以说,这是我国目前工程量最大、涉及人员最多、对我国检察制度发展影响最深的一项检察制度改革,必须谨慎规划和实施。

我国的主任检察官制度改革,发轫于北京、上海等地,借鉴自日本、韩国以及我国台湾地区的主任检察官制度。启动这一改革的预期目标,是希望通过办案组织模式的重构,突出主任检察官的办案主体地位,弱化检察机关内部的行政化层级审批体制。② 与之前试行的主诉(办)检察官制度相比,主任检察官制度的最大"特点",也是本轮改革的最大"亮点",在于厘清了主任检察官与科、处、局等内设机构的关系,并理顺了主任检察官与主管副检察长、检察长、检委会的关系。按照目前的改革试点方案,主任检察官及其所属检察官、检察官助理,将被"打造"为一个相对独立的办案组织,业务上不再受内设机构科、处、局长的领导;经检察长授权,主任检察官将享有一般案件的定案权,疑难、重大(包括上级交办、督办及专案等)、复杂的案件,则由主管副检察长、检察长、检委会行使定案权,主任检察官享有建议权。③

较之过去的行政化层级审批制,应当说,主任检察官制度作为一种办案模式的优势是比较明显的:一是在一定程度上确保了主任检察官的办案独立性;二是有利于提高办案效率。正因为如此,自主任检察官制度改革问世以来,理论界和实务界一片

---

① 徐盈雁、许一航:"最高检在 7 个省份 17 个检察院试点检察官办案责任制",载《检察日报》2013 年 12 月 27 日。

② 陈菲:"最高检:检察机关将试点开展检察官办案责任制改革",载 http://www.gov.cn/jrzg/2013 - 12/26/content_2555214.htm.

③ 潘祖全:"主任检察官制度的实践探索",载《人民检察》2013 年第 10 期。

"叫好"之声,鲜有人提出质疑但是,若认真审读和检视当前各地检察机关推行的主任检察官制度改革试点方案,便不难发现,这些试点方案在主任检察官的定位、地位、权限等基本问题的设计上,均程度不同地存在着背离检察制度原理之处。照此方案所进行的改革,不仅难以实现改革者的预期目的,还可能滋生新的问题并妨碍我国检察制度的长远发展。有鉴于此,笔者特地撰写本文试图厘清主任检察官制度改革中涉及的若干基本理论问题,以期通过理论层面的研讨和辩论,校正改革中的一些错误认识和错误做法,推动改革中的主任检察官制度进一步发展、完善。

改革的逻辑起点有误:主任检察官办案组并非一级办案组织

从我国主任检察官制度改革的历程来看,主任检察官制度一开始就是被作为检察机关内部的办案组织建设来推动的,原因是改革的推动者们认为我国检察体制过度行政化,以至于缺乏司法化的办案组织。例如,积极推动主任检察官制度改革的上海市人民检察院陈旭检察长就曾经在接受媒体采访时明确指出:"办案组织是司法机关最基本的'组织单元'。但在目前,除了检察委员会作为最高业务决策机构的办案组织性质较为明确外,各级检察机关的基本办案组织尚无法律明确规定。实践中,检察机关的基本办案组织是由科、处、局等内设机构来替代的,具有明显的行政化特点,不利于司法运作的公开透明和司法公信力的确立。"①基于此,他提出建立主任检察官制度并将之作

---

① 杨金志、仇逸:"利于专业化分工:陈旭代表建议设立主任检察官制度",载 http://www.legaldaily.com.cn/rdlf/content/2013 - 03/15/content_4276892.htm.

为检察机关内部的基本办案组织。此后,这一制度定位获得了理论界和实务界的普遍认可。最高人民检察院 2013 年 12 月发布的《检察官办案责任制改革试点方案》中也明确提出,主任检察官制度改革的主要目标和内容之一是建立办案组织,整合内设机构,探索设立相应的主任检察官办公室。① 从目前各地检察机关的试点方案来看,虽然采用的名称不一,如有的称"主任检察官组",有的则称"主任检察官办公室",但无一例外在组织结构上都是由一名主任检察官牵头,整合部分检察官和检察官助理,从而形成一个相对固定、独立的办案组,②而主任检察官则被定位为该办案组的负责人及办案第一责任人。

但问题在于,办案组是否就等于办案组织? 这一改革方案将"主任检察官组"或"主任检察官办公室"定位为检察机关的一级办案组织,是否符合检察法理?

笔者认为,第一,从法理上讲,所谓办案组织,就是具体行使办案权的主体。对于法院而言,就是具体行使审判权的主体,根据《刑事诉讼法》和《人民法院组织法》的有关规定,我国的刑事审判组织包括合议庭、独任庭审判员和审判委员会三种;③对于检察机关而言,办案组织就是具体行使检察权的主体,但法律除明

---

① 陈菲:"最高检:检察机关将试点开展检察官办案责任制改革",载 http://www.gov.cn/jrzg/2013-12/26/content_2555214.htm.

② 目前有两种主任检察官办案组织模式——"大组制"和"小组制":大组制由 1 名主任检察官和若干名检察官、书记员共 6 至 7 人组成;小组制由 1 名主任检察官、1 名检察官和 1 至 2 名书记员共 3 至 4 人组成。参见潘祖全:"主任检察官制度值得进一步探索",载《检察日报》2013 年 6 月 28 日。

③ 一般均认为审委会也是审判组织之一。但笔者认为,审委会实际上仅行使定案权,而未行使办案权,且审委会讨论决定案件后,仍然是以合议庭或独任庭的名义对外作出判决,因此,审委会究竟是否属于审判组织形式之一,尚需要进一步推敲。检委会同此理。

确规定检委会为最高业务决策机构外,确实未规定检察机关的基本办案组织形式,但法律上未予规定并不等于实践中即没有。由于检察机关本身奉行检察一体原则,因而,检察机关办案不宜也不能采用合议制,只能采用独任制,亦因此,独任制检察官就是检察机关的基本办案组织,在我国检察实务中长期以来实行的承办人制度,实际上就是独任制检察官运作的具体形式。①基于此,笔者认为,检察机关实际上是有基本办案组织的,这就是独任制检察官(承办人)。

至于所谓"实践中由科、处、局等内设机构替代了基本办案组织"的说法,笔者认为值得商榷,因为,如前所述,办案组织是具体行使检察权的主体,也是人民法院或人民检察院与其他专门机关、当事人和诉讼参与人发生诉讼权利义务关系的具体代表。②作为法律关系主体,办案组织的典型特征是能够以自己的名义对外作出法律处分。在我国检察实务中实行的承办人制度下,案件的处理包括立案、侦查、(不)起诉等法律处分,无论是否经过上级审查批准,最终都是以承办人的名义作出的(以承办人名义出具的相关法律文书),因而,至少在形式上,承办人才是适格的办案组织。虽然实践中内设机构的领导如科、处、局长等事实上行使着案件的审批权(定案权),但却没有任何一个案件的法律处分是以科、处、局的名义作出的,因此,科、处、局并不能视为检察机关的一级办案组织。这就如同法院内设的刑事审判庭、民事审判庭等各种业务庭,虽然在我国审判实务中,庭长、副

---

① 即便是职务犯罪侦查部门,在办案组织形式上实践中采行的也是承办人制度。参见刘超:"回顾及展望我国检察机关职务犯罪侦查权",载http://www.jcrb.com/procuratorate/theories/practice/201202/t20120217_806964.html.
② 樊崇义:《刑事诉讼法学》,法律出版社 2013 年版,第 109 页。

庭长往往也在行使案件审批权,但我们绝不会认为,上述业务庭是法院的一级办案组织,这是因为,至少在名义上,具体行使审判权并独立作出判决的,仍然是合议庭和独任庭,而非业务庭,因而,合议庭和独任庭才是审判组织,而各种业务庭只是法院的内设机构。

在主任检察官制度下,虽然在主任检察官办案组内部,主任检察官行使一定的案件审批权,案件处理决定须经主任检察官签字确认,但该处理决定最终仍然是以承办人的名义对外作出的,[①]因此,办案组织仍然是承办人(独任制检察官),而非主任检察官,亦因此主任检察官办案组并不能构成一级办案组织,将主任检察官办案组定位为检察机关内部的一级办案组织,显然与上述司法原理不符。

第二,将主任检察官定位为一级办案组织,缺乏比较法上的依据。积极推动主任检察官制度改革的陈旭检察长曾经在不止一个场合提及该项改革借鉴自日本、韩国以及我国台湾地区的主任检察官制度。但是,根据笔者的研究,目前试点方案中将主任检察官办案组定位为一级办案组织的作法,与日本、韩国及我国台湾地区的主任检察官制度大相径庭。主任检察官制度,在

---

① 实践中有两种模式:第一种是主任检察官审批决定制,对一般的(低风险)案件由主任检察官办理并决定,或者由具有检察官资格的承办人员办理,并出具审查意见,由主任检察官审批。如果主任检察官不同意承办检察官的意见,可以更改决定,但是需要书面说明理由并签字。第二种是,对疑难复杂(高风险)案件由主任检察官亲自办理,办案组其他成员完成辅助工作,主任检察官提出审查意见后直接提交分管检察长审批决定,对依照刑事诉讼法等法律制度规定需提请本院检察委员会讨论的,由分管检察长提出提交院检察委员会讨论决定。参见潘祖全:"主任检察官制度的实践探索",载《人民检察》2013 年第 10 期。对于主任检察官亲自办理案件的情形,此时的主任检察官实际上就是承办人,因此,仍然是一种承办人制,即独任制检察官。

日本、韩国以及我国台湾地区,并不是作为一级办案组织来设定的,而是检察机关的一种内设机构,类似于法院内设的各业务庭。以我国台湾地区的作法为例,台湾地区"法院组织法"第59条规定:"各级法院及分院检察署检察官,最高法院检察署以一人为检察总长,其他法院及分院检察署各以一人为检察长,分别综理各该行政事务,各级法院及分院检察署检察官员额在六人以上者,得分组办事,每组以一人为主任检察官,监督各组事务。"据此,台湾地区的法院内设有业务"庭",而检察机关则内设有办案"组",①两者在性质、地位和功能上均极为接近,都是作为司法机关内设的一级办事(行政事务)机构而非办案组织,主任检察官在该机构中的角色,相当于法院业务庭的庭长。只不过,由于台湾法院强调独立审判,"庭长"一职几乎没有领导、统御功能,而检察官办案则强调主动侦查及协同办案,因而需要主任检察官扮演指导统御之角色。② 由此可见,在台湾地区的检察体制中,主任检察官办案组并不是作为一级办案组织来设计和定位的,其办案主体仍然是检察官,办案组织形式是独任制,所谓"组"其实是其内设机构,主任检察官则是该机构之行政负责人。

---

① 在台湾司法实务中,检察机关内部一般根据业务类型而分设三类"组": 1. 侦查组;2. 公诉组;3. 执行组。其中,业务量较大的侦查组,又分设若干组,如侦查甲组、侦查乙组等。因此,"组"系台湾检察机关的内设机构,地位相当于法院的"庭"。

② 参见台湾地区"法务部":《检察改革白皮书》,1999 年版。但要注意,这里的"指导统御"并不是指批案、定案,而是指在案件处理的技术和策略问题上进行指导和指挥,办案中的法律处分仍然是由承办检察官独立作出的,主任检察官不能干预。具体而言,如果承办检察官决定要实施搜查、扣押的,主任检察官可以在搜查的技巧和策略上进行指导、指挥,也可以调配检力予以配合、支援,但搜查、扣押的法律处分,仍然要由承办检察官自行作出。

其实,不独台湾地区的检察制度如是,日本、韩国等采大陆法系检察制度的国家,在检察机关的办案组织形式上都强调独任制。例如,日本法务省刑事局所编的具有权威性的《日本检察讲义》称:"检察官是独任制机关,本身具有独立的性质。这对保障检察权的行使及绝对公正,不受其它势力操纵,以及检察官的职位行为必须直接产生确定的效力,都是必不可少的。检察官的这种准司法性质,从职务的内容看是理所当然的。""检察官在检察事务方面,是具有自己决定和表示国家意志的独立机关,而不是唯上司之命的行使检察权。检察官之所以被称为独任制机关的原因就在于此。"① 而在韩国,根据法律之规定,韩国检察机关实行的是检察官独任制原则,也就是说检察官对于自己负责的案子独立侦查、独立判断并作出决定,也要自行承担责任。② 由此可见,我国的主任检察官制度改革,将主任检察官办案组定位为一级办案组织的方案和思路,从根本上讲是对日本、韩国以及我国台湾地区主任检察官制度的一种误读、误解。

综上所述,笔者认为,我国检察实务中其实并不缺乏基本办案组织,长期以来实行的承办人制度,即检察官独任制,就是我国的基本办案组织,也符合检察制度法理上对检察机关办案组织的要求。只不过,由于"三级审批制"这一行政化层级审批体制的确立,③使得办案权和定案权分离,承办人办案却不能定

---

① (日)法务省刑事局编、杨磊等译:《日本检察讲义》,中国检察出版社1990年版,第18页。

② 林捷:"韩剧中的检察官",载《检察日报》2007年7月20日。

③ 所谓"三级审批制",是指自1980年最高人民检察院印发试行《人民检察院刑事检察工作试行细则》起逐步确立起来的一项办案审查制度。根据这一制度,一个案件要经过承办人提出初步意见、部门负责人 (转下页)

案,名不副实。因此笔者认为,我国检察机关办案体制改革的关键是逐步弱化直至废除层级审批制,"还(定案)权"于承办人,使承办人作为独任制检察官既能办案也能定案。

改革的目标定位有误：主任检察官不应行使定案权

我国的主任检察官制度改革,由于将主任检察官定位为一种办案组织,并强调主任检察官系办案第一责任人,势必走向主任检察官对案件定性(事实认定和法律适用)"大包大揽"的权力分配格局,因为,对于主任检察官来说,既然自己是办案第一责任人,那么责任所系,自己当然有权对组内所有案件进行质量把关,包括在案件定性上如果承办检察官与自己意见不一致的,承办人必须服从自己的决定,这符合权责一致的原理。从目前各地检察机关的主任检察官制度改革试点方案来看,对主任检察官的权力配置,基本也是按照上述逻辑展开的,即主任检察官作为"主任检察官组(或办公室)"的负责人,普遍被赋予了三项权限:一是指导办案,二是组织案件讨论,三是决定案件处理。[1]换言之,在主任检察官与组内其他检察官的权责关系上,主任检察官系办案责任人同时亦居于领导地位,他对本组内其他检察官承办的案件享有决定权,而其他检察官则仅享有办案权而无定案权。

但这一制度设计在检察制度原理上面临着如下质疑:第一,在主任检察官与组内其他检察官(承办人)的权责关系设定

(接上页)审核以及检察长或检委会讨论决定三个环节,才能形成最后的结论。这一制度在检察实践中沿袭至今,2013 年 1 月 1 日施行的《人民检察院刑事诉讼规则》第 4 条仍然规定:"人民检察院办理刑事案件,由检察人员承办,办案部门负责人审核,检察长或者检察委员会决定。"

[1] 陈宝富:"探索主任检察官办案组织制度",载《检察日报》2013 年 4 月 2 日。

上,让承办人行使办案权,却又让主任检察官行使定案权,人为地造成了办案权和定案权的分离,变相剥夺了承办检察官的定案权,不符合司法规律。前已述及,检察官之所以被称为独任制机关的原因,就在于检察官在检察事务方面,是具有自己决定和表示国家意志的独立机关,而不是唯上司之命的行使检察权。因此,从检察独立原则和检察官独任制的司法原理出发,对于检察官而言,"承办"一词的含义,本身即意味着检察官对于自己负责的案件有权独立查办并独立作出处理决定。换言之,办案权和定案权本来应当是合而为一、不可分离。但现行的主任检察官制度改革试点方案,却将定案权集中于主任检察官,这等于变相剥夺了组内其他检察官的定案权,使得承办检察官退化为唯上司之命是从的检察"手足",将承办检察官"矮化"为主任检察官的助理,有违检察独立原则和检察官独任制原理。

从日本、韩国以及我国台湾地区的主任检察官制度来看,主任检察官虽然负有监督该组事务之权力,有权对承办检察官的案件处理决定进行审查,但却并不能直接行使定案权,更不能擅自改变承办检察官对案件的定性,而只享有异议权,即在两者意见不一致时,主任检察官有权将分歧意见报请检察长核定。还是以台湾地区的主任检察官制度为例,台湾地区"地方法院及分院检察署处务规程"第 20 条规定:"主任检察官掌理左列事项:一、本组事务之监督。二、本组检察官办案书类之审核。三、本组检察官承办案件行政文稿之审核或决行。四、本组检察官及其他职员之工作、操作、学识、才能之考核与奖惩之拟议。五、人民陈诉案件之调查及拟议。六、法律问题之研究。七、检察长交办事项及其他有关事务之处理。"由此可见,台湾主任检察官的主要职权是在组内行政事务的管理上,而不包括定案权,对此,该"规程"第 26 条第二款专门规定:"主任检察官与检察官有不同意见时,应报请检察长核定之。"这意味着,对于承办案件的检察官作出的案件处理决定,主任检察官即使持有不同意见,也不能直接要求承办检察官服从自己的意见,而只能报请检察长核定。换言之,主任检察官并不享有定案权,办案权和定案权都掌握在承办检察官手中,主任检察官仅享有审查权和异议权,制度上之所以如此设计,主要是基于对检察独立原则和检察官独任制的尊重。第二,主任检察官审批、决定案件,背离了主任检察官制度改革"去行政化"的目的和初衷,可能导致改革"走回头路",在检察机关内部形成新的行政层级审批制。如前所述,主任检察官制度改革的目的和初衷,是"去行政化",即通过办案组织模式的重构,突出主任检察官的办案主体地位,弱化检察机关内部的行政化层级审批制,增强检察权运行的司法化特征。然而,试点中的主任检察官制度,却在"撇清"了主任检察官组与科、处、局等内设机构的关系,否定了科、处、局长案件审批权的同时,又再次赋予主任检察官审批、决定案件的权力,这无异于又走回到案件审批制的"老路"。试问,主任检察官审批、决定案件,与过去旧体制下科、处、局长审批案件有何实质性差异? 无外乎都是上级审批下级、办案权和定案权分离,这样的改革,不过是"旧瓶装新酒"、"五十步笑百步"!

诚然,中国有中国的国情。在我国,检察官作为一个群体,其任职资格的获得并不十分严格,导致检察官的数量庞大而又未实现精英化。就检察官的人员结构来看,目前留在一线办案的检察官中资历尚浅、经验短缺的年轻人占了多数,这一状况在基层检察机关表现尤为突出。基于这些实际情况,要一步到位的实现所有检察官的个体独立,既不现实又将蕴含着巨大的风险。①

————————————

① 陈宝富:"探索主任检察官办案组织制度",载《检察日报》2013 年 4 月 2 日。

因此，现阶段的主任检察官制度改革，实际上带有一种过渡性质，即首先从"矮子里面选高子"，遴选出部分经验相对丰富、办案能力相对较强的检察官担任主任检察官，再"以老带新"，培养年轻检察官的成长。在这一过渡阶段，主任检察官必须承担起办案责任，对案件质量进行把关，为此，赋予主任检察官定案权似乎在情理之中。笔者也认为稳妥的渐进式改革应当尊重历史和现实，但问题是，应对现实的改革方案是不是只有这一种？是不是只有这一条路可通罗马？有没有更优的替代方案？以日本、韩国以及我国台湾地区的主任检察官制度为例，其主任检察官仅行使案件的审查权而不决定案件的处理，有分歧意见时报请检察长核定。这一制度设计同样可以实现主任检察官对案件质量的把关，但却可以同时彰显对承办检察官独立性的尊重，为什么不能成为我们改革的替代方案呢？！

正基于此，笔者主张调整目前的主任检察官制度试点改革方案，程序上不应再赋予主任检察官定案权，仅赋予其对案件的指导权、审查权和异议权足矣！实务操作流程上，承办人拟出案件处理意见后，报主任检察官审查。若主任检察官同意承办人的处理意见，签字确认；若主任检察官不同意承办人意见的，则上报主管副检察长、检察长核定。换言之，为把案件质量关，主任检察官基于检察一体原则，可以行使案件审查权，但基于对检察独立原则的尊重，主任检察官在意见不一致时不能直接更改承办人的决定，而只能将双方的分歧意见提交上级检察首长核定，再由检察长行使指挥监督权或职务收取权、移转权（下文详述）。当然，主任检察官毕竟是承办检察官的前辈，经验相对更为丰富、办案能力相对更强，是年轻检察官学习的榜样。司法实务中，若年轻的承办检察官在办案中遇有疑问或对案件定性把握不准，主动向主任检察官请教、求援的，则根据"疑问排除不法"的原则，①例外地允许主任检察官行使定权。

改革的路径选择有误：主任检察官制度缺乏"润滑剂"、"平衡器"

检察改革难，难就难在检察官本身兼具行政与司法双重属性，其中，行政属性要求整个检察体系形成上命下从、上下一体的金字塔型阶层结构，即施行检察一体原则，但其司法属性又要求这个阶层中的每一个个体对于上级保持相对的独立性，即奉行检察独立原则。问题是，一体与独立，本系两种对立、冲突的权力配置和运作模式，而今检察官却要集两者于一身，制度上如何平衡、协调，遂成为检察改革最大之难题，亦为检察改革永恒之主题。

如果将我国现行的主任检察官制度改革放置在这一背景下进行观察和省思我们就会发现，改革中的主任检察官制度，在检察官—主任检察官—主管副检察长、检察长、检委会这三者的关系处理上，缺乏了一些关键性的制度设计，以至于过于偏重检察一体而有损检察独立。

目前的改革试点方案，在检察官——主任检察官——主管副检察长、检察长、检委会这三者的关系处理上，强调的是单方面的服从，即一般案件，检察官必须服从主任检察官的决定；疑难、重大、复杂案件，主任检察官又必须服从主管副检察长、检察长或检委会的决定。换言之，承办案件的检察官或主任检察官对案件的处理意见并不受尊重和保障，上级可以直接改变其处

---

① 所谓"疑问排除不法"，即承办人因为法律疑问而主动请示的案件，上级可以给予指示。参见林钰雄：《刑事诉讼法（上）》，中国人民大学出版社2005年版，序言。

理意见并指令其按上级决定行事。显然,这一方案强调的是检察一体原则。在这一办案模式下,曾经广为世人所诟病的"奉命起诉"或"奉命不起诉"等检察痼疾,将难以完全根除。

　　然而,从同样实行主任检察官制度的日本、韩国以及我国台湾地区的作法来看,检察官、主任检察官和检察长之间虽亦为上、下级关系,但却不是单方面的服从关系。基于检察独立原则,每名检察官均为独立的办案主体,享有独立的办案权和定案权,即所谓"每一检察官,皆为一独立之官署"。以日本为例,日本检察官在行使检察权上,被置于受上级指挥、监督的地位,但这并不否定每个检察官是行使检察权的意志决定机关的原则。即使处于上级的指挥和监督之下,但行使检察权的权限,仍由各检察官自己掌握。因此,上级的指挥和监督权必须和检察官的独立性相协调。[①] 尤其是当承办案件的检察官对案件的定性,与主任检察官之间存在不同意见时,制度上并不是一味强调承办检察官对主任检察官的服从,而是赋予主任检察官异议权,即,主任检察官有权将分歧意见提交检察长,由检察长核定;若检察长亦不同意承办检察官的意见,也并非直接行使指令权,强行要求承办检察官服从检察长的决定,而是沟通、劝告、说服,[②]如果办案检察官仍然坚持自己的观点、不愿改变,那么,检察长将会行使职务收取权和移转权,将该案件收回由自己承办或转交由其他检察官承办。如此一来,既实现了检察一体的目的(检

---

① 裘索:《日本国检察制度》,商务印书馆 2003 年版,第 29 页。
② 检察机关上、下级之间的这种沟通、劝告、说服非常重要,它可以"软化"法律上等级森严的命令服从关系,转变为平等的商谈合意关系。日本检察实践中,上级检察机关实际上主要是通过审查、劝告、承认的方法,行使指挥和监督权,而不是硬性要求下级服从上级。参见裘索:《日本国检察制度》,商务印书馆 2003 年版,第 29 页。

察长的意见和决定要得到贯彻），又彰显了对检察独立的尊重（不强行改变承办检察官的意见）。显然，在这一制度设计中，检察长的职务收取权和移转权是关键。所谓职务收取权和移转权，是指检察长有权亲自处理所属检察官的事务，并有权将该事务转交其所属其他检察官处理。[1] 职务收取权和移转权，是检察长基于检察一体原则而享有之专属职权。一般认为，该权力具有两项功能：一是统一法律解释适用，避免个案检察官法律见解歧异；二是调节既定事务分配，尤其是在原先承办检察官执行职务显有违法不当时，该权力可以发挥内部监督控制的作用。[2] 但从前文分析可以看出，检察长的职务收取权和移转权，还具有协调、平衡检察一体和检察独立原则的功能，正是因为这一权力的存在，使检察长在处理上、下级关系以及检察一体与检察独立的关系时，有了回旋的余地而游刃有余，实际上起到了一种"平衡器"、"润滑剂"的作用。例如，在德国，虽然根据《德国法院组织法》第 146 条之规定，检察官原则上受其上级官员指令的约束。但实务中，上级一般不会发出任何违反检察官意愿的指令，而是通过职务收取权和移转权来消除两者之间的观点冲突。[3]

但是，由于我国现行检察制度立法中，并未明确规定检察长的职务收取权和移转权，虽然《人民检察院组织法》第 3 条规定："检察长统一领导检察院的工作。"但此处的检察长"领导"权一般解释为检察长的"指挥监督权"，是否包括职务收取权和移转权，并不明确。这就使得改革中的主任检察官制度，在处理上、

---

① 黄朝义：《刑事诉讼法》，一品文化出版社 2006 年版，第 70 页。
② 林钰雄：《刑事诉讼法（上）》，中国人民大学出版社 2005 年版，第 112 页。
③ 魏武：《法德检察制度》，中国检察出版社 2008 年版，第 173 页。

下级关系以及检察一体与检察独立的关系时,缺失了这一"平衡器"、"润滑剂",只能将检察官、主任检察官和检察长三者的关系,僵硬地处理为单方面的服从关系,从而使得检察一体与检察独立之间失去了平衡。基于此,笔者建议,在正式实行主任检察官制度之前,应当先行修改《人民检察院组织法》和《检察官法》,通过修法明文赋予检察长以职务收取权和移转权,明确设定检察长行使职务收取权和移转权的条件、程序,①再在主任检察官制度改革方案中注入这一剂"润滑剂",从而将承办检察官、主任检察官和检察长三者的关系调整为:一般案件,由检察官承办,承办检察官对案件的处理结果必须报主任检察官审查,主任检察官不同意承办人意见的,可提交主管副检察长决定,主管副检察长不同意承办人意见,而承办人又坚持自己意见的,主管副检察长报检察长决定行使职务收取权和移转权,将案件移交其他检察官办理;疑难、重大、复杂案件,由主任检察官承办,其他检察官、检察官助理协助,主任检察官作出案件处理意见后报主管副检察长、检察长、检委会审查,若主管副检察长、检察长、检委会不同意主任检察官的意见,而主任检察官又坚持自己的意见,检察长可行使职务收取权和移转权,将案件交由其他主任检察官承办。这一制度设计,既能实现检察一体的目的,又能确保一线办案检察官的独立性,彰显对检察独立原则的尊重,应当说,更有利于主任检察官制度改革目标的达成。

同时,在相关责任机制构建上,也不应当一味强调主任检察官作为办案第一责任人,而应当根据权责一致原则,具体设计办案责任的承担:原则上谁办案谁负责,既然承办人的办案独立

---

① 关于职务收取权和移转权行使的条件和程序,不属于本文论述的重点,在此不予详述,笔者另有专文予以论述。

性已经得到充分保障,那么办案责任原则上应当由承办人自行承担。即使主任检察官、主管检察长或检察长不同意承办检察官的意见,但经由沟通、劝告、说服,承办检察官接受了上级的意见,则承办人仍应自行承担办案责任(你可以坚持而没有坚持)。但若承办人、主任检察官坚持自己的意见,而检察长行使了职务收取权和移转权的,则检察长承担相应的责任。

甘肃社会科学/2014 年/第 4 期

检察官客观义务的解释与适用

摘　要: 从法解释学的角度来看,在我国,检察官客观义务应当适用于依法行使国家检察权的检察人员,包括各检察院的检察长、副检察长、检察委员会委员、检察员和助理检察员。在内容上,检察官客观义务可以进一步分解为"真实性义务"和"公正性义务",同时派生出被追诉人的一项基本诉讼权利———请求作出对自己有利的必要处分的权利。而检察官违反客观义务,情节严重的,将构成犯罪并承担刑事责任,情节较轻的,将承担检察行政责任和职业伦理责任。被追诉人客观上无犯罪嫌疑,检察官违反客观义务而展开侦查和起诉的,其诉讼行为无效。被追诉人客观上有犯罪嫌疑,则检察官即使违反客观义务,其侦查、起诉行为原则上仍然有效。如果检察官对明知是有罪之人却通过隐瞒、毁灭或者伪造证据等方式为其脱罪,作出不予追究刑事责任决定的,其诉讼行为无效。

关键词: 检察官客观义务;法律监督;真实性义务;公正性义务;诉讼行为无效

近年来,随着司法体制改革的深入,人们开始在建设法治国家的宏观背景下思考检察官的角色、功能及其职权配置问题。

检察官一方面是侦查、控诉等具体诉讼职能的承担者,另一方面又是履行法律监督职责的法律守护人,其"既当运动员、又当裁判员"的角色悖论一直是困扰我国理论界和实务界的难题。而从域外法治国家尤其是大陆法系国家的检察理论和经验来看,检察官客观义务是平衡这两种角色冲突的关键性支点。因而,近年来检察官客观义务逐渐成为国内学术研究的热点问题。但是,现有研究成果往往热衷于或偏重于检察官客观义务的概念、起源、理论基础等纯理论问题,忽略了对检察官客观义务的主体、内容及其效力等操作性问题的研究,使得检察官客观义务成为学术象牙塔上的一颗明珠,光辉璀璨却不能用来照亮前路——指导司法实务。基于此,笔者尝试回归客观义务的本源,澄清我国学界关于客观义务的若干认识误区,并结合我国相关法律的规定,从法解释学的角度,阐明我国检察官客观义务的主体、内容以及效力等规范适用问题,从而使检察官客观义务在我国具有可操作性。

检察官客观义务的主体

既然名曰检察官客观义务,那么该义务的适用主体自然是"检察官"。然而,何谓"检察官"? 其具体范围究竟应当包括哪些人员? 这是首先必须予以澄清的问题。我国《刑事诉讼法》第6条规定:"人民法院、人民检察院和公安机关进行刑事诉讼,必须以事实为依据、以法律为准绳。"第43条规定:"审判人员、检察人员、侦查人员必须依照法定程序,收集能够证实犯罪嫌疑人、被告人有罪或者无罪,犯罪情节轻重的各种证据。"学界公认,上述两个法条是我国检察官客观义务的法律依据和渊源。但是,第43条的立法用语系"检察人员",而非"检察官",整部《刑事诉讼法》也并未使用"检察官"一词,皆以"检察人员"代替。

对于"检察人员"一词的内涵与外延,2007年9月最高人民检察院印发的《检察人员执法过错责任追究条例》(以下简称《条例》)第25条规定,所谓"检察人员",是指"各级人民检察院检察长、副检察长、检察委员会委员、检察员、助理检察员、书记员、司法警察以及其他依法履行执法办案职责的人员"。此处所谓"其他依法履行执法办案职责的人员",是指包括计算机、文检、法医、司法会计等专业技术人员在内的检察机关工作人员。

我国立法上正式使用"检察官"一词的法律是《检察官法》。该法第2条明确规定:"检察官是依法行使国家检察权的检察人员,包括最高人民检察院、地方各级人民检察院和军事检察院等专门人民检察院的检察长、副检察长、检察委员会委员、检察员和助理检察员。"显然,《检察官法》对"检察官"一词外延的界定和《条例》对"检察人员"外延的界定并不一致,被《条例》列入"检察人员"范畴的"书记员、司法警察以及其他依法履行执法办案职责的人员"并不在《检察官法》规定的"检察官"的范畴之内。从法理上讲,《检察官法》是法律,其效力应当高于《条例》这一检察机关的内部规定。然而,问题在于,《刑事诉讼法》所规定的检察官客观义务条款,其立法用语又是"检察人员"而非检察官",那么,我国检察官客观义务的适用主体,究竟是《条例》中的"检察人员",还是《检察官法》中的"检察官"?

笔者认为,对于《刑事诉讼法》中"检察人员"一词的理解,必须运用体系解释的方法作出合理解释。《刑事诉讼法》第28条规定:"审判人员、检察人员、侦查人员有下列情形之一的,应当自行回避,当事人及其法定代理人也有权要求他们回避……",同法第31条紧接着规定:"本章关于回避的规定适用于书记员、翻译人员和鉴定人。"另据最高人民检察院《人民检察院刑事诉讼规则(试行)》第33条的规定,关于回避的规定,适用于司法警察。上述立法和司法解释的规定表明，书记员、司法警察以及鉴定人等，并不在法定的"审判人员、检察人员、侦查人员"的范围之内。据此，我国《刑事诉讼法》中的"检察人员"一词，实际上指的就是《检察官法》中的"检察官"，即"依法行使国家检察权的检察人员，包括最高人民检察院、地方各级人民检察院和军事检察院等专门人民检察院的检察长、副检察长、检察委员会委员、检察员和助理检察员。"因此，在我国，检察官客观义务的适用主体仅限于依法行使国家检察权的检察官，而不包括其他检察人员。

同时，在此必须予以澄清的另一个问题是，国内学界对检察官客观义务的研究普遍带有一个预设前提，即认为客观义务是检察官的专属义务。但从逻辑上讲，检察官虽然负有客观义务，但并不意味着客观义务就是检察官的专属义务，从比较法的角度来看更是如此。例如，在客观义务发源地的德国，客观义务就是检察官和警察共同负有之义务，理论上称之为"客观性原则"，指的是检察官、警察负有义务，应当不偏袒、公正地采取行动，特别是要全面地侦查事实真相。检察官、警察不得单方面地谋求证明被告人有罪。① 为此，德国《刑事诉讼法》第 160 条第 2 款规定："检察院不仅要侦查证明有罪的，而且还要侦查证明无罪的情况，并且负有提取有丧失之虞的证据。"同法第 163 条（警察的任务）第 1 款规定："警察机构部门及官员要侦查犯罪行为，作出所有不允许延误的决定，以避免产生调查案件真相困难。"第 163 条 a 第 2 款又针对警察部门规定："被指控人请求收集对他有利的证据时，如果它们具有重要性，应当收集。"据此，在德

---

① ［德］约阿希姆·赫尔曼：《德国刑事诉讼法典》（中译本引言），李昌珂译，中国政法大学出版社 1995 年版，第 15 页。

国,客观义务不仅适用于检察官,也适用于警察。继受了德国《刑事诉讼法》的我国台湾地区"刑事诉讼法"第 2 条明确规定:"实施刑事诉讼程序之公务员,就该管案件,应于被告有利及不利之情形,一律注意。被告得请求前项公务员,为有利于己之必要处分。"①该条规定将客观义务适用的主体范围扩大到"实施刑事诉讼程序的公务员",意味着参与刑事诉讼活动、履行诉讼职能的所有公务人员,都负有客观义务。根据台湾地区"法务部"颁布的《检察机关办理刑事诉讼案件应行注意事项》第 2 条的解释:"本'法'第二条所谓实施刑事诉讼程序之公务员,在侦查中,系指司法警察、司法警察官、检察事务官及检察官而言。"在审判中,则自然系指法官。据此,警察(司法警察、司法警察官)、检察官(包括检察事务官)、法官等都负有客观义务。即便在英美法系,英国在 1997 年由其内政大臣发布的关于警察侦查活动的实施细则中也明确要求:"在侦查过程中,侦查人员必须对所有的合理的侦查线索进行侦查,不论它们是不利于嫌疑人的还是有利于嫌疑人的。"这一规定相当于确认了英国警察作为侦查官员在侦查(取证)环节的客观义务。② 由上述分析可见,在域外法治国家和地区,客观义务并非检察官独有、专属之义务,实际上负有客观义务的主体,除了检察官之外,还有警察、法官,甚至是所有参与刑事诉讼、履行诉讼职能的公务人员。

从法理上分析,客观义务之所以会成为包括侦查人员、检察人员、审判人员等在内的几乎所有参与刑事诉讼活动、履行诉讼

---

① 据台湾学者郭吉助考证,台湾地区"刑诉法"第 2 条仿自普鲁士帝国《刑事诉讼法》第 139 条,"实施刑事诉讼程序的官员,就该管案件,应于被告有利及不利之情形一律注意"。

② 孙长永:"检察官客观义务与中国刑事诉讼制度改革",载《人民检察》2007 年第 17 期。

职能的公务人员的一项共通性义务,根本上是由法治国家刑事诉讼程序的性质和目的所决定的。法治国家刑事诉讼程序的目的,并不在于单纯地打击犯罪,而是强调公正地追诉和审判犯罪。换言之,法治国家的刑事诉讼程序,禁止不择手段、不问是非、不计成本地打击犯罪,[①]而必须兼顾惩罚犯罪和保障人权的目标。为此,刑事诉讼程序必须致力于全面查明案件真相并保障被追诉人的合法权益。而参与刑事诉讼的国家专门机关工作人员,实际上是经国家授权履行相关诉讼职能和职责的公务人员,身份上可视为法治国的代理人,职责上代表法治国追诉和审判犯罪。为此,他们不得自视为打击犯罪的工具,而必须谨守法治国的理想和要求,公正地追诉和审判犯罪,在侦查、起诉、审判以及刑罚执行等各个诉讼环节,致力于全面查明案件真相并保障被追诉人的合法权益,而不得单方面谋求给被追诉人定罪。由此可见,客观义务实际上是法治国对其代理人——实施刑事诉讼程序的公务人员的一项普遍要求,并不因其诉讼职能和职责的差异(侦查、起诉、审判或刑罚执行)而有所区别,不仅检察官违背客观义务可能损及法治国的上述目的,行使侦查权的警察、行使审判权的法官,包括履行其他诉讼职能的公务人员,一旦背离客观公正的立场和义务,不择手段、不问是非、不计成本地一味追求打击犯罪,同样亦可能侵犯被追诉人的合法权益,损害法治国保障人权的目的。[②] 因此,在法治国家和地区,客观义务不仅是检察官的义务,同时亦是警察、法官的义务,甚至是所

---

① 林钰雄:《刑事诉讼法(上)》,中国人民大学出版社 2005 年版,序言。

② 人们经常以检察官系代表公益追诉,并非一方当事人,来作为检察官承担客观义务的依据。但实际上,警察、法官以及其他参与刑事诉讼的国家专门机关及其公务人员,同样是公益代表人,均非一方当事人,因而都应当承担客观义务。

有参与刑事诉讼活动的公务人员包括书记员、检察事务官、法官助理等共同承担的一项法定义务。在这个意义上,笔者其实更为赞同我国台湾地区"刑事诉讼法"第2条对客观义务主体范围所作的界定,即将客观义务确定为参与刑事诉讼活动的所有公务人员的一项共通性义务。

当然,客观义务虽然并非检察官的专属义务,但该义务的价值和功能在检察官这一角色上体现得最为充分。与民事诉讼程序不同,现代刑事诉讼程序又被称为"检察官的程序",因为检察官的职权贯穿于整个刑事诉讼流程。他既是侦查权主体,又是控诉人,同时还是刑罚执行官,①职权延伸至刑事诉讼流程的各个环节。可以说,刑事诉讼程序的每一个环节都离不开检察官,处处皆可见检察官的身影。如果说警察只是在侦查取证环节需要遵守客观义务、法官仅需在审判环节谨守客观义务的话,那么检察官在侦查、起诉、审判和执行等各个诉讼环节都需要恪守客观义务。就此而言,客观义务的主体虽然不限于检察官,但检察官却是客观义务的主要载体。另一方面,检察官由于角色和职能的双重性,既是客观义务的义务主体,即客观义务的约束对象,又是客观义务的监督主体,负有监督其他义务主体履行客观义务的职责。

既然客观义务的主体并不局限于检察官,那为何学术界更偏重和偏爱对检察官客观义务进行研究呢?笔者认为,这根源于检察官这一角色在现代刑事诉讼程序中的独特地位。与法官在刑事诉讼中承担着较为单一的审判者角色不同,检察官在现代刑事诉讼程序中的角色较为复杂:他本身既承担侦查、控诉

---

① 在德、日等大陆法系国家,检察官是刑罚的执行权主体,即刑罚执行者。而在我国,检察官仅仅是刑罚执行的监督者。

职能,又要履行"国家权力之双重控制功能"(法律监督)和民权保障功能,①这使得检察官在现代刑事诉讼程序中成为一个充满内在矛盾的角色:作为侦查、控诉职能的担当者,检察官应当致力于搜集罪证、提起检控、打击犯罪;但作为法治国的守护人,履行"国家权力之双重控制"功能和民权保障功能的"公家机关"、准司法机关,检察官又并非"当事人",②不能"单方面地对被告之不利部分搜集资料,其尚需对被告之有利之情况加以调查。"③这两种角色和职能集于一身,使得检察官这一角色产生了一种内在的紧张关系,并可能使得检察官在这种矛盾心态中迷失自我。为平衡这两种角色和职能之间的内在冲突,刑事诉讼法为检察官履职行事划定了一条"底线":客观义务,即"检察官为了发现真实情况,不应站在当事人的立场上,而应站在客观的立场上进行活动"。④

　　客观义务犹如高悬于检察官头顶上的"达摩克勒斯之剑",时刻提醒着检察官:你并非"打击犯罪的急先锋"、"冷酷无情的国家猎人"、"无所不用其极的追诉者",而是履行"国家权力之双

---

① "国家权力之双重控制功能"这一概念源自德国,指的是"作为法律之守护人,检察官既要保护被告免于法官之擅断,亦要保护其免于警察之恣意。"形象地说,检察官既要监督法官,又要控制警察。参见林钰雄:《刑事诉讼法(上)》,中国人民大学出版社 2005 年版,第 103 页。

② 理论研究中,检察官的客观义务,往往与"当事人立场"相对而言,意即检察官不能居于当事人立场,而应基于客观立场而活动,但究竟什么是"当事人立场",国内学界语焉不详,笔者认为,所谓当事人立场,即当事人处分主义,换言之,当事人并不一定需要查明案件真相,他可以从有利于自己的角度处理程序,例如,当事人即使无罪但仍可与检察官进行认罪协商,当事人明知案件情况,但仍可拒绝作证、保持沉默。

③ 〔德〕克劳思·罗科信:《刑事诉讼法》,吴丽琪译,法律出版社 2003 年版,第 66 页。

④ 〔日〕松本一郎:"检察官的客观义务",郭布、罗润麒译,载《法学译丛》1980 年第 2 期。

重控制"功能及民权保障功能的"法律守护人"、"法治国最忠实的仆人",为此,你不得单方面谋求给被告人定罪,而必须全面查清事实真相,公正地展开追诉。实际上,从客观义务起源地的德国的立法进程来考察,1874 年德国《刑事诉讼法草案》并未明确规定检察官应客观中立地执行职务的基本原则,草案第 139 条(即德国现行刑诉法第 160 条第 1 项)仅规定:"通过告发或者其他途径,检察院一旦了解到有犯罪行为嫌疑时,应当对事实情况进行审查,以决定是否提起公诉。"但在草案审议期间,两位参议员 Hidesheim 市长 Struckmann 和 Sachsen 邦检察长 Schwarze 博士,在委员会会议上主张在该条文中加入"检察官必须调查有利与不利于犯罪嫌疑人证据情势"的规定,他们认为唯有如此方能避免认为侦查程序的目的仅在于收集不利证据的看法以及对于检察官任务的错误认知。最后,在删除了一些不必要的文字后,Schwarze 等提案增加的条文纳入了 1877 年所制定通过之帝国刑事诉讼法,并沿袭至今。这就是德国现行刑诉法典第 160 条第 2 款之起源。① 由此可见,之所以规定检察官客观义务,根本目的乃为解决检察官在刑事诉讼程序中的角色和职能冲突问题。

然而,"理想很丰满、现实很骨感",上述动机虽堪称良好,但作为控诉者的检察官能否真正恪守客观义务,在积极追诉的同时做到客观公正,却是一个充满争议的问题。即便是在客观义务起源地的德国,学者在历经多年争论后,也不得不承认这样一个事实:"如果仅期待由检察官的作为来保护犯罪嫌疑人,那根本就是一种妄想,因为即便是最善意的检察官也不可能以相同的热情来代表实行公诉以及为被告的利益辩护。同时经验告诉

---

① 郭吉助:"检察官客观义务规定之探讨",载《检察新论》第 13 期。

我们,检察官在侦查的开始阶段往往仅专注于不利被告的证据。"①因此,如何在准确理解检察官客观义务的同时,使检察官客观义务能够得到全面、切实的贯彻,是更值得关注的课题。

检察官客观义务的内容

所谓检察官客观义务的内容,是指检察官客观义务的具体内涵和基本要求,历来是理论研究中相当重要而又引人注目的问题。这是因为,作为诉讼法上的一项强制性义务,客观义务只有做到内涵清晰、内容明确,才能真正运用于司法实务。因此,抽象的客观义务,尚必须进一步分解、细化为若干具体的行为规范或规则,方能发挥其约束和规范作用,否则极易导致客观义务的"空洞化"。

关于检察官客观义务内容的研究,目前国内学界比较通行的观点是采用来自德国的"三规则说",主张将检察官客观义务分解为三项具体的行为规则:一是检察官在收集证据时,对于有利于与不利于被追诉人的证据均须予以收集;二是审判过程中,检察官如果认为证据不足以定罪,可以要求法院宣布被告人无罪;三是检察官可以为被告人利益提起上诉或者请求再审。②但是,上述"三规则说"实际上并无法涵盖检察官职务行为的全部。因为就检察官而言,其"客观义务的范围相当广泛,不管是对被告有利或不利,检察官对于案内与认定事实、适用法律、罪名成立与否、量刑事项或于公平正义之维护或对被告之利益有

---

① 此为德国著名自由派议员 Lasker 的观点,他是反对检察官负有客观义务的代表性人物。参见郭吉助:"检察官客观义务规定之探讨",载《检察新论》第 13 期。
② 林钰雄:《刑事诉讼法(上)》,中国人民大学出版社 2005 年版,第 106 页。

重大关系的事项,在客观上认为应行调查之一切证据,除认为不必要或不易调查或不能调查者,均应详加调查,如未依法调查即率以认定事实,均有违客观义务之本旨。"[1]因而,将检察官客观义务简化为三项行为规则,逻辑上显然不尽周延。

也有学者在概括各国法律规定的基础上,试图将检察官客观义务的内容归纳为以下六个主要方面:(1)客观全面地收集、保全对被告人不利、有利的各种证据;(2)客观全面地提供对被告人不利、有利的各种证据,包括客观全面地向辩护方开示与指控犯罪事实有关的各种证据,客观全面地向法院提供与公诉犯罪事实有关的各种证据,而不得隐瞒对被告人有利的证据;(3)客观公正地行使公诉权和求刑权,根据案件的事实和证据客观公正地决定是否起诉,而不得违背证据和公平原则进行差别起诉,如果庭审中证据调查结果表明公诉的犯罪事实缺乏足够的证据支撑,检察官应当依法请求法院判决无罪;(4)客观公正地行使救济权,如果认为法院判决违背事实和法律,检察官可以提起上诉或再审,这种上诉或再审的提起既可以不利于被判决者,也可以有利于被判决者;(5)检察官如存在可能影响案件公正办理的情形,应当自动回避,被告人也可以要求其回避;(6)检察官如果违反客观公正义务,故意对应当起诉的人不起诉或对无罪的人提起指控,或者隐匿、伪造证据,则要被追究刑事责任。[2] 但上述观点亦存在类似的问题:其一,该观点的第6项内容明显是违反检察官客观义务的法律后果,而非客观义务的内容;其二,这一观点的特点在于试图将检察官的客观义务分解到

① 郭吉助:"检察官客观义务规定之探讨",载《检察新论》第 13 期。
② 朱孝清:"检察官客观公正义务及其在中国的发展完善",载《中国法学》2009 年第 2 期。

检察官的各项法定职权之中,但由于各国检察官的法定职权并不完全一致,该观点在概括各国法律规定的基础上总结、提炼出的关于检察官客观义务的内容,显然就不具有普适性和通用性。例如,根据我国刑诉法的规定,检察官行使批捕权以及刑罚执行监督权,上述职权的行使,同样需要遵循客观义务,但该观点并未将之纳入检察官客观义务的范畴,这显然有所缺漏。

由此可见,作为诉讼法上的一项法定义务,检察官客观义务更多是一项训示性、宣示性的规范要求,是对检察官办案态度的一种立法期许,而非具体的行为规则。因而,对于检察官客观义务的内容,实在难以将其直接细化、分解为若干具体的行为规则。当然,这并不意味着客观义务就此成为一个含糊不清、玄之又玄的概念,实际上,作为一个有效的法律概念,检察官客观义务仍然是可解释的并在一定程度上是可操作的,只不过对检察官客观义务的内容,只能从较为宏观、整体的面上进行把握。笔者认为,站在法解释学的立场上,对检察官客观义务内容的把握,应当以"客观"和"义务"这两个关键词为始点。

首先,按照《现代汉语词典》的释义,"客观"是指"按照事物的本来面目去观察和认识,不带有个人的偏见"。[①] 根据这一释义,"客观"一词重点强调的是两层涵义:一是真实,即尊重事物的本来面目。就刑事诉讼活动而言,就是强调全面查明案件真相,不能隐匿证据或隐瞒事实,不得伪造证据或虚构事实。二是公正,即不偏不向、保持中立。就刑事诉讼活动而言,就是强调检察官在职务行为中应当对被追诉人有利及不利的情形一律注意。基于此,所谓检察官客观义务,实际上可以分解为两项具体

---

① 张书岩:《现代汉语词典》,吉林出版集团有限责任公司 2009 年版,第525 页。

的诉讼义务,即"真实性义务"和"公正性义务"。例如,澳门地区《刑事诉讼法》第42条规定:"检察官在刑事诉讼程序中有权限协助法官发现事实真相及体现法律,且在诉讼程序上之一切参与须遵守严格之客观准则。"该法条之前半句可视为对"真实性义务"的规定,后半句则可视为对"公正性义务"的规定。这两项义务虽然在内容上仍然比较原则和抽象,但较之客观义务本身,已经具有了一定程度的可操作性,据此已经可以对义务主体诉讼行为的合法性和合理性进行评判。①

其次,"义务"一词本身已经表明检察官客观义务是一项义务性规则。义务性规则在类型上又可以分为两类:命令性规则和禁止性规则。所谓命令性规则,是指规定人们的积极义务,即人们必须或应当作出某种行为的规则;所谓禁止性规则,是指规定人们的消极义务(不作为义务),即禁止人们作出一定行为的规则。检察官客观义务,实际上是一种复合性义务规则,即兼具命令性规则和禁止性规则的双重特征。例如,真实性义务要求检察官不能隐匿证据或隐瞒事实,不得伪造证据或虚构事实,这是一种禁止性规则;而公正性义务则要求检察官必须收集有利于被追诉人的证据,则又属于命令性规则的范畴。另一方面,"义务"指的是"设定或隐含于法律规范中,实现于法律关系中的,主体以相对受动的作为或不作为的方式保障权利主体获得

---

① 我国《刑事诉讼法》第227条规定:"第二审人民法院发现第一审人民法院的审理有下列违反法律规定的诉讼程序的情形之一的,应当裁定撤销原判,发回原审人民法院重新审判:(一)违反本法有关公开审判的规定的;(二)违反回避制度的;(三)剥夺或者限制了当事人的法定诉讼权利,可能影响公正审判的;(四)审判组织的组成不合法的;(五)其他违反法律规定的诉讼程序,可能影响公正审判的。"该法条直接将是否"可能影响公正审判",作为判断程序合法性和有效性的标准,表明程序的公正性本身是可判断、可操作的。

利益的一种约束手段。"①在法理学上,"义务"总是相对于"权利"而言的,是保障权利主体实现其权利、获得利益的一种手段,因而"义务"与"权利"的关系是相互依存的。法律要求检察官负有客观义务,要求对于被告人有利及不利之情形,应一律注意,反过来也就意味着被追诉人享有请求检察官作出对自己有利的必要处分的权利。正因为如此,我国台湾地区"刑事诉讼法"第2条在规定"实施刑事诉讼程序之公务员,就该管案件,应于被告有利及不利之情形,一律注意"之后,又紧接着规定"被告得请求前项公务员,为有利于己之必要处分。"这意味着,客观义务作为一项义务性规则,不仅对义务主体直接产生了相应的责任和约束,还间接派生出了被追诉人的一项基本诉讼权利——请求作出对自己有利的必要处分的权利。例如,我国《刑事诉讼法》第50条规定:"审判人员、检察人员、侦查人员必须依照法定程序,收集能够证实犯罪嫌疑人、被告人有罪或者无罪、犯罪情节轻重的各种证据。"该规定不仅赋予了检察官收集能够证实犯罪嫌疑人、被告人有罪或者无罪、犯罪情节轻重的各种证据的义务,而且授予了犯罪嫌疑人、被告人请求(申请)检察官收集能够证实其无罪或罪轻证据的权利。实践中,我们不能因为刑诉法未明确规定该项权利,就否认该项权利的客观存在,②因为,该项权利系经由刑诉法第50条即客观义务而派生的一项诉讼权利。

---

① 张文显:《法理学》,法律出版社1997年版,第115页。

② 我国《刑事诉讼法》第41条规定:"辩护律师经证人或者其他有关单位和个人同意,可以向他们收集与本案有关的材料,也可以申请人民检察院、人民法院收集、调取证据,或者申请人民法院通知证人出庭作证。"但该法条仅规定辩护律师有申请调查取证的权利,而未明确被告人亦享有该权利。

基于上述分析,笔者认为,可以将检察官客观义务分解为
"真实性义务"与"公正性义务"两项具体的诉讼义务,同时还应
当认识到检察官客观义务派生出了被追诉人的一项基本诉讼权
利———请求作出对自己有利的必要处分的权利。其具体内容
和关系可图示如下:

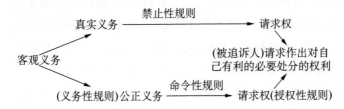

明确客观义务作为义务性规则的基本属性和性质有助于解
决我国学界长期以来颇具争议的一个问题,即强调检察官客观
义务,是否会威胁到控辩双方平等对抗的诉讼结构?部分学者
认为,确立客观义务固然增加了检察官在行使权力时的义务与
责任,但同时产生的检察官的司法官化,以及作为被告人的利益
保护者而强化检察官的诉讼地位,可能威胁控辩平等对抗的诉
讼结构。出于这种担心,一些学者主张不走确立或强化客观义
务的路径,而是主张通过强化被告方的辩护能力,以辩护权抗制
检控权的滥用。① 但笔者认为,这种观点着实过虑了,因为检察
官客观义务在性质上属于纯粹的义务性规则,本身是对检察官
的一种单方面约束和限制,在功能上迫使检察官抛弃单方面的
控方(当事人)角色和意识,恪守客观中立的司法官立场履责行
权,以充分保障被追诉方的利益。被追诉方只享有权利而不承

---

① 龙宗智:"中国法语境中的检察官客观义务论",载《法学研究》2009 年第
    4 期。

担任何义务,其权利体系不仅未受任何折损,反而因为检察官客观义务而增加了一项权利———请求作出对自己有利的必要处分的权利。因而,这一制度设计在本质上是一种程序保障机制,并不会对控辩平等的诉讼结构构成威胁。当然,检察官客观义务在理论和实践中的"两张皮"现象,使得我们在经验上不宜对检察官客观义务的效力寄予过高的期望,不能因为立法要求检察官负有客观义务,就淡化甚至放弃在制度层面对被追诉方辩护职能的保障和强化。因此,问题必须一分为二:一方面,我们不能对检察官客观义务的效力过度"迷信"、过度依赖,而必须重视通过程序设计适度增强被追诉方的防御手段和力量,以此防止检察官一旦背离客观义务而行为偏颇时,程序上仍然有足够的措施与力量能够与之相抗衡,并借此保全被追诉方的利益;另一方面,在程序上增强被追诉方的防御手段和力量,并不能成为否定检察官客观义务的理由。坚持检察官客观义务,与在程序上增强被追诉方的防御手段和力量,两者并不矛盾。相反,两者是相辅相成的,是保障被追诉方利益的不同手段和途径,任何削弱甚至否定检察官客观义务的主张和作法,只会恶化被告方在诉讼中的地位,对被告方而言有百害而无一利。因而,我们不能以增强控辩双方的平等对抗为由,"掏空"或"虚置"检察官客观义务。

就检察官客观义务而言,我国《刑事诉讼法》的规定是比较全面的。该法第 6 条首句规定:"人民法院、人民检察院和公安机关进行刑事诉讼,必须依靠群众,必须以事实为根据,以法律为准绳。"第 51 条规定:"公安机关提请批准逮捕书、人民检察院起诉书、人民法院判决书,必须忠实于事实真象。故意隐瞒事实真象的,应当追究责任。"这是对"真实性义务"的要求。而同法第 6 条第二句"对于一切公民,在适用法律上一律平等,在法律面前,不允许有任何特权"的规定,以及同法第50条"审判人员、检察人员、侦查人员必须依照法定程序,收集能够证实犯罪嫌疑人、被告人有罪或者无罪、犯罪情节轻重的各种证据"的规定,则是对"公正性义务"的要求。从具体的行为规则来看,我国刑诉法的相关规定也基本覆盖了检察机关在刑事诉讼中行使职权的各个流程和环节,包括检察官在收集证据时,对有利于与不利于被追诉人的证据均须予以收集,以及检察官为被告人利益而提起二审抗诉或再审抗诉等。但与域外法治国家和地区相比,我国刑诉法对检察官客观义务的规定,仍有一个比较明显的区别:在审判过程中,检察官如果认为证据不足以定罪,是否有义务要求法院宣告被告人无罪?这也是我国学界在检察官客观义务的研究中争议较大的一个问题。

在德国,当案件事实和证据在审判过程中发生变化,以致于检察官认为证据不足以给被告人定罪时,检察官有权力亦有义务要求法院宣告被告人无罪。德国学界认为,这是检察官客观义务的具体要求和重要体现。但问题在于,这一规则是否同样适用于我国?有观点认为,上述规则不能适用于我国,理由在于:其一,德国之所以采用这一规则,与其刑事诉讼制度的设计有关。根据德国《刑事诉讼法》的规定,审判程序一经启动,检察官就无权撤回起诉,因而在审判过程中,当证据和事实发生变化,检察官认为现有证据不足以给被告人定罪时,不能撤回起诉,而只能请求法官宣告被告人无罪。然而,与德国不同的是,我国《刑事诉讼法》虽然并未明确授予检察机关撤诉权,但相关司法解释包括最高人民检察院《人民检察院刑事诉讼规则(试行)》和最高人民法院《关于执行〈刑事诉讼法〉若干问题的解释》,均规定人民检察院在提起公诉后有权撤回起诉。因而,在我国审判实务中,一旦检察官在庭上遭遇现有证据不足以给被告人定罪的情形,往往会选择撤回起诉而非请求法官宣告被告人无罪。其二,缺乏《刑事诉讼法》或司法解释的明确规定。有观点认为,我国检察官之所以在现有证据不足以给被告人定罪时,无权亦无义务请求法院宣布被告人无罪,主要原因是我国《刑事诉讼法》和相关司法解释对此无明文规定,未明文授予检察官该项权力。因为法无明文规定,所以审判实务中检察官遇到现有证据不足以给被告人定罪的情形,只能以撤回起诉的方式终结诉讼。例如,2011 年 1 月,河南禹州市农民时建锋因在 8 个月内套用假军车牌照免费通行高速公路 2361 次,偷逃过路费 368 万余元,被平顶山市中级人民法院一审以诈骗罪判处无期徒刑。此案经媒体以"天价过路费"案为名报道后,引发社会舆论和法律界人士的广泛关注。之后,平顶山市中院以该案出现"新的证据"为由,启动再审程序,并以该案事实、察委员会以同案犯罪嫌疑人时军锋(时建锋之弟)向公安机关投案为由,决定撤回起诉,交由公安机关补充侦查。

对于上述论点,笔者不敢苟同。首先,从比较法的角度看,检察官以现有证据不足以认定犯罪而请求法官宣告被告人无罪,与刑诉法是否允许检察官撤回起诉,并无逻辑上的必然联系。例如,日本《刑事诉讼法》第 257 条规定:"公诉,可以在做出第一审判决前撤回。"我国台湾地区"刑事诉讼法"第 269 条也规定:"检察官于第一审辩论终结前,发现有应不起诉或以不起诉为适当之情形者,得撤回起诉。"但在日本以及我国台湾地区的司法实务中,仍然基于客观义务而要求检察官在证据不足以认定犯罪时得请求法官宣告被告人无罪。因此,检察官以现有证据不足以认定犯罪而请求法官宣告被告人无罪,与刑诉法是否允许检察官撤回起诉,并无逻辑上的必然联系,我们不能因为我国相关司法解释授予检察机关撤回起诉权,就否定检察官在证据不足以认定犯罪时得请求法官宣告被告人无罪的客观义务。其次,"法(司法解释)无明文规定",亦不能成为否定检察官负有在证据不足以认定犯罪时得请求法官宣告被告人无罪的客观义务的正当理由。盖因德国、日本等国的刑事诉讼法也未明文规定检察官在证据不足以认定犯罪时有义务请求法官宣告被告人无罪,但这并不妨碍上述国家的检察官在实务中普遍遵守并履行这一客观义务,原因在于法律虽无明文规定,但透过法解释,仍然可以推导出上述检察官客观义务的存在。同理,我国刑诉法虽然并未明文规定检察官在证据不足以认定犯罪时有请求法官宣告被告人无罪的客观义务,但刑诉法已经通过第 6 条和第 50 条原则性地规定了检察官客观义务,经由上述条文的解释,我们可以合理地推导出检察官在证据不足以认定犯罪时有请求法官宣告被告人无罪的客观义务这一结论。由此可见,主张我国检察官在证据不足以认定犯罪时有请求法官宣告被告人无罪的客观义务,并无法理或法解释上的障碍。那为何在我国司法实务中,检察机关却选择回避上述客观义务的履行呢?笔者认为,主要原因在于检察机关内部的绩效考核制度。由于长期以来我国检察机关一直将法院的无罪判决率列为考核检察机关及检察官个人的重要指标且权重系数很高,因此为规避法院作出无罪判决,进而影响机关和个人考核,审判实务中一旦遭遇现有证据不足以认定犯罪的情形,检察机关本能地会选择以撤回起诉的方式结案,从而回避其客观义务的履行。

撤回起诉权本是检察机关公诉权裁量性和客观性的体现,在我国《刑事诉讼法》明文赋予检察机关起诉裁量权的背景下,检察机关行使撤回起诉权,以撤回起诉的方式结案并不违法。但问题在于:不问案件和诉讼程序的具体情况,凡是不能定罪的,一概撤诉,又是否合理?就如同前文例举的"天价过路费"

案,案件进入再审程序,检察机关仍然坚持撤回起诉,完全无视被告人的权利和诉求。因为,案件几经反复到了再审程序,被告人可能看到了无罪释放的"曙光",但检察机关撤回起诉无需征得被告人同意,因而看似理性的撤回起诉,可能剥夺了被告人诉求无罪判决的权利。要知道,无罪判决和撤回起诉的法律后果反差相当大:无罪判决作出后,被告人即受一事不再理原则的保护,检方不得以同一事实对该被告人再次起诉;而撤回起诉,在效果上等同于不起诉,一旦检方发现新事实、新证据即可再次起诉该被告人,重开审判。对于时建峰一案而言,上述反差效果可能还不够明显,更为典型的是震惊全国的"胥敬祥冤案"。在该案中,被告人胥敬祥因涉嫌抢劫、强奸而于 1992 年被捕,后被判处有期徒刑 16 年。该案于 2005 年即被告人被羁押 13 年、刑罚即将执行完毕之际,经启动再审程序被发回重审,后一审检察机关撤回起诉。对于该案被告人而言,在被无辜关押 13 年后,可能更希望获得一纸"还我清白"的无罪判决,但检察机关的撤诉,使被告人的这一希望彻底破灭。更令人沮丧的是,理论上,撤回起诉后,检察机关随时可以新事实、新证据为由对他重新起诉,这意味着被告人随时可能再次坐上被告席。从法政策的角度讲,检察机关在再审程序中撤回起诉,有损检察机关客观公正的法律监督者形象。作为国家公诉机关,检察官并非"刺客",而是"战士"。检察官起诉指控犯罪,应当像"战士"一样带着荣誉感和使命感去战斗,而不能像"刺客"一样龟缩于阴暗一角只求致命一击,更不得像"刺客"一样为达目的而不择手段。为此,法律特地赋予检察官客观义务。从客观公正的法律监督者的立场出发,在再审程序中,如果检察机关认为原审法院的定罪量刑不当,应当在再审程序中明确要求再审法院依法改判,再审法院不采纳的,应当在再审判决作出后提起抗诉;如果检察机关认为自己当初的起诉有误,更应当基于客观公正义务,为维护被告人的利益而主张改判被告人无罪,而不应当撤回起诉。尤其是像时建峰案、胥敬祥案这类受到社会大众广泛关注的争议案件,检察机关更应当以清晰的法律行为表明自己明确的价值立场,平息社会争议,并引导今后类似案件的处理。

问题在于,撤回起诉是司法解释明文授予检察机关的职权,客观义务又是检察机关在法理和法解释上应当恪守的义务,两者都具有合法性却又无法并存,那么,两者如何平衡、协调?笔者认为,首先,撤回起诉应当有严格的程序限制,尤其是应当严格限制撤诉的程序环节和阶段。《人民检察院刑事诉讼规则(试行)》第459条将撤回起诉的时间规定为"在人民法院宣告判决前",不尽合理,因为:其一,判决虽然尚未正式宣告,但可能已经合议作出,判决既已作出,再主张撤诉,既无必要,亦对被告人不利;其二,"在人民法院宣告判决前"一语未明确适用的具体程序,以致于实务中检察机关在第二审程序也可撤诉,在再审程序亦可撤诉,相当混乱。基于此,笔者建议修改司法解释,借鉴日本或我国台湾地区的规定,将撤回起诉的时间限制在第一审判决作出前或第一审辩论终结前。据此,在第一审判决作出后或辩论终结后,以及在第二审或再审程序中,检察官遭遇证据不足以认定犯罪时,不得撤回起诉,而只能请求法官宣告被告人无罪。其次,究竟是撤回起诉,还是请求法官宣告无罪,关键还是看检察官的心证。如果检察官心证认为现有证据虽不足以认定犯罪,但仍有补证的空间和条件的,可以撤回起诉;如果检察官心证认为本案根本就是冤案或错案,或者该案已经没有补证条件的,就应当请求法官宣告被告人无罪。最后,也是最重要的是,改革检察机关的绩效考核制度,不应再将法院的"无罪判决率"列为检察机关和检察官个人绩效考核的指标,防止不合理的绩效考核制度迫使检察机关不得不打法律的"擦边球",甚至突破法律(理)底线,在案件并不符合撤诉条件的情况下,仍强行撤诉,以此规避法院作出无罪判决。

检察官客观义务的效力

从法理上讲,检察官客观义务既然是刑事诉讼法上的一项法定义务,那么就应当具有强制性,检察官一旦违反客观义务,就应当承担相应的法律责任。但问题在于,与一般的义务性规则不同,检察官客观义务的法律规范在逻辑结构上存在一定缺陷,即缺乏明确的法律后果。例如,德国《刑事诉讼法》第 160 条第 2 款规定:"检察院不仅要侦查证明有罪的,而且还要侦查证明无罪的情况,并且负有提取有丧失之虞的证据。"但该法并未明确规定一旦检察官未侦查证明无罪的情况,将承担何种责任。客观义务规范的这一缺陷在一定程度上影响到了检察官客观义务的效力(实效性)。因而,学理上一般习惯性地将检察官客观义务视为一种训示性条款或宣示性条款,认为其更多具有宣示、警戒作用,实用性并不大。

然而,上述观点过于片面。法条的规范结构缺乏明确的法律后果,并不意味着检察官违反客观义务就毋庸承担任何形式的法律责任。实际上,检察官违反客观义务将承担相应的法律责任,这是法治国家的通例。例如,2010 年 9 月,日本最高检察厅刑事部逮捕了大阪特搜部主任检察官前田恒彦,原因是在2009 年到 2010 年间大阪特搜部查办厚生省官员弊案过程中,这位特搜部主任检察官违背了客观义务,篡改关键证据、隐瞒事实真相。接着,因为涉嫌包庇前田恒彦、隐瞒事件真相,日本最高检察厅又逮捕了前田恒彦的上司、大阪地方检察厅特搜部前部长、现任京都地方检察厅次席检事大坪弘道以及大阪特搜部前副部长、现任神户地方检察厅特别刑事部部长佐贺元明。[①]
这一案件是检察官违背客观义务从而承担刑事责任的典型例证。除刑事责任外,检察官违背客观义务,还将受到行政处分或职业伦理上的惩戒甚至承担民事赔偿责任。在我国台湾地区,司法实务中当事人向"监察院"具状陈述检察官办案未尽客观义务、详查事证,率为起诉或不起诉,并要求"法务部"查明、惩戒检察官的案例甚多。而在德国,依据德国联邦最高法院民事裁判庭的判例见解,检察官的侦查行为如有严重的违反客观义务的诫命致侵犯人权时,检察官还将承担损害赔偿责任。

在我国,《刑事诉讼法》第 51 条明确规定:"公安机关提请批准逮捕书、人民检察院起诉书、人民法院判决书,必须忠实于事实真象。故意隐瞒事实真象的,应当追究责任。"第 52 条第 4 款规定:"凡是伪造证据、隐匿证据或者毁灭证据的,无论属于何方,必须受法律追究。"这说明,检察官违反客观义务尤其是真实性义务,将承担相应的法律责任,虽然刑诉法本身并未明确规定检察官一旦违背客观义务具体将承担何种形式的法律责任,但其它法律对此却有明文规定。例如,我国《检察官法》第 35 条和第 36 条规定,检察官"隐瞒证据或者伪造证据",应当给予处分(警告、记过、记大过、降级、撤职、开除)。据此,检察官违反客观性(真实性)义务"徇私枉法"、"隐瞒证据或者伪造证据"或"弄虚作假,隐瞒案情"的,将承担行政责任,对其给予行政处分。[②]
同时,我国《刑法》第 399 条规定,司法工作人员徇私枉法、徇情

① 王东:"日本'检察厅神话'破灭",载 http://news. sina. com. cn/w/sd/ 2010 - 10 - 20/102321314209. shtml.
② 检察官承担行政责任的形式是行政处分,包括警告、记过、记大过、降级、撤职、开除。受撤职处分的,同时降低工资和等级。

枉法,对明知是无罪的人而使他受追诉、对明知是有罪的人而故意包庇不使他受追诉,或者在刑事审判活动中故意违背事实和法律作枉法裁判的,处五年以下有期徒刑或者拘役;情节严重的,处五年以上十年以下有期徒刑;情节特别严重的,处十年以上有期徒刑。据此,在我国现行法律体系下,检察官违反客观义务,情节较轻的,应当承担行政责任,情节严重构成枉法追诉、裁判罪的,则应承担刑事责任。

　　但须注意的是,无论是行政责任,还是刑事责任,都必须以检察官主观上明知和故意为前提。换言之,检察官因为过失而违反客观义务的,不在此限。笔者认为,检察官因为过失违反客观义务,如检察官单纯因为过失而遗漏了对被告人有利的证据,勿需承担行政责任和刑事责任,但应当承担职业伦理上的责任。我国《检察官职业道德基本准则》第 17 条要求:"以事实为根据,以法律为准绳,不偏不倚,不滥用职权和漠视法律,正确行使检察裁量权。"第 18 条规定:"树立证据意识,依法客观全面地收集、审查证据,不伪造、隐瞒、毁损证据,不先入为主、主观臆断,严格把好事实关、证据关。"这表明,因为过失("先入为主"、"主观臆断")而未依法客观全面收集、审查证据等行为,本身也是违反检察官职业伦理的行为。对此,《检察官职业道德基本准则》第 4 条规定:"对违反职业道德的行为,予以批评谴责,构成违法违纪的,依照法律和检察人员纪律规定予以惩戒。"据此,检察官因为过失而违反客观义务的,应当接受惩戒,予以批评谴责。

　　然而,上述责任形式,无一例外都是实体法责任,实务中还有一个关键问题需要探讨,即检察官客观义务本系刑事诉讼法上的一项义务,若检察官违反客观义务,除了检察官本身将遭受实体法上的惩处与制裁外,该检察官作出的相关诉讼行为将在诉讼法上得到何种评价或将引发何种后果？该检察官负责之案件在程序上又该如何处理？例如，检察官在起诉书中隐瞒了对被告方有利的证据，属于违背客观义务而起诉，那么，这一起诉行为是否合法有效？

我国刑诉法对于检察官违反客观义务的侦查行为、起诉行为的合法性和有效性，缺乏明确规定，理论上也缺乏有针对性的研究。笔者认为，应当根据被追诉人客观上是否存在犯罪嫌疑而分别研讨对策。

其一，被追诉人客观上无犯罪嫌疑，检察官违反客观义务而展开侦查和起诉的，其诉讼行为应当无效。刑事诉讼，本为实现国家刑罚权之活动，国家刑罚权之存在，以犯罪行为之发生为前提，是故，必先有犯罪行为发生，后有刑事诉讼（侦查、起诉、审判）活动之展开。反之，若无犯罪行为发生，则国家刑罚权并无存在之必要。因此，若被追诉人在客观上并无犯罪嫌疑，则国家刑罚权无存在之前提与余地，已经进行的刑事诉讼活动（诉讼行为）应当归于无效。在日本，"无嫌疑起诉"属于公诉权之滥用，主流学说认为违法，应当驳回公诉或中止程序，如属于明显无罪的情况，被告人可以申请法院作出无罪判决。[1] 我国虽然并未采行公诉权滥用理论，但我国刑诉法第 15 条规定，"情节显著轻微、危害不大，不认为是犯罪的"，不予追究刑事责任，那么根据"举重以明轻"的法解释原则，被追诉人客观上无犯罪嫌疑的，更不应当追究刑事责任。据此，对于被追诉人客观上无犯罪嫌疑，检察官违反客观义务而展开侦查和起诉的，其侦查和起诉行为应当归于无效。具体处理上，案件尚处于侦查阶段的，应当撤销

---

[1] ［日］田口守一：《刑事诉讼法》，刘迪、穆津译，法律出版社 2000 年版，第 116－117 页。

案件;案件处于起诉阶段的,应当作出法定不起诉的决定;案件已经起诉的,检察官应当向法官请求宣告被告人无罪。

其二,被追诉人客观上有犯罪嫌疑,则检察官在侦查和起诉活动中即使违反客观义务,其侦查、起诉行为原则上仍然有效。如前所述,国家刑罚权以犯罪实际发生为前提,若被追诉人客观上存在犯罪嫌疑,则国家刑罚权自始即存在,并不因检察官个人违反客观义务而失效。例如,在前述日本大阪特搜部主任检察官前田恒彦伪造证据案中,虽然检察官前田恒彦因"急于办大案"而伪造证据,进而被追究刑事责任,但该案并非无中生有之假案,客观上被追诉人确实有犯罪嫌疑,因而,该案之侦查及起诉并未因为检察官前田恒彦违背客观义务而被宣告无效。因此,对于被追诉人客观上有犯罪嫌疑的,即使负责该案的检察官被追究刑事责任,已经进行的诉讼程序仍然有效。

当然,如果检察官对明知是有罪之人却通过隐瞒、毁灭或者伪造证据等方式为其脱罪,不予追究刑事责任(作出不立案、撤销案件或不起诉决定)的,则上述不予追究刑事责任的诉讼行为无效。因为被追诉人客观上有犯罪嫌疑,则国家刑罚权自始即存在,检察官违反客观义务作出的不予追究刑事责任的诉讼行为,与上述客观事实相抵触而应当认定为无效。

国家检察官学院学报/2015 年/11 月/第 23 卷/第 6 期

图书在版编目(CIP)数据

检察官肖像/万毅著. —上海:上海三联书店,2017.1
ISBN 978 - 7 - 5426 - 5738 - 1

Ⅰ.①检…　Ⅱ.①万…　Ⅲ.①检察官-工作-中国-文集
Ⅳ.①D926.3 - 53

中国版本图书馆 CIP 数据核字(2016)第 257711 号

检察官肖像

著　　者 / 万　毅

责任编辑 / 冯　静　郑秀艳
装帧设计 / 汪要军
监　　制 / 李　敏
责任校对 / 张大伟

出版发行 / 上海三联书店
　　　　　(201199)中国上海市都市路 4855 号 2 座 10 楼
网　　址 / www.sjpc1932.com
邮购电话 / 021 - 22895557
印　　刷 / 上海展强印刷有限公司

版　　次 / 2017 年 1 月第 1 版
印　　次 / 2017 年 1 月第 1 次印刷
开　　本 / 889×1194　1/32
字　　数 / 180 千字
印　　张 / 10
书　　号 / ISBN 978 - 7 - 5426 - 5738 - 1/D · 343
定　　价 / 38.00 元

敬启读者,如发现本书有印装质量问题,请与印刷厂联系 021 - 66510725